Uni Taschenbücher

UTB

Eine Arbeitsgemeinschaft der Verlage

Birkhäuser Verlag Basel und Stuttgart
Wilhelm Fink Verlag München
Gustav Fischer Verlag Stuttgart
Francke Verlag München
Paul Haupt Verlag Bern und Stuttgart
Dr. Alfred Hüthig Verlag Heidelberg
Leske Verlag + Budrich GmbH Opladen
J. C. B. Mohr (Paul Siebeck) Tübingen
C. F. Müller Juristischer Verlag - R. v. Decker's Verlag Heidelberg
Quelle & Meyer Heidelberg
Ernst Reinhardt Verlag München und Basel
F. K. Schattauer Verlag Stuttgart-New York
Ferdinand Schöningh Verlag Paderborn
Dr. Dietrich Steinkopff Verlag Darmstadt
Eugen Ulmer Verlag Stuttgart
Vandenhoeck & Ruprecht in Göttingen und Zürich
Verlag Dokumentation München

Das Leistungsprinzip

Das Leistungsprinzip

Merkmale - Bedingungen - Probleme

Herausgegeben von
Günter Hartfiel

1. Auflage

Leske Verlag + Budrich GmbH Opladen

CIP-Kurztitelaufnahme der Deutschen Bibliothek

Das Leistungsprinzip: Merkmale, Bedingungen, Probleme / hrsg. von Günter Hartfiel. — 1. Aufl. — Opladen: Leske und Budrich, 1977.
(Uni-Taschenbücher; 573)
ISBN 3-8100-0160-0

NE: Hartfiel, Günter [Hrsg.]

Satz und Druck: Druckerei Vögel, Stamsried
Bindearbeit von Sigloch-Henzler KG, Stuttgart
Einbandgestaltung: Alfred Krugmann, Stuttgart
Printed in Germany

Inhalt

Einführung

Günter Hartfiel

Was ist Leistung?

In den Sozialwissenschaften ebenso wie in der gängigen Kulturkritik wurde und wird weiterhin — z. T. unter großen Meinungsverschiedenheiten und gegensätzlichen Analyseergebnissen — eine Fülle von „schmückenden“ Beiwörtern für Zustandsbeschreibungen der gegenwärtigen Industriegesellschaft produziert. Man spricht z. B. von der „informierten“, „bürokratischen“, „organisierten“, „verwissenschaftlichen“, „repressiven“, „autoritären“, „rationalen“, „fortschrittlichen“, „mobilen“, von der Konsum-, Wohlstands-, Überfluß-, Rüstungs-, Dienstleistungs-, Klassen- oder nivellierten Mittelstands-Gesellschaft. Autoren, die solche Begriffe strapazieren, wollen in der Regel keine Ein-Faktor-Charakterisierung vornehmen, sondern lediglich typische Strukturmerkmale besonders herausstreichen. Unsere höchst unvollständige Auflistung zeigt schon, daß die Ansichten über Wesentliches, Strukturbestimmendes ziemlich weit auseinandergehen, z. T. sich diametral gegenüberstehen.
Wer die einschlägige zeitgenössische Literatur über unsere Zeit — und sei es nur oberflächlich — verfolgt, gewinnt jedoch den Eindruck, daß so ziemlich alle Sozialanalytiker darin übereinstimmen, daß wir in einer „Leistungsgesellschaft“ leben. Das „Leistungsprinzip“ sei das vorherrschende Prinzip der individuellen Selbstorientierung ebenso wie der Organisation der sozialen Verhältnisse unter den Menschen. Aber diese diagnostizierte Allgegenwärtigkeit des Leistungsprinzips wird nicht als etwas Selbstverständliches hingenommen. Niemand kann sich unsere Gegenwartsgesellschaft ohne „Leistungen“ und „Leistungsprinzip“ vorstellen: aber die einen erkennen in der gesellschaftlichen Realität zuviel davon, die anderen zuwenig. Die einen sprechen von „Leistungsideologie“, „Leistungsdruck“, „Leistungsterror“; die anderen sehen „Leistungsverfall“, „Leistungsunfähigkeit“, „schwindende Leistungsbereitschaft“, Leistungsdiffamierung“ usw. Angesichts solch kontroverser Positionen ist die Frage angebracht, ob die an der Diskussion Beteiligten immer über dieselbe Sache sprechen, oder ob die Verwendungshäufigkeit des Begriffs Leistung“ und seine gesellschaftspolitisch magische Wirkung in umgekehrtem Verhältnis zum Informationsgehalt dieses Begriffes stehen.[1]

Die allenthalben zu beobachtende positive oder negative emotional-wertende Besetzung des Begriffs „Leistung" bei den wissenschaftlichen wie gesellschaftspolitischen Kontrahenten hat bisher die notwendige Klarheit darüber verhindert, daß man eigentlich nicht über *die* Leistung und *das* Leistungsprinzip streitet, sondern je nach aktuellem oder sozial relevantem Anlaß *bestimmte* „Dimensionen", Aspekte, Bedingungen und Wirkungszusammenhänge von Leistung zur Debatte stehen. Schon ein flüchtiger Überblick über die Leistungs-Begriffe verschiedener Wissenschaften macht diese Behauptung deutlicher: Sehr wenig Informationsgehalt hat für die Behandlung sozialwissenschaftlicher Probleme ein Leistungsbegriff, der — als physikalische Größe — den Quotienten aus der in einer Zeiteinheit verrichteten Arbeitsmenge und dieser Zeiteinheit meint. Dieser *Meß*-Begriff kann, wenn es jeweils gelingt, den Arbeits-Begriff für Quantifizierungs- und Meßvorgänge zu operationalisieren, auf menschliche, maschinelle und Naturkräfte-Leistungen gleichermaßen bezogen werden. Er ist als „Werkzeug" zum Erschließen von Problemen der Verhältnisse von Mensch und (menschlicher Arbeits-)Leistung, von leistenden Menschen in Gruppen untereinander, von Leistungszusammenhängen in der menschlichen Gesellschaft als ganzer oder einzelner ihrer Teilbereiche, oder von gesellschaftlichen Strukturen und der sie prägenden (Leistungs-)Prinzipien bzw. Normen jedoch kaum brauchbar. Dieser am *Produkt*, am (Arbeits-)*Ergebnis* orientierte Leistungsbegriff, der keine Beziehung zu den dem Produkt vorausgegangenen physischen, psychischen oder sozialen *Prozessen* hat, herrscht heute auch noch in denjenigen organisations -und wirtschaftswissenschaftlichen Ansätzen vor, die sich gegenüber psychologischen, soziologischen und anthropologischen Fragestellungen abgeschottet haben; wenn etwa lediglich (buchhalterisch-monetär) Wertschöpfungsergebnisse eines Betriebes oder (positionenanalytisch) Funktionsbeiträge für eine Organisation, für ein „System" als Leistungen betrachtet werden. Neben der Vernachlässigung der prozessualen Dimension der Leistung fällt an dieser Begriffskonzeption und ihrer spezifischen wissenschaftlichen Verwendung die Abstraktheit der (Arbeits-)Leistung, ihre *Gleichgültigkeit gegenüber dem mit der Arbeit intendierten Produkt* auf. Aber gerade an diesen Fragen entzünden sich heute immer wieder die Kontroversen um „Sinn und Unsinn des Leistungsprinzips".[2]

Der *psychologische* Leistungsbegriff sieht diese Problematik schon deutlicher. Unter Berufung auf eine lange Tradition einschlägiger Begriffskonzeptionen seiner Wissenschaft bezeichnet z. B. *Heckhausen* nur jene Person-Umwelt-Interaktionen als „leistungsthematisch", „bei denen Handlungen oder Handlungsergebnisse auf einen Tüchtigkeitsmaßstab bezogen werden, *den man für verbindlich hält, so daß am Ende letztlich Erfolg oder Mißerfolg steht*" (Hervorhebung von mir; G. H.). Im einzelnen verweist dieser Ansatz auf fünf „Bedingungen", die erfüllt sein müssen, um von einer Leistungs-Situation sprechen zu können:

„1. Ein Handlungsergebnis muß erzielbar oder erzielt sein. Es muß objektivierbar sein und Aufgabencharakter haben. Tätigkeiten ohne eigentlichen Anfang und Abschluß, wie manche Arbeiten und Beschäftigungen in Beruf, Haushalt oder Freizeit, fallen nicht darunter.

2. Die Handlungen und ihr Ergebnis müssen auf einen Maßstab der Schwierigkeit und/oder der Kraftanstrengung beziehbar und daran beurteilbar sein. Die Maßstäbe können in unterschiedlichen Bezugsnormen verankert sein. Die Bezugsnormen können aufgabeninhärent (in der Sache selbst liegend), fremdgesetzt, soziale oder individuell sein. Soziale Bezugsnormen beruhen auf dem Vergleich mit den Handlungsergebnissen anderer, individuelle Bezugsnormen auf dem Vergleich mit eigenen früheren Handlungsergebnissen.

3. Handlungen müssen in ihren Ergebnissen überhaupt gelingen oder mißlingen können. Die Aufgabenanforderungen müssen zwischen den Randbereichen des Zu-Leichten und des Zu-Schweren hinsichtlich der zu überwindenden Schwierigkeit und/oder des aufzubringenden Kraftaufwandes liegen. So werden Aufgabentätigkeiten (etwa im Beruf), die weder das erreichte Fähigkeitsniveau herausfordern noch einen merklichen Aufwand an Kraft und Ausdauer erforderlich machen, für den Tätigen nicht leistungsthematisch.

4. Ein Maßstab der Schwierigkeit und/oder des Kraftaufwandes für eine gegebene Aufgabentätigkeit muß vom Handelnden als ein für ihn verbindlicher Tüchtigkeitsmaßstab übernommen sein, d. h. als Indikator für seine persönliche Tüchtigkeit anerkannt sein.

5. Das Handlungsergebnis muß vom Handelnden selbst verursacht sein, d. h. sowohl von ihm beabsichtigt wie zustande gebracht worden sein. Handlungsergebnisse, die sich unbeabsichtigt ergeben, unter Zwang oder durch Zufall, mit Hilfe oder Behinderung von außen zustande kommen, rechnet man sich leistungsthematisch nicht zu. Man hält sich selbst nicht dafür verantwortlich."[3]

Dieser Leistungsbegriff ist — und das muß, weil für bestimmte Fragestellungen sinnvoll, wissenschaftlich-arbeitsteilig durchaus als legitim anerkannt werden — lediglich auf das Verhältnis von Mensch und Handlung resp. Handlungsergebnis abgestellt. Die Handlung muß raum-zeitlich abgrenzbar, prinzipiell ausführbar, auf einen allgemeinen Schwierigkeits- und einen daraus abgeleiteten individuellen Tüchtigkeitsmaßstab bezogen und auf ein vom einzelnen Handelnden gewolltes (zumindest akzeptiertes) Ziel/Ergebnis ausgerichtet sein. Zweifellos erstreckt sich dieser Leistungsbegriff schon auf prozessuale Phänomene des Leistung-*Erbringens*; nicht mehr nur das Produkt einer

Handlung wird anvisiert. Aber die fünf „Bedingungen" des psychologischen Leistungsbegriffs enthalten Definitionskriterien, die selbst wiederum eine Fülle von Problemen bloßlegen, welche ganz sicher nicht in erster Linie Gegenstand der psychologischen Forschung sind.

Woher stammen z. B. die „Bezugsnormen" für die „Schwierigkeit" (der Handlung) und für die „Tüchtigkeit" (des Handelnden)? Warum wird beim „Leisten" mit den Handlungsergebnissen anderer verglichen, und was hat das für psychologische und soziale Konsequenzen? Warum ist Leistung nur etwas, was Anstrengung erfordert, also irgendwie mühevoll erbracht werden muß? Warum ist „Leistung" nur als Absichtliches, Bewußtes und dazu noch kalkuliertes, „beherrschtes", mithin affektiv-emotional neutrales Handeln definiert? Zielt das Definitionsmerkmal „Handlungsergebnis vom Handelnden selbst verursacht" nicht (allzu individualistisch konzipiert) an den „normalen" realen Zusammenhängen des *gesellschaftlichen* Leistungsgeschehens vorbei? Zu welchen Orientierungsschwierigkeiten und/ psychischen wie sozialen) Konflikten kann es für den Handelnden kommen, wenn er sein Handlungsergebnis auf *verschiedene* (individuelle wie soziale) Bezugsnormen beziehen muß? Welche Probleme entstehen, wenn diese Bezugsnormen (oder verschiedene Ergebnisabsichten) ein Handlungsergebnis z. T. als Erfolg, z. T. als Mißerfolg definieren? Akzeptiert es die Gesellschaft überhaupt, wenn der Handelnde seine Handlungsergebnisse sich „leistungsthematisch" dann nicht „zurechnet", sie dann nicht verantworten will, wenn sie unter Zwang, durch Zufall, mit Hilfe oder Behinderung von außen zustande kommen? Was ist hier überhaupt eine „Hilfe oder Behinderung von außen?" Warum rechnet man sich ein Handlungsergebnis überhaupt „leistungsthematisch" zu, oder warum tut das die Gesellschaft? Wie vergleicht oder kalkuliert der Handelnde, wenn er mehrere Leistungen simultan oder vorausschaubar hintereinander zu erbringen hat?

Die Liste der Fragezeichen, die wir beim Studium dieser in gewisser Hinsicht fachwissenschaftlich sicher zweckmäßigen Definition von Leistung assoziiert haben und die ohne Mühe fortgesetzt werden könnte, soll uns davor bewahren, am Anfang unserer Problemübersicht etwa selbst mit einer *soziologischen* oder gar *anthropologischen* Definition zu versuchen, wissenschaftsimperialistisch alle Wesenheiten, Aspekte und Facetten des Phänomens „Leistung" in Ansatz zu bringen. Über eine ebenso willkürliche, wieder nur auf spezifische Probleme einer (anderen) Wissenschaft bezogene Merkmalsreihung kämen auch wir nicht hinaus. Zumindest würde ein solches Verfahren dem gesellschaftspraktisch orientierten Leser keine Aufklärung bringen. Wir wollen in den nächsten Kapiteln stattdessen die historischen und aktuellen Voraussetzungen und Bezüge darstellen, von denen die an der Diskussion beteiligten begrifflichen Konstruktionen von „Leistung" und „Leistungsprinzip" beeinflußt sind.

Zur Dogmen- und Sozialgeschichte des Leistungsprinzips

Daß Menschen aufgrund ihrer Taten und aufgrund der Hoffnungen und Erwartungen anderer, daß sie die Kraft und Fähigkeit besäßen, solche Taten u. U. wieder zu erbringen, geehrt, verehrt und bewundert wurden, ist ein historisch sehr weit zurückreichendes Phänomen. Der Held Siegfried im Nibelungenlied, die siegreichen römischen Feldherren und Cäsaren, die großen Entdecker neuer Länder oder nutzbarer Naturkräfte, selbst die kunstfertigen Handwerker und erfolgreichen Kaufleute in ständisch gegliederter und vorgeordneter Gesellschaftsstruktur konnten durch die Qualität und die Bedeutung ihrer Handlungen (Leistungen) für ihre soziale Umwelt ihren „sozialen Status" beeinflussen. Leistung wurde immer schon „anerkannt". Aber der Leistungsbegriff wurde erst in dem historischen Augenblick sozial relevant, wo er zu einem vorherrschenden *gesellschaftlichen Ordnungsprinzip* gerann, wo menschliche Entscheidungen und Handlungen als zentrale verursachende Faktoren irdischer Menschheitsgeschichte und gesellschaftlicher Strukturbildung entdeckt wurden.
Es würde den Rahmen dieser Einführung sprengen, wenn hier versucht werden sollte, eine Dogmengeschichte systematischer Reflexionen über die Probleme des menschlichen Handelns als gesellschaftsbildender Kraft zu entfalten. Ein solcher Versuch wäre beinahe gleichbedeutend mit einer Geschichte der Philosophie. Wir beschränken uns darum auf die für unser Problem so wichtige Epoche, in der man systematisch begann, sich über die — für das nachirdische Leben der unsterblichen Seele fundamentale — Frage nach dem *ethisch richtigen* Handeln hinaus auch mit den Faktoren, Bestimmungsgründen und Entwicklungstendenzen des *tatsächlichen* menschlichen Handelns in der irdischen Welt zu beschäftigen.
Für die christlichen Geschichts- und Staatsphilosophen des Mittelalters, etwa für den Kirchenvater *Augustinus* (354—430) und für den großen Scholastiker der päpstlichen Kirche, für Thomas von *Aquin* (1225—1274), war noch Gott, oder vielmehr ein aus dem göttlichen Weltplan sich ableitender metaphysischer Wille die Ursache der Menschheitsgeschichte. Alles, was im einzelnen Menschenleben als

besondere Ursache erschien, wurde als Ausfluß göttlichen Willens gedeutet. Es galt die Lehre vom Ursprung der irdischen Welt aus der Vernunft, wobei der Vernunftbegriff mit der göttlichen Vernunft identifiziert wurde. Die Handlungen der Menschen wurden als Resultate der menschlichen Natur bestimmt. Diese Natur hatte nach diesen Lehren der Mensch von seinem Gott, von seinem Schöpfer. Folgte der Mensch in seinen Handlungen seiner wahren, unverdorbenen Natur, so folgte er damit den Absichten seines Gottes und dessen vorherbestimmten Plänen. Der eigentliche Inhalt und das Ziel der Geschichte menschlichen Handelns wurde (theologisch) in der Wiederherstellung der völligen Gemeinschaft mit Gott, und zwar durch Ausscheidung und Überwindung des Bösen erkannt — des Bösen, das infolge der hochmütigen Abwendung Satans von Gott dem Schöpfer, der dadurch bewirkten Scheidung des Gottesreiches und durch Verführung und Sündenfall des ersten Menschenpaares über die Menschheit gekommen war.

Erlebte gesellschaftliche Ordnung galt nach dieser Lehre als Ordnung Gottes, war gerecht, „natürlich", unangreifbar. Die Position des einzelnen Menschen in dieser Ordnung, seine Rechte und Pflichten, seine Standeszugehörigkeit, waren von dieser Ordnung abgeleitet. Der Mensch lebte in seinen Taten und Werken nicht für sich oder zum Fortschritt seiner irdischen Gemeinschaften. Die von Menschen zum Zwecke der Fürsorge für das irdische Dasein unternommenen Handlungen und geschaffenen Gemeinschaften und Einrichtungen wurden als Vorbedingungen für ein höheres, allein durch Beachtung der kirchlichen Autorität und der mit dieser verbundenen weltlichen Herrschaften zu erreichendes (jenseitsgerichtetes) Lebensziel interpretiert. Die relativ stabile hierarchische Grundstruktur der ständischen Gliederung mittelalterlicher Gesellschaft reproduzierte ständig einen gewissen „Sozialfatalismus" der Menschen. Es entsprach dem Unvermögen der wenig integrierten, vorwiegend stationären Wirtschaft, die Lebenslage der breiten Bevölkerungsschichten entscheidend zu verbessern, daß die theologischen Lehren solchen Sozialfatalismus fest im Sozialbewußtsein der Menschen zu verankern suchten.

In der *Renaissance* des 14. und 15. Jahrhunderts, der Zeit des „Vorspiels bürgerlicher Geschichte" (Alfred von Martin), zeigen sich jene Real- und Idealfaktoren, die für unser Thema die große Wende bringen.[4] Jetzt haben sich bereits die von Handel und Handwerk ausgelösten Prozesse der Arbeitsteilung und der Kulturkontakte so weit entwickelt, daß sich die christlich-ethisch fundierten korporativ-ständischen Gemeinschaftsbindungen lockern und dagegen individuelle Zielstrebigkeiten, rationale Erfolgstechniken (z. B. die Buchhaltung) und Ideenkonkurrenzen aufkommen. Der *Humanismus,* die große geistige Bewegung der Renaissance, entdeckt die Probleme des „natürlichen Menschen“, der in einem persönlichen, *profanen* Lebensideal (wenn auch zunächst nur reiner Geistigkeit und Bildung) seine Erfüllung, sein Glück sucht. Unter dem Eindruck der sich (im Zuge rationalistischer Aufklärung) entwickelnden naturwissenschaftlichen Arbeits- und Denkweise des 17. Jhs., des Jhs. Newtons, kam es sehr bald auch zu einer Säkularisierung *sozial*philosophischer Überlegungen. In kritischer Einstellung werden jetzt religiös-dogmatische Normensysteme und faktische politische Gewaltverhältnisse mit einer angenommenen *natürlichen Ordnung* menschlich-gesellschaftlicher Lebensverhältnisse verglichen. Es werden die Elemente der „menschlichen Natur“ und ihre Einwirkungen auf das gesellschaftliche Zusammenleben, auf das Entstehen solcher Ordnung untersucht. Dazu muß über den *Menschen im Naturzustand,* ohne tradierte Normensysteme und korporative Bindungen, reflektiert werden. Das Hauptproblem wurde die Frage, wie über das Handeln der einzelnen, auf sich gestellt lebenden Menschen des Naturzustandes, die ja alle nur ihrer individuellen Natur nach ihre „Ziele“ verfolgen, die Erklärung eines sozialen Ordnungs- und Harmonisierungszustandes möglich wäre. Es wurden verschiedene Antworten zum Naturrechts-Problem, zur Frage nach den dem Menschen „von Natur aus“ zustehenden, d. h. seiner Natur gemäßen Rechte gegeben.[5] Das erfolgreichste „Menschenbild“ der Sozialphilosophie dieser Epoche entsprach den gesellschaftlichen Ordnungsinteressen des immer stärker werdenden *liberalen Bürgertums,* das eine sozialphilosophische Legitimation für seinen Kampf gegen die korporativen und staatsherrschaftlichen Bindungen der alten feudal-aristokratischen Ordnung brauchte. Als „Naturrechte“ des Menschen wurden das Recht auf Leben, auf Freiheit und auf Eigentum erkannt. Wenn sie nicht durch andere Gewalten und fremde Eingriffe daran gehindert würden, ließe die natürliche Vernünftigkeit der Menschen sie trotz der Tatsache, daß sie unabhängig voneinander ihre individuellen Wünsche und Ziele verfolgen, die natürlichen Rechte der anderen Menschen empfinden und respektieren. Schließlich würde ja diese der menschlichen Natur eigene „vernünftige“ Beobachtung der Rechte der anderen auf lange Sicht — zurückschlagend — auch einen Vorteil für die Erreichung der eigenen Ziele bringen. Auf diese Weise wurde die für die spätere Entwicklung des Leistungsprinzips so wichtige *Vorstellung von der natürlichen Identität der menschlichen Interessen* abgeleitet: Indem die Menschen frei, ihrer Natur nach, handeln und dabei nach *persönlichem* Glück, nach individueller Selbstverwirklichung streben, schaffen sie „automatisch“, von einer

„invisible hand“ gesteuert (A. Smith), einen *natürlichen sozialen Ordnungszustand,* der als *sozialer Harmonie-* und damit letztlich als ein Optimalzustand gedeutet wird. Solch neue Lebens- und Weltinterpretation löste die alten Vorstellungen von den unbeeinflußbaren Kräften der göttlichen „Vorsehung“ auf und ließ eine auf *menschlich-irdischen Leistungen basierende Fortschrittsidee* entstehen. Fortschritt, das ist Arbeitsteilung und Produktivitätszuwachs der Arbeit, wird dann am effizientesten realisiert, wenn die Menschen ihrem Vorteil nachgehen, wenn sie *Leistungen erbringen,* die sie für sich selbst gar nicht benötigen, sondern die sie zu günstigen Bedingungen, gegen die Leistungen der anderen, *austauschen* können.[6]

Die in der Renaissance erstmals entwickelte Kritik am Denken in *über*individuellen, korporativen Einheiten erfuhr in der *Reformationszeit,* durch *Individualisierungsperspektiven auch im religiösen Bereich,* eine konsolidierende Ergänzung. Die protestantische Betonung des *direkten* Verhältnisses des Individuums zu seinem Gott, d. h. die Vorstellung, daß der einzelne Mensch nicht als dienendes, gehorsames Glied seiner Kirche, eben *durch* seine Kirche mit seinem Gott verbunden ist, sondern in *unmittelbarer* Verantwortung — die Kirche und die christliche Gemeinde nur als Stütze, als „Mittel“ benötigend — um sein Seelenheil zu ringen habe, dieser Gedanke wurde zu einem wichtigen Ansatzpunkt für spätere säkularisierte Betrachtungen über das menschliche Handeln und Zusammenleben. *Luther* lehrte die prinzipielle Gleichrangigkeit von religiöser (vita contemplativa) und weltlicher (vita activa) Tätigkeit, erklärte jegliche Tätigkeit in jeglichem „Stand“ als gleichwertig im Bemühen um das Seelenheil, wenn sie nur als „Berufung“, als Dienst vor und für Gott aufgefaßt würde. Die Reformation setzte damit den Gedanken durch, „daß der Mensch nicht nur im Himmel, sondern auch auf Erden ein ganz persönliches Schicksal habe, für das er vor Gott die Verantwortung trage, das er aber auch mitgestalten könne. Familie, Beruf und Gesellschaft erhalten damit einen religiös verankerten Selbstwert“.[7]

Seit Max Webers Studie über „Die protestantische Ethik und der Geist des Kapitalismus“[8] wird immer wieder auf die Bedeutung der puritanischen bzw. asketisch-protestantischen Ethik für die Entwicklung des Leistungsprinzips hingewiesen. Die Lebensprinzipien der auf den Reformator *J. Calvin* (1509—64) zurückgehenden Formen des Protestantismus: die besondere „Reinheit“ der irdischen Lebensführung, die gewissenhafte Selbstbeobachtung, das rigide Arbeitsethos, asketische Genügsamkeit, die Abwendung von den Genußgütern der Welt und die damit einhergehende Sparsamkeit; vor allem aber die

Prädestinationslehre, nach der sich in den Ergebnissen der moralischen Anstrengungen einer diesseits gerichteten, „innerweltlichen" Askese die jenseitige Heilsgewißheit reflektiert — diese religiös verankerten Prinzipien sollen wesentlich zur Festigung des Leistungsprinzips als gesellschaftliches Ordnungsprinzip beigetragen haben.[9] Der asketische Protestantismus legitimierte ein Wertsystem und entsprechende (historisch jedoch bereits vorher nachweisbare) Handlungsweisen, die maximale Arbeits- und Sachleistung, Akkumulation von Reichtum und dessen unermüdlichen Einsatz zu Produktivzwecken nicht nur gestattete, sondern ausdrücklich begünstigte, und zwar (was später, im Zuge der Säkularisierung dieser Ethik, weitgehend in Vergessenheit geriet) durch „gottgefällige", d. h. nicht „unlautere" Methoden und Mittel.

Wir können und wollen hier nicht im einzelnen wissenssoziologisch prüfen, inwieweit diese neuen geistigen und relgiösen Strömungen durch die neuen Erfahrungen und Interessenlagen der Bürger einer technisch, kommunikativ und kulturell immer komplexer werdenden „abendländischen" Welt mitverursacht wurden. Daß neue Handlungsprobleme neue Ideen und „Weltinterpretationen" initiieren, dürfte eine selbstverständlich gewordene Erkenntnis sein.[10] Hier genügt es, festzustellen, daß die neuartige *positive Bewertung der Arbeit* — und das ist die zentrale Voraussetzung für die Herrschaft des Leistungsprinzips — zusammenfiel mit der Entwicklung neuer, über die Landwirtschaft hinausgehender Produktionsweisen. Solange der Mensch sich in fatalistisch hinzunehmender Abhängigkeit von unkontrollierten Naturprozessen, von Jahreszeiten, Wetterlagen, Wachstumsrhythmen, tierischem Fortpflanzungs- und Nahrungsverhalten wußte, konnte er *seine* Leistungen nicht als schicksalsbestimmend interpretieren. Erst der rationale Einsatz menschlicher Schaffenskraft in handwerklich-industrieller Produktionsweise, bei der Überwindung von Entfernungen und bei der Nutzung und Bändigung der Naturkräfte, aber auch bei der Einrichtung neuer gesellschaftlicher Institutionen und Organisationen, ließ eine „selbstbewußte", aktive Interpretation des Menschen zu.

In der einzelnen Arbeits-Leistung des einzelnen Menschen kommt immer wieder und qualitativ immer weitreichender ein Stück hinzugenommener Naturbeherrschung und -kontrolle des Menschen zum Ausdruck. Was der Mensch im Umgang mit der Natur aus dieser mittels seiner Arbeit gemacht hat, soll er auch — nach Maßgabe der bürgerlichen Fruktifikationstheorie — behalten können, soll sein Eigentum sein. Der hieran anschließende Gedanke mußte sich förmlich aufdrängen, daß die sozialen Beziehungen und die gesellschaftlichen Stellungen der Menschen sich eben nach Maßgabe ihrer individuellen Arbeitsleistungen zu bestimmen hätten. „Jeder ist seines Glückes Schmied“, „Jedem nach seiner Leistung“ — hören wir heute noch in Lebensregeln. Was jemand besitzt, was er darstellt, wie er sich „frei“ weiterentwickelt, das soll ein Ergebnis *seiner* Leistungen sein — lehrten die „klassischen“ Theoretiker der frühen bürgerlich-liberalen Gesellschaft (etwa John Locke, Adam Smith, David Ricardo) gegenüber den Standesprivilegien der traditionellen Adelsgesellschaft. Gesellschaftliche Ordnung ist danach ein Ergebnis des gesellschaftlichen Leistungsaustausches. Über seinen „gerechten“ Platz in der Gesellschaft bestimmt durch seine Leistungen jeder selbst. Wenn die Freiheit zum Leisten gesellschaftspolitisch realisiert ist, hat jeder die gleichen (Start-, Aufstiegs- und Selbstverwirklichungs-)Möglichkeiten. Aber ebenso liegt im Falle des Versagens (der Armut, der Not etc.) die Schuld ausschließlich beim Einzelnen selbst. Somit hat in dieser „freien“ Leistungsgesellschaft jeder den Platz, den er „verdient“ (hat).

Diese Kurzcharakterisierung der orthodox-liberalen Gesellschaftsauffassung (insb. des 18. und 19. Jhs.) läßt vermuten, daß mit dem Leistungs- als Zu- und Verteilungsprinzip scheinbar gleichzeitig einem sozialdarwinistischen Zustand des Kampfes aller gegen alle um die Plätze in einer tiefgestaffelten und von folgenschweren Ungleichheiten gekennzeichneten Gesellschaftshierarchie das Wort geredet wurde. Ganz im Gegenteil. Wie wir oben bereits angedeutet haben, gehört zum Bild der nach frei erbrachten Leistungen verteilenden Gesellschaft auch die sozialoptimistische Erwartung einer tendenziell zu sozialer Gleichheit hin sich entwickelnden Gesellschaft. Denn auf der Basis prinzipieller, weil durch ständische Privilegien abgesicherter Ungleichheit, oder mit der Perspektive breitester Chancenlosigkeit trotz eifrigen Leistungsbemühens, würde sich ja keine Motivation zur Leistung lange halten können. Die *Leistungskonkurrenz* setzt, als Anreiz und Motor, soziale Unterschiede ganz sicher voraus. Aber genauso sicher soll es sein, daß die Konkurrenz Ungleichheiten, Vormachtsstellungen, Privilegien, Vorzugspositionen untergräbt, daß sie ausgleicht, nivelliert, denn — wie es auch hierzu im Sprichwort heißt — „viele Jäger sind des Hasen Tod“. Wo große und Vorzugspositionen verschaffende Leistungen erbracht werden, dorthin werden die Konkurrenten solange angezogen, bis durch zusätzliches Leistungsangebot der „Ausgleich“ hergestellt ist. Ungleichheit ist, indem einzelne mit ihren Leistungen vorprellen, niemals von langer Dauer. Viele andere kommen nach, holen die Vorteile der anderen ein und zwingen diese, wenn sie ihre Vorteile behalten wollen, noch weiter und

immer wieder neu vorzuprellen. Auf diese Weise garantiert das Leistungsprinzip gleichzeitig den *Fortschritt.*
Die liberale Gesellschaftslehre hat auch die *anthropologischen Prinzipien* entwickelt, von denen Menschen, die ihr Arbeits- und Leistungsethos nicht mehr aus den (oben skizzierten) religiösen Motivationen ableiten, in säkularisierter Gesellschaft „angetrieben“ werden. Es sind dies (a) der soziale Zwang, in der Konkurrenz mit anderen um die Güter dieser Welt mitzuhalten und (b) die für Leistungen in Aussicht gestellten Gegenleistungen resp. Belohnungen.[11] Der Mensch wird zum „Kalkulierer“ erklärt, der fortwährend seine Leistungen mit denen der anderen vergleicht und — wenn er austauscht — fortwährend Leistungen-Gegenleistungen „bilanziert“. Ob nun als „Nutzen-“, „Lust-“ oder „Gewinnmaximierer“ interpretiert, immer ist der auf das anthropologische Modell des „homo oeconomicus“ reduzierte Mensch ein rational rechnender Mensch.[12] *Was* er leistet, ist für ihn kaum von substantiellem Interesse. Der *Gebrauchs*wert seiner Leistungen tritt gegenüber ihrem *Tausch*wert weit zurück. Er leistet, um *Erfolg* zu haben. Der Erfolg liegt aber weniger in der Bedeutung der Leistung für den leistenden Menschen selbst, sondern in der Bedeutung, die die Leistung für andere hat. Diese Bedeutung entscheidet nämlich, was der Mensch durch seine Leistungen an *Leistungen anderer* erhält, und auf diese kommt es ihm in der arbeitsteiligen Gesellschaft letztlich an.

Die sozialen Funktionen des Leistungsprinzips

Zu den dogmen- und sozialhistorischen Skizzen zur Genese des Leistungsprinzips als gesellschaftliches Ordnungsprinzip bedarf es einer funktionentheoretischen Systematisierung. Was, im bürgerlichen Denken, zunächst als Ordnungsprinzip für die freie Warenproduktion und die freie Entfaltung des Handels- und Tauschverkehrs konzipiert war, hat unter dem Begriff „Leistungsgesellschaft“ nunmehr, so scheint es für die Gegenwart, *alle* Lebensbereiche erfaßt. Das Prinzip „Leistung“ scheint, ob lediglich als ideale Norm oder auch in der Realität der sozialen Beziehungen, als regulierendes Prinzip sämtliche Teilkulturen der Industriegesellschaft erfaßt zu haben. Bei solcher Ubiquität der Geltung ist zu fragen, welche Funktionen es ordnend und Institutionen prägend erfüllen soll bzw. tatsächlich erfüllt.[13] Wie wir schon im vorausgegangenen Abschnitt erkannt haben, gilt das Leistungsprinzip in mehrerer Hinsicht als „gerechtes“, „progressives“, damit als materiell und sozialethisch „wertvolles“.

1. Das Prinzip des freien und freiwilligen Austausches von Leistungen und Gegenleistungen soll gewährleisten, daß jeder das bekommt, was ihm zusteht. Jeder soll nach Maßgabe der Mühen, Kosten und Aufwendungen, die die Erstellung seiner Leistung verursacht hat, durch entsprechende Gegenleistungen *entschädigt* werden. Das Leistungsprinzip impliziert das *Prinzip der Äquivalenz von Leistung und Gegenleistung*. Jede Arbeit soll ihren Lohn erhalten. Jede Ausbildungs- und Bildungsanstrengung zum Zwecke der Eignung für schwierigere und qualifiziertere Positionen soll mit der Zuteilung entsprechender beruflicher Stellungen entgolten werden. Jede durch Arbeitsleistung produzierte Ware soll im Prinzip (tendenziell) auf dem Markte einen Preis erzielen, der in einem äquivalenten Verhältnis zum Aufwand für ihre Herstellung steht.
2. Über die Leistungskonkurrenz um die jeweils beste Leistung wird erreicht, daß die materiellen und geistigen Ressourcen einer Gesellschaft optimal genutzt werden. Die jeweils bessere Leistung erreicht durch ihre (Gegenleistungs-)Vorteile einen Vorbildcharakter, dem andere nacheifern, um ebenfalls in den Genuß dieser Vorteile zu kommen. Was sich für den einzelnen „Produzenten" als individueller Vorteil ergibt, ist gesellschaftlich betrachtet eine Verbesserung der Gesamtsituation. Das Leistungsprinzip impliziert damit das *Produktivitäts-* und *Fortschrittsprinzip*.
3. Unter der Herrschaft des Leistungsprinzips erhält jeder den Platz in der Gesellschaft, den er — nach Maßgabe des Prinzips der Äquivalenz von Leistungen und Gegenleistungen — verdient. Das Leistungsprinzip erfüllt damit die wichtige *Statuszuweisungsfunktion*. Ob in der Schule, im Beruf oder in der großen Politik, überall werden den Menschen entsprechend ihren Leistungen soziale Positionen und soziale Chancen zugeteilt, die sie ausfüllen und wahrnehmen können, um u. U. von hier aus noch weitergehende Leistungsfähigkeit zu zeigen, die wiederum zu neuen Aufstiegs- oder — im Versager-Fall — auch zu Abstiegsprozessen führt. Statuszuweisung ist auf diese Weise eng mit *sozialer Auslese* verknüpft.
4. Jede Gesellschaft ist einerseits ein nach Inhalten und Qualitäten strukturiertes Gefüge von Positionen, an denen für den gesamtgesellschaftlichen Leistungszusammenhang gearbeitet wird. Jede dieser Positionen setzt zu ihrer funktionalen Ausfüllung bzw. Aufgabenrealisierung beim Inhaber bestimmte Fähigkeiten, Fertigkeiten und Kenntnisse voraus. Jede Gesellschaft ist andererseits auch eine Menge von Personen, die in individueller Ausprägung je ver-

schieden diesen positionellen Anforderungen gerecht werden. Das Leistungsprinzip, das jeden *anreizt,* im Konkurrenzkampf diejenigen Fähigkeiten optimal zu entwickeln, die seiner „Persönlichkeit" und seinen „Begabungen" adäquat sind, bewirkt die rationalste Zuordnung von Positionen und Personen, erfüllt die sogenannte *Allokationsfunktion.*

Was hier über die Funktionen bzw. impliziten Ordnungsprinzipien des Leistungsprinzips in der Gesellschaft als ganzer gesagt wurde, gilt — dem Selbstverständnis der Leistungsgesellschaft nach — auch für die einzelnen Bereiche und Organisationen dieser Gesellschaft. Auf diese Weise ist alles durch eine *formale,* sich ja nicht auf bestimmte Leistungs*inhalte* beziehende Norm zusammengehalten und aufeinander abgestimmt, ist ein Prinzip gefunden, das für eine Gesellschaft mit Wert- und Zielpluralismus einen „gemeinsamen Nenner" anbietet, eine Art Verkehrsregelungsgrundsatz darstellt.

Wenn das Leistungsprinzip seine in diesem Ordnungsmodell plausibel gemachten Funktionen tatsächlich erfüllen soll, müssen allerdings *verschiedene Voraussetzungen* gegeben sein:

a) Das Leistungsprinzip ist, wie wir im historischen Geneseüberblick gesehen haben, nicht das einzige denkbare und in der Vergangenheit schon immer praktizierte soziale Ordnungsprinzip. Damit es durchgängige Geltung und Anwendung finden kann, muß die Gesellschaft über (Herrschafts-)Instanzen verfügen, die *seine Anwendung* und allgemeine Beachtung *garantieren.*

b) Das Prinzip der Äquivalenz von Leistungen und Gegenleistungen ebenso wie das Statuszuweisungs- und das Allokationsprinzip setzen voraus, daß Leistungen vergleichbar sind. Das wiederum bedeutet, Leistungen müssen *gemessen, bewertet* und qualitativ in einer allseits befriedigenden Art und Weise zueinander in Beziehung gebracht werden können.

c) Wenn das Leistungsprinzip für alle Gesellschaftsmitglieder Orientierung und das Gefühl gerechter Behandlung und Verteilung geben soll, muß eine allgemeine und allseitige *Informiertheit* über die gesellschaftlichen Leistungszusammenhänge bestehen, muß eine gewisse *Transparenz* der Entscheidungsprozesse über Leistungbewertungen und daraus abgeleitete Zuordnungen und Verteilungen hergestellt sein.

d) Wenn soziale Chancen und Positionen nach Leistungen verteilt/zugeteilt werden, müssen die Mitglieder einer Gesellschaft auch über die Voraussetzungen verfügen, sich bietende Chancen wahrnehmen zu können. Es müssen darum gesellschaftliche Strukturen und Institutionen vorhanden sein, die ausreichende Möglichkeiten zu sozialer und regionaler *Mobilität* der Menschen garantieren.

e) Der „gerechte" Verteilungs- und Zuordnungsgrundsatz des Leistungsprinzips steht und fällt mit dem Prinzip der (Leistungs-)*Chancengleichheit.* Bei der Ausstattung sowohl mit sachlichen Leistungsvoraussetzungen wie mit geistig-intellektuellem Bildungs- und Ausbildungs-„Kapitel" muß jedes Gesellschaftsmitglied die gleiche „Startchance" geboten bekommen. Nur unter dieser Voraussetzung kann von einer echten Leistungskonkurrenz gesprochen werden. Um es konkret und in argumentell häufig erwähnten sozialen Merkmalsyndromen auszudrücken: Die katholische Tochter eines ländlichen Hilfsarbeiters aus dem Bayerischen Wald muß die gleichen Startchancen erhalten wie der protestantische Sohn eines beamteten Akademikers aus einem norddeutschen Stadtstaat.

f) Für die Geltung des Leistungsprinzips würde auch die eleganteste Lösung der Leistungsmeß- und -bewertungsprobleme (vgl. b)) unbefriedigend bleiben, wenn es nicht gelänge, alle Leistungen klar und eindeutig auch den betreffenden leistenden Personen zuzurechnen. Dieses *Zurechnungsproblem* wird in dem Maße immer schwerer lösbar, wie Leistungen „kooperativ" in immer komplexer werdenden Menschen-Maschinen-Verbundsystemn erstellt werden.

In zahlreichen Schriften über das „Leistungsprinzip" und über die „Leistungsgesellschaft" werden Zweifel angemeldet, ob diese Voraussetzungen gesellschaftsstrukturell erfüllt bzw. ob sie überhaupt in ausreichendem Maße erfüllbar sind. Aus diesem Grunde wird immer wieder auf die *Ideologiefunktion des Leistungsmodells* hingewiesen. Wenn nämlich über die tatsächlichen gesellschaftlichen Verteilungs-, Zuordnungs- und Statusverhältnisse, ohne Nachweis der dazu nötigen Voraussetzungen, behauptet wurde, sie seien ein Ergebnis der Funktionen des Leistungsprinzips, dann werde damit nur eine neue Legitimation für bestehende soziale Ungleichheiten verbreitet. Der Glaube an die Verwirklichung des Leistungsmodells in der Gesellschaft dient dann zur Legitimation der bestehenden Ordnung, zur Rechtfertigung der privilegierten Positionen ebenso wie zum Abweisen aller gesellschaftlichen Reform- und Veränderungsforderungen. Das Propagieren des Leistungsprinzips erweist sich so, politisch betrachtet, als „Disziplinierungstechnik", die bei den „Zukurzgekommenen" Resignation hervorrufen und deren solidarischen Zusammenschluß zur gemeinsamen Veränderung ihrer Lage verhindern soll. Hinweise auf ein angeblich funktionierendes Leistungsprinzip verlagern die Schuld an bestehenden sozialen Ungleichheiten von den Mächtigen und Privilegierten einer Gesellschaft auf die angeblich versagenden Schwachen; die mögliche Kritik an den Zuständen, die ein solches Prinzip und das von ihm getragene „System“ geschaffen hat, wird damit vom System und vom Prinzip auf dessen Opfer abgelenkt.

Konkurrierende Prinzipien

Bereits ein flüchtiger Überblick sowohl über die ideologischen Postulate wie über die realen Institutionen und Mechanismen der Verteilung und Zuordnung in der Gegenwartsgesellschaft läßt daran zweifeln, ob das Leistungsprinzip in der industriellen Gesellschaft (noch oder schon?) das vorherrschende Prinzip ist.

1. Seinen stärksten „Gegner“ hat das Leistungsprinzip heute im *Sozialprinzip.* Man kann mit einigem Recht behaupten, daß dessen Genese, Konsolidierung und Anerkennung in erster Linie ein Ergebnis der praktischen Wirkungen des Leistungsprinzips gewesen sind. Es ist entstanden als Reaktion auf die nicht eingelösten humanen Ordnungsprinzipien und ideologischen „Versprechungen“ des Leistungsprinzips, das „Gleichheit“, „Brüderlichkeit“ und prinzipielle soziale Harmonie in Aussicht stellte, wenn gesellschaftsstrukturell nur die „Freiheit“ der persönlichen „Entfaltung“ des Menschen garantiert werde. Es ist aus der Einsicht in den frühliberalen Irrtum entstanden, daß aus dem Schutz und der Garantie *politischer* Gleichheit der Bürger tendenziell auch *soziale* Gleichheit erwachse. Wenn heute von *„sozialer* Marktwirtschaft“, *„sozialem* Rechtsstaat“, *sozialer* Sicherung“ usw. gesprochen wird, dann wird damit die allgemeine (nur in Nuancen unterschiedliche) Überzeugung ausgedrückt, daß die Gestaltung der sozialen, wirtschaftlichen und kulturellen Ordnung nicht mehr allein den gesellschaftlichen Verteilungskräften überlassen werden kann, sondern zur Herstellung von Gerechtigkeit und humanen Lebensbedingungen für alle ein rahmensetzendes und aktives Eingreifen staatlicher Organe erfolgen muß. Dieses Eingreifen in den Verteilungsprozeß erfolgt nach (allerdings immer wieder umstrittenen) Vorstellungen über die Notwendigkeit einer *leistungsunabhängigen* Garantie der Zuteilung existentieller Bedürfnisbefriedigungsmittel. Es wird eingesehen, daß die Herrschaft des Leistungsprinzips nicht allenthalben diejenigen individuellen Kräfte weckt und auch lebenslang erhält, die zur „Selbsthilfe“ und zur „selbstverantwortlichen“ gesellschaftlichen Lebensgestaltung befähigen. Krankheits-, alters- oder invaliditätsbedingte Leistungsfähigkeit oder -schwäche sollen ebenso aufgefangen werden wie leistungshemmende soziale

Belastungen etwa durch Kindererziehung, regionale Nachteile oder unverschuldete Notlagen.
Weiterreichende Interpretationen des Sozialprinzips weisen — angesichts der verschachtelten und komplexen Abhängigkeits- und Verursachungsbeziehungen von Entwicklungstrends und Massenphänomenen in der Industriegesellschaft — auf die wachsende Unfähigkeit des Einzelnen hin, durch Eigenleistung und Initiative sein soziales Schicksal überhaupt noch selbst prägen zu können: Gegen Massenarbeitslosigkeit helfe auch kein persönlicher Fleiß; gegen Vergiftung der Umwelt keine gesunde Lebensführung; die Folgen von Geldwertverfall könnten auch durch individuelle Sparsamkeit und Vorsorge nicht vermieden werden. Darum werden *kollektive* Sicherungssysteme und *solidarische* Verantwortung für soziale Schicksalsfragen gefordert. Die Konsequenz daraus sind leistungsunabhängige Soziallohnanteile, nivellierte „Sockel"-Anteile und gemeinsam gebildete und verwaltete Fonds (in erster Linie als höhere Staatsanteile am Sozialprodukt).

2. Sein erster und härtester „Gegner", den das Leistungsprinzip als Postulat bürgerlicher Gesellschaftsordnung jedoch schon weitgehend besiegt hat, war das *Geburtsprinzip*. Die Verteilung von gesellschaftlichen (Herrschafts-)Positionen nach Maßgabe der familiären oder ständischen Herkunft war in vorbürgerlicher, feudalaristokratischer Epoche selbstverständliches Prinzip. Adlige oder sonstige mit hohem sozialen Ansehensvorsprung verbundene Abstammung verschafft heute in der Regel nur noch begrenzte und wenig dauerhafte Vorteile. Aber ein Geburtsmerkmal, das *Geschlecht*, schränkt z. B. die Geltung des Äquivalenzprinzips von Leistung und Gegenleistung oder die „gerechte", weil eben rein sachlich-leistungsbezogene Positionsauslese bzw. Statuszuweisung noch sehr stark ein. Der Kampf um „gleichen Lohn für gleiche Leistung" muß insbesondere von den Frauen einer Gesellschaft geführt werden. Die soziale Diskriminierung bis Chancenlosigkeit der Frauen bei der Vergabe von „höheren" Positionen ist ebenso weit verbreitet wie das Hineinerziehen von Mädchen in ihre sog. „Geschlechtsrollen", das sie von vornherein zu schwächeren, weil weniger „anspruchsvollen" Konkurrenten im Leistungswettbewerb macht.
3. Von einem dritten Verteilungsprinzip, dem *Altersprinzip*, kann man nicht mit Sicherheit und für jeden Fall behaupten, daß es dem Leistungsprinzip Konkurrenz mache. Die moderne Industriegesellschaft unterscheidet sich von vergangenen Gesellschaftsverhältnissen zweifellos darin, daß Jugend — als Inbegriff dynamischen Aktions- und Reaktionsvermögens, Modernität, Innovations-

kraft und Kreativität, damit natürlicher Leistungsstärke und nutzbarer Leistungsfähigkeit — zu einer kulturell hochbewerteten Lebensphase geworden ist. Je schneller sich die technischen und sozialen Strukturen der Gesellschaft verändern, je höher die Anforderungen an ständige Umorientierung und flexible Anpassungsbereitschaft werden, um so mehr verschwimmt das Vertrauen, das man früher, in stärker stationär verlaufenden Gesellschaftsprozessen, der Erfahrung und Verläßlichkeit des Alters entgegengebracht hat. Aber Anciennitäts- und Senioritätsprinzip, die Vergabe sozialer Belohnungen und erstrebter Positionen nach höherem Alter und längerer Organisations-(Betriebs-)zugehörigkeit, sind lange nicht überwunden. In verschiedenen Bereichen der Gesellschaft, wie z. B. im öffentlichen Dienst, werden immer noch, nach Maßgabe vorgegebener Dienst- und Lebensalterstabellen, Karrieren und Gehaltssteigerungen „ersessen". Die Meinungen darüber, ob dergleichen Gepflogenheiten eine Verletzung des Leistungsprinzips darstellen, sind geteilt. Mit einigem Recht kann auf Leistungsinhalte hingewiesen werden — wie z. B. Treue, Pflichtbewußtsein, Amtserfahrung, Akkuratesse und Vertrauenswürdigkeit —, die sich sichtbar und verläßlich erst nach vielen Jahren und erst als Ergebnis eines langen Identifikations- und Solidarisierungsprozesses erweisen würden.

4. Für engagierte Verfechter des Leistungsmodells ein besonderer Stein des Anstoßes ist das *Ideologieprinzip.* Damit ist die Verteilung von Leistungschancen und Leistungsergebnissen nach Maßgabe ideologischer Ein- und Unterordnung unter herrschende „Wahrheiten", prinzipielle Glaubensurteile und normative Standards gemeint. Wo das Ideologieprinzip vorherrscht und eine mehr oder weniger zur Schau getragene oder gar echte „Gesinnung" belohnt, wird „Loyalität" als solche und nicht nur die evtl. damit erreichte Leistung entgolten, wird gezeigte oder nur vermutete Identifikationsbereitschaft und „Solidarität" zum Maßstab für die Zuteilung von Privilegien.

   Überall, wo in Organisationen, Parteien, Verbänden, Religionsgemeinschaften oder Interessengruppen kooperativ und arbeitsteilig Leistungen erbracht werden, wird man vom einzelnen „Mitglied" mit der Übernahme der Leistungsrolle auch eine gewisse Identifizierung mit dem gemeinsamen Ziel, mit der Gesamtleistung, erwarten müssen. Das grundsätzliche Akzeptieren des für alle gemeinsam gültigen Leistungsinhalts ist gleichsam die Voraussetzung für die „Mitgliedschaft", für annähernd konfliktfreie Beteiligung an internen Leistungskonkurrenzen. Das Ideologieprinzip setzt als

Verteilungsprinzip erst dann ein, wenn solche Rahmenidentifikation nicht mehr nur Mittel zum Zweck ist, sondern zum Selbstzweck erhoben wird, wenn erbrachte Leistungen oder gezeigtes Verhalten lediglich danach beurteilt und „entgolten" werden, ob sie eine Übereinstimmung mit der verordneten Gesinnung manifestieren, und weniger danach, ob sie tatsächlich der Realisierung des Organisationsziels dienlich waren. Zweifellos würde z. B. eine Beamtenschaft, die sich in einer dynamischen Gesellschaft lediglich als „staatstragende" Schicht interpretiert und die, bei entsprechender Berufung auf ihr Dienst- und Pflichtethos, die Konsequenzen ihrer Tätigkeit für die Gesellschaft wenig beachtet, mit ihrem Gesellschaftsbild dem Ideologieprinzip sehr nahe kommen.[14]

Leistungsprinzip und Herrschaft

Von den Theoretikern und Apologeten des Leistungsprinzips wird immer wieder der für eine wertpluralistische Gesellschaft große Vorzug des Leistungsprinzips hervorgehoben: daß es *anonym* seine Zuordnungs-, Auslese- und Verteilungsfunktionen erfülle. Wie im wirtschaftswissenschaftlichen Marktmodell der freien Konkurrenz, wonach in einer Marktsituation vieler Anbieter und vieler Nachfrager niemand (langfristig und für seine Gewinnchancen profitabel) willkürlich den Preis der angebotenen und nachgefragten Ware bestimmen könne, sondern der Marktpreis für alle ein fremdbestimmtes (wenn auch von jedem mitbeeinflußtes) Datum ist, so soll sich auch das, was als Leistung gilt, anonym und personell nicht zurechenbar als Ergebnis der Summe aller gesellschaftlichen Wertungs-, Bedürfnisbildungs- und Strebungsprozesse herausbilden. *Damit das Leistungsprinzip wirklich anonym funktionieren kann, muß ein herrschaftsloser Zustand allgemeinen Gleichgewichts aller sozialen Einflußkräfte unterstellt werden.*

Der Marktpreis ist im Bereich wirtschaftlicher Handlungs- und Wertzusammenhänge ein Maßstab und Wertindikator, der verschiedene Güterqualitäten und -quantitäten in einer Geldgröße vergleichbar macht. Im gesamtgesellschaftlichen Leistungsgefüge gibt es aber bis heute keine verläßliche anonyme Maßeinheit bzw. kein allgemeines Wertvergleichsmittel, mit dem festgestellt werden könnte, welche Handlungen und Handlungsergebnisse der beteiligten Gesellschaftsmitglieder für diese selbst und insbesondere für andere nun welche Leistungen und in welcher Relation zu anderen Leistungen sind. Wir haben hier nicht zu prüfen, ob das wirtschaftswissenschaftliche Modell der anonymen Marktpreisbildung wirklich der Realität entspricht. Sein Funktionieren ist zweifellos ein plausibles und faszinierendes Denkmodell. Man könnte sich auch vorstellen, daß die *gesamte* Struktur der gesellschaftlichen Beziehungen nach dem Marktpreismodell funktioniert, wenn nämlich akzeptiert würde, daß *alle* menschlichen Handlungen und Handlungsergebnisse nach ihrem Geldwert (als Ergebnis von Angebot und Nachfrage auf dem „Markt") verglichen und „ausgetauscht" werden. Das würde aber bedeuten, man müßte „Ethik" und „Kultur" als Problembereiche des Wertens in „Wirtschaft" auflösen, man müßte eine Methode finden, mit der es gelänge, stofflich-materielle Größen ebenso wie bestimmte Charakterzüge, aus denen ein bestimmtes Verhalten resultiert, einer gemeinsamen monetären Vergleichsgröße zu unterwerfen.

Einen solchen Maßstab gibt es nicht, und er wird wohl kaum erstrebenswert sein. Solange es ihn aber nicht gibt, wird über das, was „Leistung" ist, „politisch", d. h. als Ergebnis von Einflußkämpfen um die gesellschaftliche Durchsetzung von bestimmten Werten oder Zielen entschieden. Und diese Einflußkämpfe spielen sich nicht in der Form „atomistischer" Konkurrenz ab. Wer in diesen Auseinandersetzungen die stärkere Ausgangsposition hat, dessen Leistungsdefinitionen haben folgerichtig die bessere Durchsetzungs- und Anerkennungschance. Die bessere Ausgangsposition sichert eine starke *Organisation,* die die spezifischen Interessen an der Bestimmung von Leistungsinhalten, Leistungsgraden und sogar an der Festlegung dessen vertritt, was Gegenleistungen sein und wert sein sollen. In einer Gesellschaft mit einem von organisierten Mächten bestimmten Einflußgefälle ist dann aber die Behauptung von der Herrschaft des Prinzips der Äquivalenz von Leistung und Gegenleistung blanke Ideologie. Leistungsdefinitionen und Leistungsvergleiche, die Ergebnisse von Herrschaftskämpfen sind, die Machtverhältnisse abbilden, können nicht mehr für sich in Anspruch nehmen, anonym (im Sinne von „unpersönlich" und auf „objektiven Mechanismen beruhend") zustande gekommen zu sein. Leistungsdefinitionen und Leistungsaustauschverhältnisse sind unter solchen Genesebindungen weitgehend fremdbestimmte, und zwar zurechenbar fremdbestimmte.

Ein typisches Kennzeichen organisierter, in spezifische Interessengruppen und Herrschaftsverbände sektoralisierter Gesellschaft sind Wert- und Normenkonflikte, die auch als *Leistungskonflikte* manifest werden. Die Zugehörigkeit von Personen zu Organisationen ist in der Regel mit der Übernahme und Billigung von Leistungsdefinitionen der jeweiligen Mitgliedsrolle als ganzer wie der spezifisch innerorganisatorischen Funktionsrollen im einzelnen verbunden. Der einzelne

Mensch gehört aber im Rahmen seiner gesellschaftlichen Beziehungen immer *mehreren* Organisationen an, steht damit im Fadenkreuz nur z. T. aufeinander-bezogener, z. T. sich aber zueinander neutral bis gegensätzlich verhaltender Leistungsziele. Was in die eine Richtung als Leistung gilt, anerkannt und belohnt wird, ist nach dem anderen Normensystem u. U. gerade Nicht-Leistung oder sogar Leistungsversagen. Um die möglichst volle „Leistungskraft" und den „Leistungswillen" ihrer Mitgliedspersonen zu gewinnen, muß jede Organisation daran interessiert sein, das Leistungsverständnis dieser Personen in ihrem Sinne einzuengen und zu konsolidieren. Mit offenen oder verdeckten Methoden der Herrschaftsanwendung, mit subtilen Manipulationen werden Aufklärungs-, Überzeugungs-, Loyalitäts-, Solidaritäts- und Legitimationskampagnen ständig vonnöten sein, um die aus anderen Leistungsdefinitionen resultierenden Vorbehalte, Unsicherheiten, Zwiespältigkeiten, Orientierungskonflikte, damit all die psychischen Belastungen und Hemmungen abzubauen, die den „strammen" Einsatz für *ein* inhaltlich fixiertes Leistungsprinzip gefährden könnten. Wenn solche Methoden Erfolg haben, stellt sich zugunsten *eines* spezifischen Leistungsverständnisses Desinteresse und ein Nicht-mehr-zur-Kenntnis-nehmen von Nebenwirkungen oder mittelbaren Folgen des einseitigen Leistungsverhalten ein, wird bei ausschließlicher Fixierung des erwählten Leistungs*zieles* die Reflexion über die Inhalte und Wirkungen des spezifischen Leistungs*vollzuges* vernachlässigt — gemäß dem Motto: der Zweck heiligt die Mittel.

Ein bevorzugtes Problem der zeitgenössischen Gesellschafts- und Kulturkritik ist das Phänomen der durch Herrschaft über sozioökonomisch Abhängige und/oder geistig-intellektuell Wehrlose bewirkten Erweiterung der Bedürfnis- und Leistungsperspektive.[15] Es scheint ein Charakteristikum hochproduktiver und relativ wohlversorgter Industriegesellschaften zu sein, daß das Wirtschaften der Menschen, im Sinne einer „Kultur der Sorge", ständig mehr „künstlicher" Anreize bedarf. Es werden nicht mehr nur Güter und Dienstleistungen zum Zwecke der Deckung vorhandener Bedürfnisse und der Beseitigung von Mangellagen produziert, sondern — wie das aktivische Wort „marketing" für einen immer wichtiger werdenden Bereich betriebswirtschaftlich-rationalen Verhaltens verrät — auch Bedürfnisse und nachfragender Bedarf. Auf das Prinzip der Äquivalenz von Leistungen und Gegenleistungen eingeschworene Bürger, denen man systematisch ihre „Not", ihren Konsumrückstand, ihre modisch „obsolet" gewordenen Besitztümer, ihren zu-wünschen-übrig-lassenden Sozialstatus usw. „erklärt" hat, sehen ein, daß sie mehr leisten müssen, wenn sie sich das „Notwendige", das „Übliche" gönnen wollen, wenn sie das „sein" wollen, was sie „haben" könnten. Solche manipulative, zumindest aber systematisch stimulierte *Erweiterung* der Bedürfnissysteme und entsprechender Leistungsbereitschaften — sei es nun aus privatwirtchaftlicher Profitgier der an neuen und vermehrten Kauf- und Leistungsaktivitäten verdienenden Unternehmer oder weil das ökonomische „System" einer dynamischen Gesellschaft fortwährender Expansion bedarf — geht andererseits einher mit einer Verkürzung der Optik für den Pluralismus der Leistungswerte.

Unter der Herrschaft des ökonomisch-materiellen Leistungsideals und seiner „wettlauf"-geprägten Realisierungsformen geraten immer mehr Menschen entweder in die sozialethische „Neutralität" des homo oeconomicus, oder sie werden schweren psychischen und moralischen Orientierungskonflikten ausgesetzt. Die Konkurrenz- und Erfolgszwänge des ökonomisch orientierten Leistungsprinzips machen es immer schwerer, zu erkennen, was in der Gesamtgesellschaft eigentlich als „Leistung" gilt: menschliche Offenheit oder poker-face, Durchsetzungsfähigkeit oder Rücksichtnahme, Ellenbogenaktivität oder freundliche Anteilnahme, Solidarität oder Ausstechen-der-anderen, hilfsbereites oder „berechnendes" Verhalten, Sorgfalt oder stromlinienhafte Aufgabenerfüllung etc. Das Verhalten gegenüber bestimmten Gesellschaftsgruppen, aber auch das Agieren und Reagieren innerhalb bestimmter Berufsfelder wird dementsprechend kompliziert und ambivalent. Wie stark muß die Gesellschaft schon vom Leistungsideal ökonomischer Produktivität und Effizienz beherrscht sein, wenn sie gegenüber Menschen in Lebensphasen oder körperlichen Befindlichkeiten, die wohl sehr natürlich aber wenig effizient sind, wie Alter, Invalidität, Behinderung, Krankheit, nur noch ein gebrochenes Verhältnis herstellen kann; wenn solche Menschen stigmatisiert oder gettoisiert werden? Welche sozialen Folgen wird es haben, wenn Angehörige zahlreicher (insbesondere „freier") Berufe mit bislang besonderer Berufsethik — wie z. B. Ärzte, Rechtsanwälte, Architekten, aber auch Handwerker und neuerdings sogar Politiker — mehr und mehr sich vorwiegend nach ökonomischen Erfolgskategorien orientieren?

Ein wichtiges Problem für etablierte Herrschaftsgruppen einer Gesellschaft ist es, so weit wie möglich zu verhindern, daß sich diejenigen Gruppen, die ihnen die Herrschaft streitig machen — entweder um Herrschaft überhaupt abzuschaffen oder um selbst zur Herrschaft zu gelangen —, zur Solidarität der Idee und Tat kommen. Zur Lösung dieses Problems besinnt man sich auf die Ideologiefunktion des Leistungsprinzips. Herrschaft wird immer dort als besonders bedrükkend empfunden, wo sie zum kollektiven Schicksal der Beherrschten wird, wo es keine realen Möglichkeiten gibt, sich ihr zu entziehen, sie durch sozialen Aufstieg zu überwinden bzw. selbst an ihr teilzuhaben. Dort jedoch, wo durch zahlreiche Mobilitätsprozesse des sozialen Aufstiegs (aber auch des Abstiegs der ehemals Bevorzugten) der Beweis erbracht ist, daß *individuelle* Anstrengung und Leistung wenigstens die eigene Lage des Beherrschtseins überwinden kann, daß sie belohnt wird, dort werden alle Beteiligten um solchen Aufstieg wetteifern. Diese Konkurrenz um Aufstiegsgratifikationen, um „Beförderungen", besondere Anerkennung, Bevorzugung usw. verhindert eine Solidarisierung mit Menschen gleicher sozialer Statussituation. Für die „Personalpolitik" vieler Organisationen kommt es darum darauf an, ausreichend Karrieremuster zur Verfügung zu haben und bei den Mitgliedern entsprechende Aufstiegserwartungen zu erzeugen. Von den funktional-arbeitsteiligen Notwendigkeiten her wird immer nur eine begrenzte Möglichkeit zur Positionenhierarchisierung, zur vertikalen Stellengliederung nach Anordnungsbefugnissen, Qualifikationsniveaus etc. gegeben sein. Die Lösung des angesprochenen Herrschaftsproblems liegt darin, daß zur Festigung der Leistungsideologie auch dort „Offenheit" der Organisation, Mobilität im Personalkörper hergestellt werden, wo es sie eigentlich gar nicht zu geben brauchte. Es werden *fiktive Karrieren* geschaffen, indem man Quasipositionen einrichtet (z. B. Stellvertreter, die nie zur Stellvertretung kommen werden); Beförderungsstellen „zwischenschiebt" (an denen die Arbeit die gleiche bleibt); Arbeitsplätze mit besonderen Statussymbolen ausstattet (die, wie größere Teppiche, Schreibtische, Türschilder, funktional sinnlos sind); Titel, Ehrenzeichen u. a. vergibt (aus denen keinerlei neue Rechte abgeleitet werden können); oder indem man Arbeitsplatzmerkmale oder personale Tugenden, die für alle selbstverständlich sind, als „besondere Leistungen" deklariert und gleichzeitig echt qualifizierte Leistungen entsprechend unbedeutender erscheinen läßt (so daß der „vertrauenswürdige" Kassenbote seine Leistung als ebenso wichtig interpretieren kann wie die des Hauptkassierers).

Herrschaft, die sich der kritischen Reflexion der historischen und aktuellen gesamtgesellschaftlichen Auswirkungen ihrer spezifischen Zielsetzung entziehen will, muß zunächst darauf aus sein, die *Leistungsvorstellungen* ihrer „Untertanen" zu *uniformieren*. Diese müssen davon überzeugt sein (und überzeugt werden), daß das Ziel der Organisation, der politischen „Bewegung", der unter einer „Führung" stehenden „Kampfgemeinschaft", der sie angehören, *alle* Probleme löst, *alle* „richtigen" Bedürfnisse befriedigt, *allem* „Ordentlichen", „Natürlichen", „Gerechtem" zum Siege verhilft. Dazu gehört der Wille, ohne viele Fragen sein Bestes geben zu wollen dort, wohin man gestellt wird. Überlegungen darüber, wie denn das „große" Leistungsziel mit dem eigenen „kleinen" Leistungsziel zusammenhängt, müssen entweder unterbleiben oder durch zentral erarbeitete „Erklärungen" ersetzt werden. Auch Verständigungen und Absprachen unter den Mitgliedern haben nach Möglichkeit zu unterbleiben. Um diese Zustände zu institutionalisieren, bedient man sich des Herrschaftsmittels der *Hierarchie:* Nur die vertikalen Befehls- und Unterordnungsbeziehungen sind zugelassen. Horizontale Verbindungslinien, die die „kleinen" Mitglieder bei Gesprächen über die alltäglichen Erfahrungen nachdenklich machen könnten, werden in die unerwünschte Informalität abgedrängt. Im Ergebnis identifiziert sich der Einzelne nur noch mit dem „großen" Leistungsziel, sein eigener kleiner Beitrag gilt ihm nur in dem Sinne etwas, daß er damit für das „große" Ziel eine optimale *Teil*leistung erbringen kann. Über irritierende Nebenfolgen tröstet er sich mit dem zynischen Motto hinweg: Wo gehobelt wird, da fallen Späne. Der durch die übertragene Teilleistung definierte *meßbare Erfolg* wird, unabhängig von seiner Sinnhaftigkeit und seinem undurchschaubaren Stellenwert, zur Basis des Selbstwertgefühls und der Chance, im größeren organisatorischen Rahmen Anerkennung zu finden. Die KZ-Schergen des Dritten Reiches, deren Leistungsvorstellung oft darin bestand, mit möglichst geringem Aufwand an Tötungs- und Vernichtungsmaschinerie eine möglichst große Zahl von Menschen zu beseitigen, sind für diese Haltung immer wieder das schrecklichste Beispiel.

Herrschaft, das sollte zumindest deutlich gemacht werden, ist immer ein *Feind des Pluralismus von Leistungsvorstellungen,* ist immer darauf bedacht, im Interesse ihrer eigenen Handlungsziele andere inhaltliche Leistungsbegriffe zu diskreditieren. Wo es ihr nicht gelingt, volle Identifikation aller Beteiligten mit den von ihr vorgegebenen Leistungszielen zu erreichen, schafft sie für die „Untertanen" (bewußte) Fremdbestimmung der Leistung. Andererseits ist Herrschaft — solange jedenfalls, wie keine allgemeine „Einsicht in die Notwendigkeit" bestimmter Leistungszusammenhänge und -forderungen besteht — die Basis von Ordnung, von Kooperation und sinnvoll koordinierten Leistungsvollzügen. In der gegenwärtigen Sozialwissenschaft wird diese Ambivalenz im Verhältnis von Leistung und Herrschaft überaus strittig diskutiert. Die Ansichten reichen von der These, daß der Abbau von Herrschaft prinzipiell mit Verlusten an Leistungseffizienz verbunden sei[16], bis zu der Gegenthese, daß erst durch mehr „Demokratisierung" (zum hier diskutierten Problem verstanden als allseitige Beteiligung an der Leistungszieldefinition und an der Zuteilung der davon abgeleiteten Handlungsaufträge) mehr Leistungseffizienz zu erwarten sei.[17] Die eine These impliziert die Überzeugung, daß es angesichts zunehmend komplizierter werdender Technik-, Kultur-, Kommunikations- und Informationsstrukturen bei Leistungszielentscheidungen immer mehr auf spezifischen, aber eben unterschiedlich verteilten Sachverstand ankomme, der eine rationale Beteiligung aller jeweils Betroffenen schon aus Qualifikationsgründen, daneben aber auch wegen zeitlich und räumlich schier unlösbarer Organisationsschwierigkeiten verbiete. Die andere Überzeugung ist ohne den impliziten Optimismus nicht haltbar, daß eine herrschaftsfreie, für alle transparente und partizipativ zugängliche Diskussion über Leistungsziele zu rationalen, objektiv vertretbaren und darum von allen „aufgeklärten" Menschen auch akzeptierbaren Ergebnissen führen würde. Es ist offensichtlich, daß in beiden Thesen wiederum Grundannahmen stecken zur „Leistungsfähigkeit" der Menschen einer Gesellschaft, über ihre Perspektiven, d. h. über ihre Leistungsziele mehr oder weniger sinnvoll und verantwortlich selbst befinden zu können. Das berührt Fragen der Natur und der Erziehung des Menschen.

Leistungsfähigkeit und Leistungsmotivation — Anlagen- oder Umweltfaktoren?

Ein mitunter in seiner Bedeutung nicht ausreichend erkanntes Problem ist in sog. „Leistungsgesellschaften", ob die Menschen, um für Leistungskonkurrenz, Leistungsauslese und entsprechende Statuszuweisungs- und Allokationsprozesse genügend gerüstet zu sein, auch leisten *können* und leisten *wollen.*

Wie wir eingangs versuchten herauszuarbeiten, war es den ersten bürgerlichen „Entdeckern" und Apologeten des Leistungsprinzips als gesellschaftliches Ordnungsprinzip ein besonderes Anliegen, die „Geburtsgesellschaft" zu überwinden. Man kämpfte gegen das Herrschafts- und Statusverteilungsprinzip der Abstammung, der ständischen Herkunft. Das Hineingeborensein in den familialen Stand sollte nicht mehr unumstößliches, in der Regel sicheres bzw. fatalistisch hinzunehmendes soziales Schicksal sein. Die Aktivität des einzelnen Menschen, eben seine Leistung, sollte über seine weiteren sozialen Chancen entscheiden. Soweit in dieser neuen Gesellschaftsvorstellung Ungleichheit und Herrschaft nicht zu vermeiden wären, sollte die *Abstammungsaristokratie* durch eine *Meritokratie* ersetzt werden. Es dürfte kein Zweifel daran bestehen, daß die bildungshumanistische Propagierung einer *Geistesaristokratie* in dieselbe Richtung orientiert war. Voraussetzung einer solchen Gesellschaftsorganisation war, wie

wir ebenfalls hervorgehoben haben, die staatliche Garantie der individuellen Leistungs-Freiheit (im Rahmen „gesellschaftsvertraglicher" Spielregeln und Verhaltensnormen).
Seitdem dieses leistungsgesellschaftliche Grundprinzip weite ideologische Anerkennung gefunden hat, neigt man allenthalben dazu, den gesellschaftlichen Status eines Menschen als Ergebnis seiner individuellen Initiative und Verantwortung zu betrachten. Wo früher, als standesgesellschaftlicher Legitimationsglaube, galt, daß Gott den Menschen an einen bestimmten Platz gestellt und auf diese Position verwiesen habe, damit er dort, tugendhaft und ordnungsbewußt, seine „Pflicht" erfüllt, wird jetzt die individuelle zu verantwortende und auf sich selbst gestellte menschliche Tatkraft ideologisch beschworen. Solch ein individualistisch-aktivistisches Ordnungsprinzip kann aber nur dann und solange glaubhaft vertreten werden, wie ein (geistig überwundener) religiös-metaphysisch begründeter Determinismus nicht durch einen anderen, außerhalb der Gestaltungskraft des Individuums liegenden Faktor ersetzt wird. Hierüber hält jedoch, wissenschaftlich und gesellschaftspolitisch, eine Diskussion und ein heftiger Streit bis heute unvermindert an.
Die Ablösung der Abstammungsaristokratie durch die Meritokratie ist von Anfang an mit der These von der *Begabungsaristokratie* einhergegangen. An die Stelle des determinierenden Gottes ist die *Natur* getreten. Menschlich-individuelle Leistungskräfte und -ergebnisse werden als Manifestation dessen betrachtet, „was in den Menschen steckt". Gesellschaftliche Über- und Unterordnung als Ergebnis von Leistungskonkurrenz erscheint quasi als „Genokratie", d. h. als Durchsetzung von Erbgut, genetischem Potential oder von „Anlagen".[18] Wiederum ist der einzelne Mensch von Verantwortung und Rechtfertigung für seine soziale Stellung befreit. Der Erfolgreiche braucht nicht mehr um seine „erarbeiteten" Privilegien zu fürchten, denn diese ihm streitig zu machen, wäre eine „naturwidrige" Gleichmacherei. Der Erfolglose, der arm und glücklos gebliebene Mensch, braucht keine Gewissensschmerzen mehr zu haben, denn nicht er hat versagt, sondern die Natur meinte es nicht gut genug mit ihm. Michael *Young* hat mit seiner satirischen Sozialutopie „Es lebe die Ungleichheit" sehr instruktiv die Funktionszusammenhänge einer modellhaft vorgestellten Gesellschaft herausgearbeitet, in der — bei voller Entfaltungsfreiheit und Chancengleichheit für alle — die gesellschaftliche Hierarchie der Positionen nichts anderes mehr ist als die freigelegte natürliche Leistungsordnung.[19]
Aber die bürgerliche „Erfindung" der Leistungsgesellschaft verknüpfte auch von vornherein das Gestaltungsprinzip „Freiheit" mit den Postu-

laten und Zukunftsperspektiven „Gleichheit“ und „Fortschritt“. Das hatte ebenfalls Konsequenzen. Die entstehende Industriegesellschaft veränderte mit hochgradiger Dynamik ständig ihre Grundstrukturen und damit ihre Anforderungen an die Menschen. *Neue* Leistungsforderungen ließen nach (bis zum jeweiligen Zeitpunkt) verborgenen neuen Leistungskräften, „Begabungen“ suchen. *Mehr* benötigtes Leistungsverhalten machte Rückgriffe auf „Begabungen“ in niederen sozialen Schichten und Gruppen notwendig. Inhaltlich *bisher bedeutungslose* „Begabungen“ erhielten mit neuen Technologien und neuen sozio-ökonomischen Prozessen eine kulturelle Beachtung. Wenn von „Bildung“ die Rede war, ging es nicht mehr nur um die „Entfaltung der Persönlichkeit“, sondern auch um die systematische Entwicklung von gesellschaftswirtschaftlichem Leistungsvermögen. Man begann, sich von genetischen Prädestinationslehren zu lösen und Leistungsfähigkeit als vermittelbare Qualität und „Bildung“ als „Bürgerrecht“ zu interpretieren. Das wiederum konnte nur heißen: Ob ein Mensch leistungsfähig und leistungswillig wird, muß als Vorgang und Ergebnis „machbarer“ sozialer Interaktion, muß als umweltbestimmtes Produkt begriffen werden. Mit dieser Orientierung sind Anschauungen überwunden, die in der sozialen Ordnung und in der Leistungshierarchie der Menschen eine ständige gesellschaftliche Rekapitulation natürlicher, vorgeordneter, in den einzelnen Menschen selbst angelegter Naturtatsachen erblicken.

Leistungsfähigkeit ist eine in zweierlei Hinsicht dynamische Kategorie: zum einen kann sie als individuelles Potential durch soziale „Außen“-Einflüsse in ihrer Entwicklung entweder gefördert oder gehemmt werden; zum anderen ist die inhaltliche Definition dessen, was hierunter zu verstehen ist, dem kulturellen Wandel unterworfen. Wenn aber die Kultur und die jeweilige technisch-funktionale Struktur einer (sich wandelnden) Gesellschaft die Definition von Leistung und Leistungspotenz bestimmen, dann wird es unmöglich, angeborenes „Begabungs“-Potential kulturunabhängig zu bestimmen. Da Menschen immer schon kulturell geprägte, in ihrer „Persönlichkeit“ durch spezifische „Erfahrungen“ und „Lebensumstände“ strukturierte sind, kann es eine direkte Bestimmung ihrer „absolut“ gültigen, gleichsam „natürlichen“ Leistungsfähigkeit im Sinne angeborener, sich von selbst „entfaltender“ Eigenschaften nicht geben. „Es können immer nur konkrete Aufgaben gestellt und daran Leistungen gemessen werden. Diese Leistungen setzen aber eine verwickelte Entfaltungsgeschichte von früherem Lernen voraus. Begabung als ein allgemeiner Erklärungsbegriff für Leistungsunterschiede ist wissenschaftlich nicht mehr zulänglich. Immer ist schon vorausgegangenes

Lernen ins Spiel gekommen. Auf Unterschiede im angeborenen Begabungspotential können wir nur indirekt schließen, wenn wir Leistungsunterschiede zwischen Individuen finden, die annähernd die gleiche Lerngeschichte aufzuweisen scheinen".[20] Als Leistung wird aber nur dann ein bestimmtes Verhalten oder Verhaltensergebnis anerkannt, wenn es gewissen sozio-kulturellen Erwartungen über ein solches Verhalten oder Verhaltensergebnis entspricht. Erforderlich ist die Existenz einer Norm der Gesellschaft oder der sozialen Bezugspersonen. Leistungs*normen* und Leistungs*anforderungen* sind damit wichtige Merkmale zum Verständnis des Begriffs Leistung. Wo keine Normen sind, kann auch nicht über Leistung entschieden werden.

Eine definitive Antwort auf die Frage, ob Leistunsgfähigkeit im Sinne von „Begabung" und auch „Intelligenz" nun „vererbt" oder „umweltbedingt" ist, kann von allergrößter gesellschaftspolitischer Brisanz werden. Eine Antwort zugunsten der Erbfaktoren würde z. B. *bildungs*politischen Bestrebungen zur Veränderung gesellschaftlicher (Schichten-)Strukturen weitgehend die wissenschaftliche Legitimation entziehen und Herrschaft, als Verhältnis der Führer und Geführten, der Eliten und der Massen, als schlechthin Unabänderliches erweisen. Reformen nach humanistischen oder sozialethisch-politischen Emanzipationspostulaten wären dann in erster Linie ein Problem der Genetik. Pädagogik würde durch biologische Gesetze abgelöst. Fällt jedoch die Antwort zugunsten einer milieutheoretischen Erklärung der Entstehung und Förderung von Leistungsfähigkeit aus, dann wird im Prinzip alles „machbar"; ökonomische und institutionelle Strukturveränderungen könnten ganz andere individuelle Entfaltungsmöglichkeiten bewirken. Man muß nur die „Gesetzmäßigkeiten" kennen, nach denen Leistungsfähigkeit als Ergebnis von Außeneinflüssen entsteht oder gehemmt wird, um durch pädagogische und sozialreformerische Maßnahmen den Ausgleich von Nachteilen und Privilegien anstreben zu können.

Der einschlägigen Forschung ist es bisher nicht gelungen, in der Begabungs- und Intelligenzforschung Erb- und Umwelteinflüsse zu trennen. Was an einem Menschen „genotypisch" (durch Vererbung weitergegeben), oder was „pähotypisch" (durch Umwelteinflüsse gestaltet) ist, kann nicht verläßlich festgestellt werden. Es ist aber interessant, zu beobachten, wie gerade zu solchen Fragestellungen die wissenschaftlichen Antworten mit der jeweiligen gesellschaftlichen Gesamtsituation variieren. In Zeiten gesellschaftlicher Neuordnungs-, Wiederaufbau- und Reformnotwendigkeiten, wenn alle gesellschaftlichen Kräfte mobilisiert werden müssen und der gesellschaftliche Leistungszusammenhang keine Begrenzungen kennt, dann überwiegen stärker milieutheoretisch orientierte Antworten.[21] In Phasen gedämpfter gesellschaftlicher Entwicklung, bei Strukturkrisen und profilierten gesellschaftlichen Konfliktlagen (die immer auch mit Herrschaftskämpfen verbunden sind), dominieren die vorwiegend auf Anlagen und genetische Potenzen konzentrierten Theorien. So ist nicht zu übersehen, daß mit dem Beginn der 70er Jahre die Skepsis gegenüber allzu optimistischen Erwartungen, die man mit Bildungs- und Sozialreformmaßnahmen zum Abbau individueller und sozialer Entwicklungsbarrieren verband, fühlbar stärker geworden ist.[22] Aber nach wie vor herrscht — bei aller Referenz vor noch ungeklärten genetischen Basisfaktoren — die Ansicht vor, daß die Leistungsfähigkeit des einzelnen Menschen von vorausgegangenen Anregungen und Ermutigungen beeinflussender Umwelt abhängig ist und daß die Quantität solcher von „außen" kommenden Ermutigungen sowohl Sprünge nach vorn als auch Retardationen bei der Entwicklung des Leistungspotentials bewirken kann. Es scheint festzustehen, daß ein durch Umweltverhältnisse bestimmtes Training der Leistungskomponenten immer neue Entwicklungs*möglichkeiten* schafft, andererseits jedoch die Vernachlässigung der Pflege und Anregung von manifest gewordenen „Anlagen" deren Ende bedeuten kann, weil ungenutzte Möglichkeiten irreversibel sind.[23]

Der Begriff der Leistungsfähigkeit wirft noch in anderer Hinsicht ein Problem auf: Es bleibt oft unklar, ob mit diesem Begriff ein Maßstab für bereits gezeigte Leistungen oder für die Disposition eines Menschen zur Leistung gemeint ist. Leistungsfähigkeit dürfte kaum eine Eigenschaft eines Menschen „an sich" sein, unabhängig von „auslösender", „stimulierender" oder „hemmender" Umwelt. Ebenso wenig kann von gezeigten Leistungen in einer bestimmten Situation auf eine generelle Leistungsfähigkeit des Betreffenden geschlossen werden. Daß es auch keine Leistungsfähigkeit schlechthin, sondern nur in Bezug auf bestimmte sozio-kulturelle Leistungsnormen gibt, ist in anderem Zusammenhang schon herausgearbeitet worden. Zum Begriff der Leistungsfähigkeit muß klar sein, daß zu ihm folgende Inhalte gehören: es müssen Umweltreize (Aufgaben) auffordernd auf ein Individuum einwirken, es müssen notwendige Situationsbedingungen erfüllt sein (z. B. Informiertheit, Kommunikationsmöglichkeiten, materiale Ausstattung etc.), und es muß die Annahme bestehen, daß das Individuum in jeder solchen Situation etwa gleich reagiert.

Das gleiche Reagieren in gleicher Situation ist aber — bei aller Bedeutung von physischen und sonstigen psychischen Leistungspotenzfaktoren — hauptsächlich eine Frage der *Leistungsmotivation.*[24] Zumindest zu diesem Problem scheint heute unumstritten festzustehen, daß der Wunsch, in leistungsbezogenen Situationen erfolgreich abzuschneiden, und selbst gestellte oder erwünschte und gebilligte Leistungsziele optimal zu erreichen, keine angeborene „Tugend" ist, sondern als Ergebnis erlebter gesamtgesellschaftlich-kultureller Normenumwelt und spezifisch individueller Erfahrungsinhalte der Erzielung und Persönlichkeitsprägung gesehen werden muß. Voraussetzung zum Erbringen einer Leistung ist nicht nur die *Fähigkeit* dazu, sondern auch die *Anstrengung*, das Wollen. Die Umweltsituationen, die dieses Wollen anregen und prinzipiell bzw. immer wieder auslösen, sind nicht für alle Menschen gleich gegeben. „Die Unterschiede über Raum und Zeit sind beträchtlich. Regionale und soziale Herkunft, Gruppen- und Geschlechtszugehörigkeit, geschichtliche Epoche und eigene Lebenslaufphase grenzen die gesellschaftlichen, wirtschaftlichen und kulturellen Realisierungsmöglichkeiten leistungsmotivierten Handelns ein".[25]

Vor allem im Zusammenhang mit den Problemen des ökonomisch-technischen Leistungsgefälles zwischen Industrie- und Entwicklungsländern, mit dem Nord-Süd-Konflikt, haben Argumente wieder an Bedeutung gewonnen, die das Thema „Leistungsmotivation" zum Zentralthema von „Modernisierungs"-Strategien machen. Entwicklung als Überwindung von technisch-ökonomischer Rückständigkeit, von Massenarmut und sozialem Elend wird in erster Linie als Ergebnis zu verändernder Wertüberzeugungen und Kulturprinzipien gedeutet. Leistungsmotivation als Voraussetzung zur Realisierung von Leistungspotenz wird in ihrer Genese an individualistisches Ethos, an individuelle Selbsterfüllungshoffnungen, aktivistische Lebenseinstellungen, soziales Mobilitäts(Verbesserungs)streben und an längerfristige Zukunftsorientierung angebunden.[26] Offen bleibt weitgehend, welche materiellen Basisbedingungen allein nur solche Kultur- und Wertrezeptionen ermöglichen. Dabei wissen wir um die großen sozialschichtenspezifischen Unterschiede in der Ausprägung von Leistungsmotivationen selbst in industriell hochentwickelten Gesellschaftsstrukturen.

Erziehungswissenschaftliche und organisationstheoretische Forschungen der letzten zwanzig Jahre haben die *Aspekte und Faktoren* herausgearbeitet, *die Leistungsmotivation fördern und hemmen.* Der Grad individueller Leistungsbereitschaft ist von der leiblichen und seelischen „Gesundheit" ebenso abhängig wie von bestimmten organisatorischen Strukturbedingungen in (erziehender) Familie, Schule und (Leistung forderndem) Beruf.

Eine besonders irreversible und damit später nicht nachholbare prägende Wirkung hat die Umwelt im vorschulischen Familienmilieu.[27]

Hochmotivierte Eltern, frühe Selbständigkeitserziehung, belohnendes und strafendes ebenso wie regulierendes und einschränkendes Verhaltenstraining, emotionale Zuwendung im intakten Familienmilieu, elterliche Vorbildfunktionen und Identifikationsangebote, individualistische und langfristig ausgerichtete Planungsperspektive, Gewöhnung an aufgeschobene Bedürfnisbefriedigungen, „sanft" und bruchlos überstandene Autoritäts- und Identitätskrisen in der Abfolge der Entwicklungs- und Ablösungsphasen, — das sind die immer wieder hervorgehobenen Milieufaktoren, von denen man annimmt, daß sie auch prädisponierend auf Schul- und Arbeitsverhalten weiterwirken. Es liegt auf der Hand, daß solche Faktoren nur dort realisiert werden können, wo die sozio-ökonomische Gesamtsituation und die spezifischen Erfahrungsinhalte der Elternteile die Voraussetzungen dafür schaffen. Mit anderen Worten: Erziehungsnormen, Erziehungsstile und -methoden der Eltern sind immer auch ein Ergebnis der Persönlichkeitsstrukturen, Attitüden, Gesellschaftsvorstellungen, Leitbilder u. a. der Eltern selbst. Diese wiederum werden entscheidend, weil tagtäglich verstärkt, von der Arbeits- und Berufserfahrung geprägt. Darum wird der Grad der Leistungsmotiviertheit immer wieder in enger Korrelation mit der „Höhe" der Sozialschicht-Zugehörigkeit festgestellt.

Wo Leistungsmotivation, kreative Eigeninitiative, Entscheidungshandeln, Planungsüberlegungen, Reflexion, „Beherrschung" und rationales Argumentieren ohnehin das beruflich geformte soziale Erlebensklima sind, dort haben Kinder und Jugendliche höhere Chancen zur Entwicklung von Leistungsmotivation. In Abhängigkeit und Fremdbestimmung, in Routine und dumpfer Gewöhnung ständig repetitiv erlebte Arbeitswelt wird über die Eltern in die Familiensituation hineinwirken und dort heranwachsende Kinder von vornherein benachteiligen müssen. Andererseits ist aber genauso bekannt und einsichtig geworden, daß nach dem Leistungsprinzip und seinen anreizenden Konkurrenzbedingungen überspitzt aufgebaute Organisationsstrukturen in der Arbeitswelt nicht nur ungeheure, physisch und psychisch zerstörende Streß-Situationen für die Beschäftigten erzeugen, sondern ebenfalls in das „private" Familienklima hineinwirken. Menschen, die in der täglichen Berufspraxis ihr soziales Dasein ausschließlich als Bewährungsfeld erfahren, bei denen Statusängste und Aufstiegshoffnungen das inhaltliche Interesse an ihrer Arbeit überlagern und zu Grundzügen ihrer Sozialmentalität werden, finden sich nicht nur damit ab, sich selbst und ihre beruflichen Beziehungspersonen als Manipulations-„Objekte" von Organisationsinteressen zu interpretieren. Sie übertragen solche „Wertbilder" auch auf ihr erzieherisches Autoritäts- und Forderungsverhalten in der Familie, erziehen ihren Kindern Leistungsmotivation an, ohne gleichzeitig die Fähigkeit zu rationaler Einsicht in die gesellschaftlichen Inhalte und Sinnbezüge zu entwickeln, für die solche Leistungsmotivation eingesetzt wird. Das Problem sind nicht nur die sozialschichtenspezifischen Unterschiede in der Ausprägung von Leistungsmotivation als solcher, sondern die Erziehungs- und Bildungseinflüsse zu sozial verantwortbaren und für die Entwicklung humaner Sozialbeziehungen günstigen Bezug der Leistungsmotivation auf entsprechende Leistungsziele.

Leistungsgerechtigkeit und Leistungsmessung

Ob und inwieweit das Leistungsprinzip seine gesellschaftlichen Funktionen erfüllen kann (vgl. S. 17 ff.), hängt in erster Linie von der Möglichkeit ab, Leistungen als solche zu bestimmen, zu messen und miteinander zu vergleichen. Wir konnten in einem anderen Zusammenhang schon auf das Problem hinweisen, daß der Begriff „Leistung" selbst schon verschieden ausgedeutet wird. So wird hierunter das *Ergebnis* einer Handlung genauso verstanden wie in anderen Fällen die physischen oder psychischen *Anstrengungen* zum Erbringen eines solchen Handlungsergebnisses oder die vermutete besondere *Disposition,* Eignung, Einsatzfähigkeit, Leistungsbereitschaft eines Menschen für bestimmte Funktionszusammenhänge. Die methodisch-technischen Probleme der Leistungsfeststellung (-messung und -bewertung) dürften jeweils besondere sein. Aber man muß sich auch darüber klar sein, daß die Konzentration auf *einen* dieser Leistungsbegriffe hinsichtlich der Fragen von Leistungsgerechtigkeit jeweils bestimmte Konsequenzen hat.
Als Zuweisungs-, Zuteilungs- und Auslesungsprinzip kann das Leistungsprinzip sich ohne den Nachweis „gerechten" Funktionierens nicht längerfristig legitimieren und durchsetzen. „Gerecht" wirkt es, wenn es nach Leistung belohnt und wenn dabei alle, die es betrifft, der Meinung sind, daß auf akzeptable Leistungsbestimmungs- und Leistungsbemessungsmaßstäbe zurückgegriffen wird. Diese Einheitlichkeit der Einschätzung und Anerkennung von Leistungsbewertungsprozessen wird aber schwer herstellbar sein. Differenzen werden schon durch die wohl immer im Spiel befindlichen Interessen an mehr *Produkt-*(Erfolg-)Orientierung oder mehr *Prozeß*orientierung gegeben sein. Derjenige, der für andere das Leistungsziel vorgibt, wird sich — sofern dadurch nicht wieder andere Leistungszusammenhänge erfolgs- oder mißerfolgsträchtig berührt werden — eher am Erfolg,

am Handlungsergebnis orientieren, das für ihn Bedeutung hat. Derjenige, der eine Leistung zu erbringen hat, die für ihn keinen direkten sondern nur „instrumentellen“ Wert (als Voraussetzung für begehrte Gegenleistungen) hat, wird bei der Einschätzung seiner Leistung seine Mühen und Anstrengungen veranschlagen wollen. Dabei muß bedacht werden, daß das gleiche Ergebnis auf verschiedenen Wegen oder aus ganz verschiedenen Motiven erbracht sein mag, andererseits — unter verschiedenen sachlichen und/oder persönlichen Voraussetzungen — gleiche Anstrengungen und Leistungsprozesse zu abweichenden Ergebnissen führen können. Solange die Voraussetzungen für das Erbringen einer Leistung — von Zufall, Glück und anderen unwägbaren Einflüssen einmal abgesehen — nicht bei allen Beteiligten annähernd die gleichen sind, ist eine Leistungsgerechtigkeit, die bei allen mit dem gleichen Maße mißt und bewertet, ein Instrument der Gleichbehandlung und der Reproduktion von Ungleichheit zugleich.

Da in einer durchgängig von der Idee der Leistungsgerechtigkeit beherrschten Gesellschaft aus Verteilungs- und Zurechnungsgründen gemessen werden *muß*, sind Meß- und daran sich anschließende Bewertungsverfahren nicht selten, bei denen das Problem der Sinnhaftigkeit der „Maßstäbe“ unklar bleibt, d. h., ob überhaupt die Meßergebnisse das zum Ausdruck bringen, was festgestellt und gemessen werden sollte. Mitunter ist es auch der Wunsch nach Schnellorientierung, der bei komplizierten Leistungszusammenhängen oder -qualitäten die Konzentration auf einen einzigen (Meß-)Faktor lenkt. Oder es entscheiden bereits vorhandene technische Möglichkeiten des Messens, die leichtfertig nach dem Grundsatz Anwendung finden, daß das, was nicht gemessen werden kann, gar nicht vorhanden, zumindest nicht beurteilungsrelevant sei.

Beispiele für solche Vorgänge sind in erster Linie diagnostische Verfahren zur Feststellung der Leistungsfähigkeit und der Lehr- und Lernerfolge im Bereich der Erziehungs- und Bildungsinstitutionen.[28] Hier hält bis heute insbesondere darüber eine heftige Diskussion an, welches denn der pädagogisch-didaktische Sinn des Messens, der Schülerbeurteilung und des „Noten“-Gebens sei: ob Leistungsmessung über Erfolg oder Mißerfolg von Lehr- und Lernprozessen Auskunft geben und damit u. U. Informationen über positive und negative Phänomene solcher Prozesse signalisieren soll, aus denen dann *Förderungs*maßnahmen für Schüler, Lehrer und Schulorganisation hervorgehen; oder ob Zensurengebung in erster Linie *Auslese*funktionen für die gesellschaftliche Positionen- und Qualifikationenhierarchie zu erfüllen hat.[29] Besonders aus diesem gesellschaftlichen Bereich kommen auch Hinweise darauf, daß infolge einer gewissen Ideologisierung des Leistungsprinzips die Aktivitäten des Messens und Bewertens sich soweit in den Vordergrund geschoben haben, daß die eigentlichen Lernprozesse und die Reflexionen über die Inhalte und Ziele der Lernprozesse zu kurz kommen. Erkennbar ist eine solche Entwicklung an Formen *ritualisierter* Leistungsmessung.[30]

„Erfolgreiche", praktikable und allseits überzeugende Leistungsmessung ist immer auf quantifizierbare Dimensionen angewiesen, hat es immer mit den Kategorien „mehr oder weniger", „schneller oder langsamer", „größer oder kleiner" usw. zu tun. Hinzu kommt, daß Leistungsmessung sich in der Regel — offenbar aus Gründen technischer Meßprobleme hinsichtlich Gültigkeit und Zuverlässigkeit — auf relativ kurzfristig orientierte Leistungsdiagnosen beschränkt. Das wirkt selbstverständlich zurück auf die Wahl der Kriterien zur Bestimmung von Leistung: Was quantifizierbar ist und was als Erfolg oder Mißerfolg kurzfristig erkennbar gemacht werden kann, hat größere Chancen, Leistungskriterium zu werden. Das gilt bereits für die Schule, wo „ordentliche", nach Fehlern auszählbare, kollektiv erbrachte Schülerreproduktion des Lehrstoffes gewöhnlich mehr gilt als der verständlicherweise schwerer zu bestimmende Erfolg des von Schüleraktivitäten mitorganisierten und nicht völlig vorgeplanten Unterrichtsablaufes. Orientierung an leicht „machbarer" Leistungskontrolle und -messung muß hier Rückwirkungen auf Lernverhalten, Arbeitsstil, Einstellungen, Motivationen und Kommunikationen haben: Sie erschwert die Thematisierung neuer, noch nicht „Stoff" gewordener Lehrinhalte, Problemstellungen und auch die Anwendung neuer, „ungewöhnlicher" Arbeitsformen. Schule, in der Leistungsmessung im Vordergrund steht, hat die Schüler an den „Erfolg" um der „Noten" und der schulischen Karriere wegen gewöhnt; steht dem Aufbau sachorientierter Motivationen und der Artikulation eigener Interessen entgegen; behindert mit ihrem Zensuren-Wettbewerb aller gegen alle die Förderung von Kooperationsfähigkeit und gesellschaftlichen Solidaritätsvorstellungen.

Diese Tendenz setzt sich — von der Sozialkritik erkannt und immer stärker angeklagt — in anderen Bereichen der Gesellschaft fort. Der Mensch „gilt" überall nur etwas nach dem Kriterium, das der Messung seiner Leistung gerade, rollengemäß, zugrunde liegt. Hierbei gut abzuschneiden, ist für ihn schicksalbestimmend, weil statusbestimmend. Was er selbst davon hält, wie seine „Leistung" auf ihn selbst wirkt, wird zur „Privatsache" erklärt. Kritische Anmerkungen hinsichtlich evtl. gesamtgesellschaftlich zu beachtender Nebenwirkungen und Folgeprobleme einer bestimmten (kurzfristig und partiell betrachtet: „guten“) Leistung werden als störend empfunden. *„Leistungsgerechte“ Beurteilung von Menschen beruht weitgehend auf „parzellierten“ Vorstellungen von Gerechtigkeit.* Abgesehen davon, daß — der „Objektivität“ des Urteils wegen — von einem Meßfetischismus beherrschte Leistungsbeurteilung Anpassungs-Leistungen belohnt und (längerfristig u. U. durchaus funktionales) Distanzierungs-, Widerstands-, Weigerungsverhalten bestraft, widersprechen solche „parzellierten“ Güteurteile eigentlich dem, was als Minimalkonsens über bestimmte humane und soziale Grundwerte unserer Gegenwartsgesellschaft gilt. Es ließen sich viele Beispiele im öffentlichen Leben aufzählen, wo allseits bewundertes maximales Können und Leisten mit moralischer Deformation der Betreffenden einhergeht, mitunter sogar von der Sache einhergehen muß. Barmherzigkeit, karitative selbstlose Pflichterfüllung, Menschlichkeit im Sinne der Beachtung und Behandlung des anderen als „ganzen“ Menschen — solche Prinzipien haben zweifellos einen hohen sozialmoralischen Stellenwert. Aber wer kann sich ein Handeln danach überhaupt noch „leisten“, wo — weit über platte Werbespots hinaus — in den Sozialmentalitäten der Konsumgesellschaftsbürger gilt: Hast Du was, bist Du was! — und jeder weiß, daß wir eigentlich in einer „Gegenleistungsgesellschaft“ oder „Buchhaltergesellschaft“ leben, die nichts verschenkt, die alles aufrechnet und ungenutzte Chancen als „Dummheit“ interpretiert.

In jüngster Zeit sind aber auch Tendenzen erkennbar, die den Begriff der Leistungsgerechtigkeit und die Meßmethoden zu ihrer Realisierung aus solchen „parzellierten“ Interpretationen herausführen. Die Tarifauseinandersetzungen der letzten Jahre in der privaten Wirtschaft und im öffentlichen Dienst beweisen, daß die *Einsicht in die allseitige Abhängigkeit von gesamtgesellschaftlichen Leistungszusammenhängen zugenommen hat.* Kaum noch jemand fordert guten Gewissens — und wenn er nicht aus organisationspolitischen Gründen dazu gezwungen zu sein scheint — ein Mehr an Gegenleistung für ein Mehr an Leistung, wenn in größeren Zusammenhängen nur ein Weniger zustande gekommen ist. Verständlicherweise stimulieren solche Situationen immer noch und immer wieder Diskussionen um die Probleme der *Zurechnung* von Leistungserfolgen oder der Verantwortlichkeiten für Erfolge oder Mißerfolge. Aber je mehr über Zurechnungsfragen gestritten wird, um so stärker kommen die nach einem „objektiven“ Leistungsprinzip „sachlich“ nicht begründbaren, weil eben überwiegend machtpolitisch zustande gekommenen Zurechnungsregeln ans Licht, wird vielerorten das, was lange Zeit als Äquivalenz von Leistung und Gegenleistung galt, als bloße Traditionsregelung entlarvt. Vor allem aber werden spezifische Leistungsprozesse und Leistungsergebnisse immer intensiver auf ihre mittelbaren Folgewirkungen hin untersucht, werden — unter dem programmatischen Stichwort „Humanisierung der Arbeitswelt“[31] — die Auswirkungen der Prozesse menschlicher Arbeitsleistungen unter bestimmten Leistungsbedingungen auf Körper und Seele des arbeitenden Menschen untersucht; werden betriebswirtschaftliche Leistungsergebnisse gegen volkswirtschaftliche Kosten aufgerechnet; versucht man, Schaden und Nutzen der Leistungsentwicklung ganzer gesellschaftlicher Leistungsbereiche für die gesamtgesellschaftliche „Lebensqualität“ abzuschätzen.[32]

Solcher Überwindung eines zu stark individualistisch interpretierten Leistungsprinzips kommt überdies die technische Entwicklung der Produktions- und Kooperationsstrukturen moderner Industriegesellschaft entgegen. Dort, wo nach dem Leistungsprinzip Leistungsmeßmethoden ursprünglich einmal die Funktionen hatten, individuelle Leistungsgerechtigkeit (als Zuteilungsgerechtigkeit) zu realisieren und damit gleichzeitig Leistungsanreizsysteme darzustellen, sind sie heute „in der Krise“.[33] Von den technisch-organisatorisch immer stärker verschachtelten Produktions- und Leistungsstrukturen, die individuelle Leistungszurechnung ohnehin sehr erschweren, sind auch *neue „Gerechtigkeits“-Vorstellungen* ausgegangen, die das Interesse z. B. an Leistungslöhnen zugunsten von Produktivitätslöhnen haben fühlbar abnehmen lassen. Der „Taylorismus“, das von dem amerikanischen Betriebsorganisator Frederick W. Taylor um die Jahrhundertwende propagierte Prinzip der Messung von Einzelleistungen und der (Arbeitsanreize garantierenden) Berechnung der Entlohnung auf dieser Grundlage scheint, sofern überhaupt noch von Bedeutung, seinem praktischen Ende entgegenzugehen. In den modernen, hochkomplexen Produktionsstätten wird eine individuelle Zurechnung von Leistung auch für die unteren (rein ausführend tätigen) Ränge der Positionenhierarchie mehr und mehr unmöglich. Damit wird Leistung „sozial unsichtbar“ (C. Offe) und dennoch „festgestellte“ Leistungszurechnungen geraten in den Verdacht, „Scheinlösungen“ zu sein — es sei denn, die machtpolitische oder manipulative Qualität solcher „Lösungen“ wird ohnehin eingestanden.

Die Suche nach einem neuen Leistungsbegriff

Wir kommen zum Schluß auf die eingangs vorangestellte Bemerkung zurück: daß in den modernen Industriegesellschaften, in denen kontroverse Diskussionen über die Funktionen und Wirkungen des Leistungsprinzips geführt werden können, eigentlich niemand sich grundsätzlich gegen dieses Prinzip ausspricht. Strittig sind nur die Themen der Ideologisierung und der Deformation dieses Prinzips, wie wir sie im Überblick angeschnitten haben. Ebensowenig wird für eine perfekte Leistungsgesellschaft plädiert wie man eine totale Aufgabe der Leistungsorientierung vertritt.

„*Die perfekte Leistungsgesellschaft wäre eine unmenschliche Gesellschaft* (Hervorhebungen von mir! G. H.). Eine solche Gesellschaft müßte bisher noch nicht existierende Mechanismen erfinden, die zu jedem Zeitpunkt — sowohl intra- als auch intergenerationell — jedem die gleiche Chance gäben. Nur der Kompetenteste würde für jede Berufsrolle ausgewählt, und jeder würde eine Berufsrolle nur solange wahrnehmen, wie er tatsächlich der kompetenteste Bewerber wäre. Der totale Wettbewerb, der Berufskampf aller gegen alle wäre institutionalisiert. Eltern hätten keine Möglichkeit, das einmal Erworbene an ihre Kinder weiterzugeben. Denn in der perfekten Leistungsgesellschaft wäre nicht nur die Vergabe von Berufsrollen, sondern auch die Vergabe von Belohnungen ausschließlich durch das Leistungsprinzip bestimmt. Weder Besitz noch ‚soziale Gesichtspunkte' würden eine Rolle spielen. Alten, Kranken oder Kinderreichen würden keinerlei Privilegien eingeräumt; sie hätten die gleichen Chancen wie Junge, Gesunde und Kinderlose“.[34] Es gäbe nicht einmal Nischen der Sicherheit, in denen man sich auf das Leisten in Ruhe vorbereiten und in denen man sich zwischenzeitlich oder gar letztlich vom Leisten ausruhen könnte. Die *natürliche* Leistungskraft und -fähigkeit würde sich, soweit sie nicht nachträglich, eben selbst wiederum durch Leistung, „künstlich“ manipuliert werden könnte, schonungslos durchsetzen.

Die andere Alternative, die *Organisation der sozialen Beziehungen ohne jegliches Leistungsprinzip, erscheint ebenso unmenschlich.* Der einzelne Mensch hätte von sich aus keine Möglichkeit mehr, nach einem einsichtigen Prinzip erfolgreich etwas anzustreben, was er zu seiner Selbstverwirklichung gern tun würde oder besitzen möchte. Auch eine totale Nivellierung der materiellen Belohnungen für Leistungen und Positionen aller Art würde ein solches Streben ja nicht ausschalten. Alle gesellschaftlichen Positionen und Handlungsergebnisse würden (automatisch oder nach anonymen Plänen) zugeteilt werden müssen. Der Nachweis spezieller Eignung und/oder speziellen Sichbemühens wäre als Auswahlkriterium sinnlos geworden. Es müßte ein neuer Maßstab gefunden werden, auf den hin der Sinn von Rationalität, Zweckhaftigkeit, Methodenvergleichen und Wirtschaftlichkeit

bezogen werden könnte. Alle funktionierenden gesellschaftlichen Handlungssysteme sind bisher nach dem Prinzip „konstruiert" worden, daß die Funktionsträger eine relativ funktionsadäquate und verläßliche Leistung erbringen und daß sie dafür auch den „Eignungs"-Nachweis erbracht haben. Das Leistungsprinzip, das im Falle funktionellen Versagens (in der Regel) Sanktionen bereithält und darüber hinaus dazu beiträgt, daß zu jeder Position im gesellschaftlichen Handlungszusammenhang ein bestimmtes „Leistungsethos" entwikkelt und internalisiert wird, garantiert die Konzentration der Menschen auf ihre gesellschaftlich folgenschweren Aufgaben. Zugegeben: hält sie andererseits auch von einem Leben ab, das sich der Realisierung individueller Sinnlichkeit überläßt. „Ein träumerischer Automobilarbeiter, ein ausgeflippter Kranführer, ein verliebter Flugzeugpilot, ein unter häuslichem Streß stehender Autofahrer, eine vereinsamte und depressive Telefonistin, eine sexuell frustrierte Sekretärin — das alles wären unmittelbare, zum Teil tödliche, Bedrohungen der Funktionstüchtigkeit von Handlungssystemen, auf die uns zu verlassen wir täglich gezwungen sind. Insoweit ist hier mit romantischen Vorstellungen von einer allseitigen, nämlich die Sinnlichkeit überall und jederzeit voll mit einbeziehenden Gesellschaftsverfassung nichts gewonnen: ein hohes Maß an Affektkontrolle, die mit der Beherrschung der unmittelbaren Körperfunktionen beginnt und mit dem ständigen Ertragen aufgeschobener Befriedigung nicht endet, ist offenbar eine funktionale Notwendigkeit für eine organisatorisch und technologisch derart komplexe Gesellschaft wie die unsrige".[35]
Wir befinden uns mit dem Leistungsprinzip offenbar zwischen der Szylla und der Charybdis gesellschaftlicher Ordnung. Machen wir es zum alles leitenden Prinzip, garantieren wir bei den schwachen und starken Mitgliedern der Gesellschaft psychische Verelendung und sozialmoralisch unverantwortliche Ungleichheiten, Privilegien und Notlagen. Schaffen wir das Prinzip ab, dann haben wir vorerst keine praktische Alternative. Wir könnten wohl, soweit die Vorräte reichen, jedem nach seinen Bedürfnissen austeilen, aber wir könnten heute ohne Zwang nicht gewährleisten, daß jedes Gesellschaftsmitglied auch nach seinen Fähigkeiten die von der Gesellschaft benötigten Leistungen, ausreichend und verläßlich, erbringt.
Eine weiterführende Diskussion, deren Ergebnisse praktische Probleme lösen helfen, wird darum bei den Problemen der *Inhalte* des Leistungsprinzips ansetzen müssen. Der Ansatz hierfür ist schon gegeben, wenn man die wachsende Kritik an einer lediglich ökonomistisch materialistischen Leistungsorientierung überblickt.[36] In der großen Politik hat maximalistisch-expansives Gedankentum seine Grenze

schon erreicht. Rüstungswettlauf als militärische Leistungskonkurrenz ist insofern schon irrational geworden, als alle großen Leistungskonkurrenten wissen, daß sie angesichts des immensen „over-kill“ ihre Leistungen gar nicht mehr „fruchtbar“ machen können, ohne ihre eigene Existenz zu riskieren. In der Wirtschaft hält der Wachstumsfetischismus wohl noch an und stürzt die Menschen von einem Produktions- und Konsumleistungswettbewerb in den anderen. Aber auch hier stößt man an die Grenzen der ökologischen Verträglichkeit der Natur und an die sich schnell verbreitende Einsicht, daß weitere Steigerungen des „Lebensstandards“ durch materielles noch-mehr-Leisten mit einer Fülle von psychischem Elend und physisch negativen Nebenfolgen erkauft werden müssen, mit denen ein ständig wachsender Teil der Gesellschaft nicht mehr fertig wird. Im Bereich der gesellschaftlichen Beziehungen wird mehr und mehr deutlich, daß selbstsüchtige, hektische Leistungsaktivität zu permanenter Gefühlsunterdrückung und zu unkontrollierten Aggressionsschüben führt, daß Leistungsdenken ohne Anbindung der eigenen Interessen an Reflexionen über größere Leistungszusammenhänge die zwischenmenschlichen Kommunikationen abschneidet. Kulturelle Trends signalisieren einen Leistungsbegriff, der den Einsatz für mehr Sinnlichkeit, Emotionalität und affektiv vermittelter Kontaktaufnahme zwischen den Menschen propagiert. Geleistet werden soll nicht mehr nur zur persönlichen Statusverbesserung, sondern zur Entwicklung einer Gesellschaft, in der das Solidaritätsprinzip verhindert, daß Randgruppen, Behinderte, chronisch Kranke oder sozial Schwache gettoisiert und „abgeschrieben“ werden.

Es besteht in der Diskussion um diese Tendenzen kein Zweifel darüber, daß ihre Verstärkung nur durch politisch-institutionelle und erzieherische Aktivitäten zugleich erreicht werden kann. Es bedarf der Organisationen, die sich diese neuen Leistungsauffassungen zu eigen machen, ebenso wie der Schulformen und schulischen Erziehungsinhalte, die Menschen für die Annahme solcher Leistungsauffassungen vorbereiten. Über ein Jahrhundert haben politische und religiöse Organisationen und in der gleichen Zeit viele Lehrergenerationen in der Schule soziale, karitative und humane Leistungsziele gepredigt, ohne daß es, auf dem Hintergrund eines rigiden ökonomischen Konkurrenz- und Leistungsprinzips, wesentliche Erfolge hatte. Der moralische Appell kann hier wohl nur wenig und nur in Einzelfällen etwas bewirken. *Neue Leistungsbegriffe werden sich nur unter neuen institutionell-organisatorischen Strukturbedingungen und nur als Ergebnis neuer Persönlichkeitsstrukturen* der in solchen Strukturen handelnden Menschen *realisieren lassen.*

Unter den (bisher mitunter zu bloßen Leerformeln gewordenen) Begriffen „Emanzipation“, „Mündigkeit“, „Selbst- und Mitbestimmung“, „Demokratisierung“ u. a. ist in den letzten zwanzig Jahren eine Fülle von Literatur über Probleme der Gesellschaftsstruktur und der Erziehung vorgelegt worden, die sich auch um die Probleme der Entfaltung und Konsolidierung von neuen Leistungsbegriffen bemüht hat. Eine systematische Darstellung auch nur der wesentlichsten Gedanken hieraus würde diese Einführung sprengen. Einige der nachfolgend abgedruckten Beiträge, auf die bereits im entsprechenden Zusammenhang verwiesen wurde, werden erste argumentelle und literarische Einstiege vermitteln. Dem Leser wird nicht entgehen, daß diese Beiträge von der Hypothese ausgehen, man käme zu einer völlig neuen gesellschaftlichen Einschätzung des Leistungsprinzips, wenn es gelänge, (a) die Beteiligung an der Definition und Durchsetzung von Leistungsidealen zu einer Angelegenheit aller Gesellschaftsmitglieder zu machen und (b) an Menschen nur solche Leistungsanforderungen zu stellen, deren soziale Funktion sie durchschaut und akzeptiert haben. Das sind Voraussetzungen, die heute noch sehr utopisch erscheinen, weil uns hierzu unübersehbare Schwierigkeiten einfallen. Wir verlangen damit organisatorische Möglichkeiten und personale Fähigkeiten, von denen uns in der Vergangenheit nicht zuletzt gerade die Vorherrschaft des traditionellen Leistungsprinzips entfernt hat.

Anmerkungen

1) Vgl. Heid, Helmut, Das Leistungsprinzip — strategischer Faktor gesellschafts- und bildungspolitischer Kontroversen, in: Die Deutsche Berufs- und Fachschule, 69. Bd., 1973, Heft 12, S. 890 ff.
2) Vgl. das von der Carl-Friedrich-von-Siemens-Stiftung herausgegebene Buch mit diesem Titel, München (dtv), 3. Aufl. 1975.
3) Vgl. Anm. 2, hier S. 170 f.
4) Hierzu Friedrich Fürstenberg, Das Aufstiegsproblem in der modernen Gesellschaft, Stuttgart 1962, S. 14 ff.
5) Besonders instruktiv hierzu Leo Strauss, Naturrecht und Geschichte, Stuttgart 1956.
6) Vgl. den in diesem Band abgedruckten Text von Adam Smith. S.   ff.
7) F. Fürstenberg, a.a.O., S. 19 f.
8) Erstmals veröffentlicht 1904/05. Neudruck in: Max Weber, Gesammelte Aufsätze zur Religionssoziologie, Bd. I., 4. Aufl., Tübingen 1947. S. 1 ff.

9) Vgl. hierzu die abgedruckten Texte von Wolfram Fischer und von David C. McClelland. Darüber hinaus: S. H. Eisenstadt, Die protestantische Ethik und der Geist des Kapitalismus, in: Kölner Zeitschrift für Soziologie und Sozialpsychologie, 22. Jg., 1970.

10) Wie plausibel die Entwicklung der (z. B. ökonomischen) Ideengeschichte auf reale historische Wandlungsprobleme der Menschen zurückgeführt werden kann, zeigt Werner Stark, Die Geschichte der Volkswirtschaftslehre in ihrer Beziehung zur sozialen Entwicklung, Dordrecht 1960.

11) Vgl. hierzu den abgedruckten Text von Adam Smith, S. 62 ff. „Was die produktiven Kräfte der Arbeit verbessert".

12) In der modernen Soziologie ist aus diesem, vor allem auf wirtschaftliche Vorgänge bezogenen „Menschenbild" ein generelles Erklärungsmuster für jegliches soziales Verhalten geworden. Der von Ralf Dahrendorf so bezeichnete „homo sociologicus" verhält sich gegenüber den vielfältigen normativen Verhaltenszumutungen der Gesellschaft so, daß er die hinter diesen Normen stehenden Sanktionen (Bestrafungen bei Nichterfüllung, Belohnungen bei Anpassung) prüft und nach ihrer „Schwere" und „Bedeutung" kalkuliert. (Vgl. Günter Hartfiel, Wirtschaftliche und soziale Rationalität. Untersuchungen zum Menschenbild in Ökonomie und Soziologie, Stuttgart 1968.)

13) Vgl. den in diesen Band aufgenommenen Text von Claus Offe, S. 102 ff.

14) Vgl. hierzu den abgedruckten Aufsatz von Heinz Kluth, S. 152 ff.

15) Vgl. hierzu den Text von Christian Graf von Krokow über „Die überflüssige Leistung".

16) Helmut Schelsky, Systemüberwindung, Demokratisierung und Gewalteilung, 3. Aufl., 1974; ders., Die Arbeit tun die anderen — Klassenkampf und Priesterschaft der Intellektuellen, 1975; Willhelm Hennis, Demokratisierung, Zur Problematik eines Begriffs, Köln-Opladen 1970.

17) Vgl. den hier abgedruckten Text von Christian Graf von Krockow, S. 178; ferner Karl-Otto Hondrich, Demokratisierung und Leistungsgesellschaft, Stuttgart-Berlin-Köln-Mainz 1972; Fritz Vilmar, Strategien der Demokratisierung, Bd. I., Darmstadt und Neuwied 1973.

18) Dieser Erklärungsgrundsatz etwa auch für das Phänomen sozialer Ungleichheiten unter den Menschen kann auf eine zweitausendjährige Tradition zurückblicken. Bereits der griechische Philosoph Aristoteles (384—322 v. Chr.) entfaltete in seinen politischen Schriften die Lehre, daß sich in den gesellschaftlichen Herrschafts- und Unterordnungsverhältnissen die Unterschiede in der Menschennatur verwirklichen. Die natürlichen Unterschiede seien die Ursache für unterschiedliche Verdienste und Leistungen der Menschen. Eine „gerechte" gesellschaftliche Ordnung müsse dafür Sorge tragen, daß die Menschen entsprechend ihren Verdiensten ihre soziale Stellung erhalten. Mit dieser Argumentation legitimierte Aristoteles z. B. das patriarchalische Verhältnis zwischen Mann und Weib sowie die Unterwerfung der Sklaven.

19) M. Young, The Rise of Meritocracy 1870—2033, London 1958; dt.: Es lebe die Ungleichheit, Köln 1961.

20) H. Heckhausen, Begabungsentfaltung für jeden, Osnabrück 1972, S. 10 f.

21) Einen ausgezeichneten Überblick über den Stand der wissenschaftlichen Diskussion der 50er und 60er Jahre, der Rekonstruktionszeit nach dem 2. Weltkrieg, bietet der erstmals 1968 von Heinrich Roth herausgegebene Sammelband „Begabung und Lernen", 8. Aufl. Stuttgart 1972.

22) Von den Rassenideologien des Nationalsozialismus beeinflußte Wissenschaftler haben auch vorher schon immer wieder an genetische Faktoren erinnert (z. B. K. V. Müller, Begabung und soziale Schichtung in der hochindustrialisierten Gesellschaft, Köln 1956) und auf die „Durchsetzungskraft" ererbter Anlagen auch inmitten totaler sozialer Neugestaltung der Lebensverhältnisse hingewiesen. Aber in den letzten Jahren erst mehren sich die Stimmen der Psychologen, Pädagogen und Soziologen, die anhand imponierender empirischer Forschungsergebnisse beweisen wollen, daß eine Veränderung der Umweltbedingungen der Menschen keine ins Gewicht fallende Veränderung von Intelligenzquotienten (IQ) oder Begabungspotentiale bewirke. Vgl. die aufsehenerregenden und heftig diskutierten Veröffentlichungen von A. R. Jensen, Genetics and Education, London 1972 — Deutscher Auszug „Wie sehr können wir Intelligenzquotient und schulische Leistung steuern?", in: H. Skowronnek (Hg.), Umwelt und Begabung, Stuttgart 1973 — und H. J. Eysenck, Die Ungleichheit der Menschen, München 1975. Das Buch von Dieter E. Zimmer „Der Streit um die Intelligenz" (München und Wien 1975) vermittelt einen Überblick über die z. Zt. anhaltende Diskussion.

23) W. Wolf, Das Problem von Anlage und Umwelt. Das Wechselwirkungsmodell, in: W. Klafki, u. a., Erziehungswissenschaft, Bd. 3, Frankfurt 1971.

24) Zu diesem Thema vgl. die Texte von D. C. McClelland, S. 66 ff., G. Grauer, S. 82 ff. und H. Klages, S. 141 ff.

25) H. Heckhausen, Leistung — Wertgehalt und Wirksamkeit einer Handlungsmotivation und eines Zuteilungsprinzips, in: Sinn und Unsinn des Leistungsprinzips, a.a.O., S. 174 f.

26) Vgl. den Text von B. de Jouvenel, S. 197 ff.

27) Im einzelnen vgl. den Text von G. Grauer, S. 82 ff.

28) Hierüber informieren B. S. Bloom, Taxonomie of Educational Objectives, New York 1956; C. L. Furck, Das pädagogische Problem der Leistung in der Schule, Weinheim 1961; P. Gaude, W. Teschner, Objektivierte Leistungsmessung in der Schule, Frankfurt/M. 1970; K. H. Ingenkamp (Hrsg.), Die Fragwürdigkeit der Zensurengebung, Weinheim 1971; ders. Pädagogische Diagnostik, Weinheim 1975.

29) Vgl. den Text von K. Heipcke, S. 201 ff.

30) Vgl. den Text von F. Wellendorf, S. 207 ff.

31) Eine Übersicht gibt W. Pöhler u. a., Humanisierung des Arbeitslebens, Frankfurt/M. 1973; K. Gülden u. a., Humanisierung der Arbeit?, Berlin 1973.

32) Hierbei spielen die wichtigen theoretischen und gesellschaftspraktischen Versuche eine Rolle, „soziale Indikatoren" zur Diagnose solcher Zusammenhänge zu finden und als „Anzeiger", als „Maßstäbe" festzulegen. Vgl. W. Zapf (Hrsg.), Soziale Indikatoren, Konzepte und Forschungsansätze, 3 Bde., Frankfurt-New York 1974/75; R. Werner, Soziale Indikatoren und politische Planung, 1975.

33) Vgl. den Text von B. Lutz, S. 226 ff.

34) H. D. Siebel, Gesellschaft im Leistungskonflikt, Düsseldorf 1973, S. 142.

35) H. P. Dreitzel, Soziologische Reflexionen über das Elend des Leistungsprinzips, in: Sinn und Unsinn des Leistungsprinzips, a.a.O., S. 45.

36) Vgl. den Text von H. E. Richter S. 187 ff.

Gewinn- und Leistungsorientierung in sozialhistorischer Perspektive

Wolfram Fischer

Als der frühere Reichsbankpräsident Dr. Schacht nach dem zweiten Weltkrieg von der indonesischen Regierung gefragt wurde, was die Indonesier tun könnten, um die wirtschaftliche Entwicklung des Landes zu beschleunigen, soll er geantwortet haben: „Mehr arbeiten." Ob diese Geschichte wahr ist oder nicht — sie wirft ein Schlaglicht auf die Diskrepanz zwischen den Verhaltensnormen moderner Leistungsgesellschaften und denen vieler traditioneller Agrargesellschaften.

Seit Max Webers berühmtem Aufsatz *Die Protestantische Ethik und der Geist des Kapitalismus* ist es zu einer gängigen Annahme geworden, daß bei der Herausbildung der modernen Verhaltensnormen zumindest zwei Komponenten eine wesentliche Rolle spielten: die Forderung nach innerweltlicher Askese, die das Christentum, besonders in seinen protestantischen Formen, an den europäischen Menschen der Neuzeit gestellt habe, und das Gewinnstreben, das — im Prinzip immer vorhanden — durch die Herausbildung des kapitalistischen Systems zum rationalen, objektiven Motor des Fortschritts geworden sei.

Wir wissen heute, daß die Zusammenhänge zwischen der Ausbildung des modernen Wirtschaftssystems und religiös bestimmten Verhaltensnormen so eindeutig nicht nachzuweisen sind, sondern daß mehrere andere Komponenten berücksichtigt werden müssen, wenn man den unbestreitbaren Prozeß der zunehmenden Leistungsorientierung in der modernen Welt erklären will. Das macht unsere Aufgabe schwieriger, unsere Schlüsse weniger prägnant. Im Grunde müssen wir bekennen, daß wir weniger genau wissen, was diese unsere „Welt im Innersten zusammenhält", als es Männer wie Max Weber oder auch Karl Marx zu wissen glaubten.

Ziemlich genau wissen wir nur, was *nicht* richtig ist. Nicht richtig ist jede direkte Zurückführung der einen erwähnten Komponente auf die anderen, die monokausale Ableitung der Wirtschaftsform aus der Religion oder der Religion aus der „Entwicklung der Produktivkräfte". Die simplifizierenden Epigonen Max Webers und Karl

Marx' irren gleichermaßen. Die empirischen Nachweise dafür sind überwältigend. Nur einige ganz wenige Hinweise können hier gegeben werden.

Die Zurückführung des kapitalistischen Geistes auf protestantische Ethik kann schon deswegen nicht voll befriedigen, weil die wesentlichen Elemente des modernen Wirtschaftssystems im vorreformatorischen Europa und in Gegenden ausgebildet wurden, die von der Reformation kaum berührt worden sind. Der Fernhandel, seine Finanzierungstechniken, wie etwa der Wechsel, die kapitalintensiveren Manufakturen mit ihrer arbeitsteiligen, rationelleren Produktionsweise, die Umwälzung des Weltbildes, die technischen Erfindungen und ihre praktische Anwendung — all das entstand in vorreformatorischer Zeit vor allem im südlichen Europa, in Italien, Spanien, Portugal, Frankreich, Oberdeutschland. Und die großen „Kapitalisten" noch des 16. Jahrhunderts waren der Papst, die katholischen Könige und katholische Bankhäuser, von den Medici bis zu den Fuggern. Erst in einer späteren Phase verlagerte sich der Schwerpunkt der ökonomischen Innovation in das protestantische Nordwesteuropa. Der Schweizer Historiker Lüthy hat argumentiert, daß die Frage eher lauten müsse, warum die bisher führenden Regionen Europas seit dem 17. Jahrhundert in der allgemein-europäischen Entwicklung zurückblieben. Er hat dafür mehr die Gegenreformation mit ihren Repressionstendenzen verantwortlich gemacht als die calvinistische Ethik in Nordwesteuropa, die nur ältere Traditionen ungestört fortführte, kaum jedoch neue Elemente hinzufügte.

Ist die Reformation also kaum für den Kapitalismus verantwortlich zu machen, so ebensowenig der Kapitalismus für die Reformation. Die Reformation war keine frühbürgerliche Revolution, durch die neue soziale Schichten sich aufgrund veränderter Produktionsverhältnisse anschickten, zur herrschenden Klasse zu werden, sondern sie war, soziologisch gesehen, viel eher eine Revolte der an alten Moralvorstellungen und Verhaltensnormen hängenden bäuerlichen, kleinbürgerlichen, traditionellen Schichten, die gegen die Korruption in der herrschenden Kirche und Welt protestierten, darunter auch gegen das Eindringen „kapitalistischer" Denkweisen in die Kirche, die der größte Kapitalnehmer und Unternehmer dieser Zeit war. Sie war eher rückwärts als vorwärts gerichtet. Und die Gewinner der Reformation waren nicht die Handelsbürger, sondern die Könige und der Adel, die die riesigen kirchlichen Vermögenswerte konfiszierten.

Solche Globalaussagen führen uns jedoch in unserer Fragestellung kaum weiter. Sie können uns aber einen Hinweis geben, daß wir die Ursachen für die Entstehung des modernen Leistungsethos noch auf anderen Gebieten suchen müssen. Eine plausible Teilerklärung bietet die Beobachtung, daß es sich bei den sozialen Gruppen, die dieses Leistungsethos in der frühen Neuzeit praktisch ausbildeten und theoretisch begründeten, vorwiegend um soziale Minderheiten handelte, denen politische Rechte vorenthalten und sozialer Status versagt wurde, die daher ihren Tätigkeitsdrang und ihre sozialen Selbstwertgefühle auf einer Ebene konzentrierten, auf der sie sich bewegen durften, im Handel und der Produktion: Juden im christlichen Europa, protestantische Hugenotten in Frankreich und als Flüchtlinge in Holland und Preußen, Puritaner in England, Griechen in der Levante, Chinesen in Südostasien. Der Minderheiten- und Flüchtlingsstatus führt zu einigen Konsequenzen, zu engem Familienzusammenhalt, internationalen Verbindungen, aber auch zur Übertragung traditioneller Fertigkeiten in Regionen, wo diese neu sind, also Innovation auslösen können. Auch eine weitere Folge des Flüchtlingsstatus darf nicht übersehen werden: Flüchtlinge stehen unter dem Zwang, sich eine neue Existenz aufzubauen, die die Einheimischen schon besitzen oder als Erbe der Väter erwarten. Unter diesem Zwang standen zweifellos auch die überseeischen Wanderer, die sich auf neuen Kontinenten ansiedelten und die das europäische Leistungsethos in besonders ausgeprägtem Maße weitertrugen. In dieser soziologischen Deutung ist also zumindest eine wichtige Ergänzung des Weberschen Gesichtspunktes zu sehen, zumal sie sich auch außerhalb des christlichen Europas anwenden läßt.

Die Beobachtung, daß ähnliche Wertvorstellungen, wie sie Weber in Europa aus dem protestantischen Ethos ableitete, auch in anderen Kulturen und Religionen zu finden sind und schließlich in der modernen, säkularisierten Welt durch politische Ideologien erzielt werden können, hat zu einer Erweiterung und Verfeinerung des Weberschen Ansatzes geführt. So hat man etwa das auffallende Phänomen, daß von allen außereuropäischen Nationen bisher nur Japan mit Sicherheit die westeuropäischen Verhaltensnormen erfolgreich adaptierte, auf wesentliche und klar erkennbare Elemente im traditionellen japanischen Wertsystem zurückgeführt, auf die *aktive* Erfüllung der Pflichten, die Status oder Loyalität dem einzelnen auferlegen, auf die Askese und Enthaltsamkeit, die Aneignung von Wissen und Fertigkeiten innerhalb der eigenen Aufgabenbereiche und die Sorgfalt bei der Ausführung dieser Aufgaben. „Der praxisbezogene Charakter dieser Wertvorstellungen spiegelt die geringe Bedeutung wider, die die Japaner seit jeher metaphysischen und doktrinären Aspekten des Glaubens zumaßen, und bezeugt zugleich den hohen Rang politischer Werte in ihrem zentralen Wertsystem".[1] Demgegenüber hat sich zum Beispiel das individualistische, passive, auf die Entwicklung des „karma" gerichtete Wertsystem der Thais bisher hemmend auf die wirtschaftliche Entwicklung ausgewirkt, obwohl die ökonomischen Grundbedingungen denen Japans stark ähneln. Andere Beobachter betonen, daß im 20. Jahrhundert kollektiver nationaler Ehrgeiz oder der Glaube an den Sozialismus ähnliche Kräfte freisetze und zu einem ähnlichen Leistungsethos führe wie die calvinistische Ethik in Holland oder England im 17. und 18. Jahrhundert.

Der Vergleich geht jedoch noch weiter. Innerhalb der Religionen und Ersatzreligionen kann man beobachten, daß immer die pragmatischere Variante einer Lehre, die die Prinzipien hier und jetzt anwenden will, die größeren wirtschaftlichen Erfolge aufweist, im Vergleich zu den mehr dogmatischen, metaphysischen oder mystischen Varianten im gleichen Glaubenssystem. Man wird also verallgemeinern können, daß zur Heranbildung der modernen Leistungsorientierung in verschiedenen Kulturkreisen mindestens zweierlei gegeben sein muß: a) soziale Gruppen, die unter dem Zwang zum wirtschaftlichen Erfolg stehen, und b) Elemente im traditionellen Wertsystem, die harte Arbeit, Entsagung, zielgerichtetes Streben rechtfertigen. Ob es gelingen kann, solche Elemente von außen in ein andersartiges Wertsystem zu übertragen, zum Beispiel durch einheimische Eliten, die westeuropäische Verhaltensnormen oder die Zielvorstellungen des Sozialismus übernommen haben, scheint noch nicht endgültig bewiesen, ist aber keineswegs auszuschließen. Denn schließlich ist die Geschichte voll von Beispielen, wie Kulturen und Völker sich gegenseitig überlagern und assimilieren.

Leistungsorientierung scheint also quer durch die Kulturen möglich, auch wenn sie in ihrer heutigen Form im wesentlichen in Europa seit dem späten Mittelalter entwickelt wurde. Leistungsorientierung ist auch nicht auf den wirtschaftlichen Sektor beschränkt, sondern wirkt sich auf viele Lebensgebiete aus: den Sport, die Verwaltung, die Wissenschaft. Sie wird gerade in sozialistischen Staaten besonders betont und gefördert. „Sozialistischer Wettbewerb" hat mehr Leistung zum Ziel, ob mit oder ohne „ökonomischen Hebel". Wie aber steht es mit der Gewinnorientierung? Ist sie nicht an das historisch einmalige Phänomen der Entstehung des sogenannten kapitalistischen Wirtschaftssystems gebunden? Muß sie nicht auf die „objektiven" Bedingungen eines Systems zurückgeführt werden, bei dem die Ansammlung von Produktionsmitteln (in Form von Gebäuden, Maschinen, Vorräten usw.) in privater Hand die Vorbedingung der wirtschaftlichen Entwicklung ist?

Dazu ist zunächst zu sagen, daß Gewinnstreben keineswegs auf das moderne, sogenannte privatkapitalistische System beschränkt ist, sondern sich in vielen Kulturen und Wirtschaftssystemen findet. Es kann wahrscheinlich als ein universelles menschliches Motiv gelten — ebenso, wie die „Ausbeutung des Menschen durch den Menschen" ein universalhistorisches Phänomen ist, das sich in allen Kulturen und Zeiten, vom prähistorischen Afrika bis zum maoistischen China, findet. Das haben übrigens weder Marx noch Weber oder Sombart geleugnet. Sie neigen jedoch dazu, in dem „kapitalistischen Gewinnstreben" eine Sonderform, ein nur auf ein bestimmtes Wirtschaftssystem beschränktes, für dieses aber wesensnotwendiges Element zu sehen und entprechend dem leistungsorientierten, privaten Gewinnstreben der europäischen Unternehmer eine zentrale Rolle in der Geschichte nachzuweisen. Wie steht es damit? Wir kommen einer Antwort näher, wenn wir zunächst Gewinnerzielung und Gewinnverwendung unterscheiden.

In den meisten älteren Kulturen wird Gewinn vor allem aus zwei Quellen gezogen: der politisch-religiösen Herrschaft und dem Handel (wozu man auch das Geldwechsel- und Leihgeschäft zählen kann). Eine weitere wichtige Quelle sind Krieg, Raub, Freibeuterei. Der Gewinn aus der Produktion von Gütern spielt demgegenüber eine untergeordnete Rolle. Er ist beschränkt, relativ kalkulierbar und verteilt sich auf viele. Eine Ausnahme scheint der Bergbau zu bilden, der aber ebenso wie die Landwirtschaft im wesentlichen Rohstoffe produziert und eng mit politischer Herrschaft verknüpft ist. Im europäischen Mittelalter herrschen diese älteren Gewinnformen noch vor. Kapitalakkumulation findet bei den politischen Herrschern, der Kirche, den Grundherren und den Fernhandelskaufleuten statt. Allmählich erschließt sich vor allem die letztere Gruppe eine neue Gewinnquelle durch die Organisation der Produktion, zum Beispiel der Wollprodukte in Flandern oder England, der Seidenprodukte in Italien, später auch der Einführung der Baumwollverarbeitung in vielen Teilen Europas. In ähnlicher Weise erschließen sich fortschrittliche Grundherren und freie Bauern in Nordwesteuropa neue Einkommensquellen, nicht durch Erhöhung der Abgaben ihrer bäuerlichen Untertanen, sondern durch die Verbesserung der landwirtschaftlichen Betriebsweise auf ihren Gütern und durch Spezialisierung der Produktion. Holland geht hier voran, gefolgt von England. Technische Erfindungen regen kapitalintensivere Produktionsweisen an. So führt die Erfindung des Schießpulvers und der Kanone seit dem 14. Jahrhundert zur Anlage von Hochöfen, Geschützgießereien und zum Ausbau der Kohlenbergwerke, was wiederum die Entwicklung der Dampfmaschine befördert. So bedingen Verbesserungen in der Glas-, der Papier-, der Textilproduktion und dem Schiffbau größere Produktionseinheiten mit höherem Kapitaleinsatz. Allmählich akkumuliert sich Kapital auch bei denen, die diese verbesserten Produktionsstätten betreiben, einschließlich der fortschrittlichen Landadeligen und Freibauern.

Wichtiger noch als die Ausbreitung neuer Formen der Gewinnerzielung ist aber die damit verbundene allmähliche Veränderung der Gewinnverwendung. Während der ökonomische Fortschritt in den meisten älteren Kulturen steckengeblieben ist, weil die erzielten Überschüsse in religiösen Kulten oder politischen Herrschaftssymbolen, in Tempeln, Pyramiden und Burgen unproduktiv gehortet wurden, steckt das neuzeitliche Europa einen zunächst kleinen, aber wachsenden Anteil seiner erwirtschafteten Überschüsse in produktive Anlagen, die neue Überschüsse erwirtschaften, indem sie die Produktion und Verteilung von Gütern verbessern.

Die mittelalterlichen Dome und Burgen werden nicht ersetzt, aber ergänzt durch Mühlen, Hochöfen, Gießereien, Manufakturen, Straßen, Kanäle und Schulen. In dieser Hinwendung zu nützlichen Zwekken und der Verwendung immer rationellerer Verfahren liegt das Spezifische der europäischen Kultur, das den Durchbruch zur modernen Welt ermöglicht. Max Weber hat mit Recht die europäische Geisteshaltung des Rationalismus dafür verantwortlich gemacht, wenngleich damit noch nicht erklärt ist, warum andere Kulturen, wie die chinesische oder arabische, denen rationalistische Elemente nicht abgesprochen werden können, über einen gewissen Stand der technologisch-ökonomischen Entwicklung, den sie früher erreichten als Europa, nicht mehr hinauskamen.

Die Gewinnorientierung bildet nur einen Teil dieses Kausalzusammenhanges. Ihre privatwirtschaftliche Ausprägung ist nur ein Spezifikum. Wir würden das Ganze der europäischen Entwicklung nicht zu Gesicht bekommen, wenn wir den Blick nur auf die Entstehung der privaten Unternehmen und Kapitalgesellschaften richteten, auf die „Akkumulation der Produktionsmittel in den Händen Weniger“, wie es im marxistischen Jargon heißt. Der wirkliche Vorgang ist vielfältiger, vor allem paradoxer. Er ist gekennzeichnet durch gegenläufige Tendenzen. Ich sagte schon, daß die Ansammlung und Verwendung von Kapital in der Güterproduktion eine Verbreiterung der Gewinnerzielung und Gewinnverwendung darstellten. Neue soziale Schichten, wie die ländlichen Verleger oder Eisenmeister, konnten sich daran beteiligen. Die aktiven Minderheiten, von denen am Anfang die Rede war, stellen einen Teil dieser Schichten. Sie waren es vor allem, die den neuen Reichtum immer wieder neu investierten und so zur Beschleunigung der Akkumulation beitrugen. Daneben aber beteiligten sich die alten Privilegierten, die Könige, die Grundherren, das Handelspatriziat. Zum Teil ihre Machtmonopole nutzend, erwarben sie zu ihren traditionellen Einkommensquellen, den bäuerlichen Abgaben, den Steuern oder Zöllen, den Handelsgewinnen, neue Einkommensquellen aus Manufakturen, Eisenwerken oder Schiffswerften. Die Motivation für die Investition in produktiven Neuerungen variierte entsprechend. Neben der Erzielung von Gewinnen und dem Erwerb von Vermögen spielten so vielfältige Motive wie die Sicherung der Familie, die Verbesserung des sozialen Ansehens, der Wunsch nach Statuserhöhung, aber auch die „Staatsräson", die Erhaltung und Verbreiterung der Machtbasis, die Glorifizierung eines Herrscherhauses oder einer Nation eine Rolle. Wenn die Könige von Preußen Seidenraupenzucht betreiben ließen, die Könige von Frankreich Porzellanmanufakturen errichteten, die Könige von England Schiffswerften betrieben, so läßt sich das nicht auf ein einziges Motiv zurückführen. So ist es schwer zu entscheiden, ob das Streben nach privatem, auf die Familie bezogenen Wohlstand oder die politisch-militärische Konkurrenz der europäischen Staaten eine größere Rolle bei der Durchsetzung einer leistungs- und gewinnorientierten Sozialmoral im 16. bis 18. Jahrhundert spielte. Die Herrscher und ihre Verwaltungen suchten aus der Bevölkerung „nützliche Untertanen" zu machen, die durch rationales Verhalten und verbesserte Arbeitsleistungen dem Lande mehr Wohlfahrt und mehr Macht brachten. Die wirtschaftlichen und technischen Pioniere trugen eminent dazu bei, aber ihr Ziel blieb dabei meist auf die eigene Familie, deren gegenwärtiges Wohlergehen und zukünftige Sicherung begrenzt. Dieses Motiv scheint mir mindestens ebenso stark, wenn nicht stärker gewesen zu sein als das der individuellen Bereicherung oder der Versicherung der Gnade vor Gott durch persönlichen Erfolg.

Im 19. und 20. Jahrhundert scheinen dann die Kräfte die Oberhand zu bekommen, die das ältere Europa entwickelt hatte. Mit der Verkündung der prinzipiellen Gleichheit aller Staatsbürger trat die individuelle Leistung als sozialer Bewertungsmaßstab mehr und mehr an die Stelle der Herkunft oder des durch den Beruf zugeschriebenen sozialen Status. In der modernen Sozialwissenschaft hat sich dafür der Terminus der „achieving society" durchgesetzt, der erfolgsorientierten Gesellschaft, die die statusorientierte traditionelle Gesellschaft verdrängte. So treffend dieser Terminus in vieler Hinsicht ist, zum Beispiel weil er Leistungs- und Gewinnorientierung vereint, so irreführend wäre es doch zu meinen, daß diese Erfolgsorientierung in der gesellschaftlichen Realität der letzten beiden Jahrhunderte sich jemals voll durchgesetzt hätte. Wir müssen auch diesen Begriff als Idealtypus im Sinne Max Webers verstehen, der vorherrschende Tendenzen in der Realität, nicht aber diese selbst bezeichnet.

In allen europäischen Ländern stellten sich zumindest bis zum ersten Weltkrieg der vollen Durchsetzung zahlreiche rechtliche, politische, soziale, ökonomische und psychologische Schwierigkeiten in den Weg, die aus der Fortwirkung jahrhundertealter, tief in Volks- und Gesellschaftscharakter eingeprägter Verhaltensmuster zu erklären sind. Ein jüdischer Rechtsanwalt konnte noch so klug, noch so erfolgreich sein — der preußische Gardeoffizier war geneigt, ihn nicht als Seinesgleichen zu betrachten. Der Fall Dreyfus in Frankreich zeigt ähnliche Züge tiefverwurzelten Mißtrauens gegenüber einer erfolgreichen sozialen und religiösen Minorität. Selbst in Amerika bildeten sich schnell neue Aristokratien in der Kaufmannsgesellschaft Bostons oder Philadelphias oder unter den großen Gutsbesitzern der Südstaaten. Dennoch wird man sagen können, daß in den letzten beiden Jahrhunderten mehr soziale Schranken durchbrochen wurden, mehr Gleichheit verwirklicht wurde als je in der Geschichte der Menschheit zuvor.

Wenn seit etwa einem Jahrzehnt die Neue Linke und die neue Jugendkultur in Amerika und Westeuropa die Werte und Verhaltensnormen der erfolgsorientierten Gesellschaft in Frage stellt, und zwar im Namen größerer Gleichheit, Freiheit und Brüderlichkeit, so greift sie ein Grundprinzip der Modernen Gesellschaft an, mit dessen Hilfe eben diese Ideale der Französischen und Amerikanischen Revolution zu verwirklichen gesucht wurden. Mit der Kritik an der Erfolgs- und Gewinnorientierung wird Karl Mannheims Erkenntnis, daß das Leistungsprinzip das einzig sozial gerechte sei, da es die individuellen Anlagen zur Entfaltung kommen lasse, wird Adam Smith' Vorstellung, daß die Gewinnorientierung das beste Regulativ sei, um den gesellschaftlichen Nutzen mit der individuellen Wohlfahrt zu verbinden, wird die ganze utilitaristische Orientierung der europäischen Aufklärung als im Grunde inhuman an den Pranger gestellt. Freilich muß noch bewiesen werden, ob die Überflußgesellschaft schon so fest fundiert ist, daß die Motivierung, die zu ihr geführt hat, verlassen werden kann und größere individuelle Freiheit, mehr Gleichheit und Glück zu erreichen sind, wenn die Orientierung und Leistung entfällt.

Die sozialistischen Staaten jedenfalls scheinen noch nicht auf sie verzichten zu wollen, weil sie nur dadurch hoffen können, den Wohlfahrts- und Machtvorsprung der westlichen Welt einzuholen. Wenn sie auch wegen ihrer antikapitalistischen Ideologie die Gewinnorientierung nur verschämt als „ökonomischen Hebel" einsetzen und wegen ihrer Loyalitätsprobleme auch die Leistungsorientierung immer wieder hinter Linientreue zurückstellen, so scheinen sie doch kaum gewillt, die Bewertung des Menschen nach seiner Nützlichkeit für die Gesellschaft, die sie aus der europäischen Aufklärung übernommen haben, aufzugeben. Es ist daher durchaus vorstellbar, daß Leistungs- und Gewinnorientierung in Zukunft stärker in solchen Regionen der Welt betont werden, in denen sie erst neuerdings übernommen worden sind, und daß sie dort an Kraft verlieren, wo sie ihren historischen Ursprung haben.

Anmerkung

1) Ayal, „Wertsystem und wirtschaftliche Entwicklung in Japan und Thailand". In: R. Braun, W. Fischer, H. Grosskreuz, H. Volkmann, *Gesellschaft in der Industriellen Revolution.* Neue Wissenschaftliche Bibliothek. Köln 1973.

Das Prinzip, das der Arbeitsteilung zugrunde liegt

Adam Smith

Die Arbeitsteilung, die so viele Vorteile mit sich bringt, ist in ihrem Ursprung nicht etwa das Ergebnis menschlicher Erkenntnis, welche den allgemeinen Wohlstand, zu dem erstere führt, voraussieht und anstrebt. Sie entsteht vielmehr zwangsläufig, wenn auch langsam und schrittweise, aus einer natürlichen Neigung des Menschen, zu handeln und Dinge gegeneinander auszutauschen.

Ob es sich bei dieser Neigung um eine jener angeborenen oder ursprünglichen Eigenschaften der menschlichen Natur handelt, die nicht weiter erklärt werden kann, oder ob sie, was wohl wahrscheinlicher sein dürfte, die notwendige Folge der menschlichen Fähigkeit, denken und sprechen zu können, ist, diese Frage wollen wir hier nicht näher untersuchen. Jene Eigenschaft ist allen Menschen gemeinsam, und man findet sie nirgends in der Tierwelt, wo es im übrigen weder einen Austausch noch eine andere Form gegenseitigen Übereinkommens zu geben scheint. Gelegentlich erwecken zwei Windhunde, die gemeinsam einen Hasen jagen, den Eindruck, als ob sie sich in einer Art von Übereinkunft das Wild gegenseitig zutrieben. Ein solches Verhalten beruht indes nicht auf irgendeiner Vereinbarung, sondern entspringt den zufällig zur selben Zeit auf dasselbe Objekt gerichteten Instinkten. Niemand hat je erlebt, daß ein Hund mit einem anderen einen Knochen redlich und mit Bedacht gegen einen anderen Knochen ausgetauscht hätte, und niemand hat auch je beobachtet, daß ein Tier durch sein Verhalten einem anderen bedeutet hätte: Das gehört mir und das gehört dir, ich bin bereit, dieses für jenes zu geben. Will ein Tier von einem Menschen oder einem anderen Tier irgend etwas haben, so kennt es kein anderes Mittel, als die Gunst dessen zu gewinnen, von dem es etwas möchte. So umschmeichelt ein junger Hund seine Mutter, und ein Spaniel versucht alles, um die Aufmerksamkeit seines Herrn, der beim Essen ist, auf sich zu ziehen, damit für ihn ein Bissen abfällt. Der Mensch verhält sich gelegentlich ebenso. Erreicht er auf andere Weise sein Ziel nicht, versucht er, die Gunst des Mitmenschen durch Unterwürfigkeit und Schmeichelei zu erlangen. Ein solcher Weg ist allerdings recht zeitraubend und deshalb auch nicht immer gangbar. In einer zivilisierten Gesellschaft ist der Mensch ständig und in hohem Maße auf die Mitarbeit und Hilfe anderer angewiesen, doch reicht sein ganzes Leben gerade aus, um die Freundschaft des einen oder anderen zu gewinnen. Fast jedes Tier ist völlig unabhängig und selbständig, sobald es ausgewachsen ist, und braucht in seiner natürlichen Umgebung nicht mehr die Unterstützung anderer. Dagegen ist der Mensch fast immer auf Hilfe angewiesen, wobei er jedoch kaum erwarten kann, daß er sie allein durch das Wohlwollen der Mitmenschen erhalten wird. Er wird sein Ziel wahrscheinlich viel eher erreichen, wenn er deren Eigenliebe zu seinen Gunsten zu nutzen versteht, indem er ihnen zeigt, daß es in ihrem eigenen Interesse liegt, das für ihn zu tun, was er von ihnen wünscht. Jeder, der einem anderen irgendeinen Tausch anbietet, schlägt vor: Gib mir, was ich wünsche, und du bekommst, was du benötigst. Das ist stets der Sinn eines solchen Angebotes, und auf diese Weise erhalten wir nahezu alle guten Dienste, auf die wir angewiesen sind. Nicht vom Wohlwollen des Metzgers, Brauers und Bäckers erwarten wir das, was wir zum Essen brauchen, sondern davon, daß sie ihre eigenen Interessen wahrnehmen. Wir wenden uns nicht an ihre Menschen- sondern an ihre Eigenliebe, und wir erwähnen nicht die eigenen Bedürfnisse, sondern sprechen von ihrem Vorteil. Niemand möchte weitgehend vom Wohlwollen seiner Mitmenschen abhängen, außer einem Bettler, und selbst der verläßt sich nicht allein darauf. Mildtätige Menschen geben ihm zwar, was er zum Leben unbedingt benötigt, doch weder wollen noch können sie ihn mit allem unmittelbar versorgen, was er gerade braucht. Auch ein Bettler deckt seinen gelegentlichen Bedarf überwiegend wie alle anderen Menschen, nämlich durch Verhandeln, Tausch und Kauf. Mit dem erbettelten Geld kauft er sich etwas zum Essen, geschenkte, alte Kleider tauscht er gegen andere, die ihm besser passen, gegen eine Unterkunft, Essen oder Geld, mit dem er wiederum Lebensmittel, Kleidung oder eine Schlafstätte, je nach Bedarf, kaufen kann.

Wie das Verhandeln, Tauschen und Kaufen das Mittel ist, uns gegenseitig mit fast allen nützlichen Diensten, die wir bauchen, zu versorgen, so gibt die Neigung zum Tausch letztlich auch den Anstoß zur Arbeitsteilung. Unter Jägern oder Hirten stellt beispielsweise ein Mitglied des Stammes besonders leicht und geschickt Pfeil und Bogen her. Häufig tauscht er sie bei seinen Gefährten gegen Vieh oder Wildbret ein, und er findet schließlich, daß er auf diese Weise mehr davon bekommen kann, als wenn er selbst hinaus geht, um es zu jagen. Es liegt deshalb in seinem Interesse, daß er das Anfertigen von Pfeil und Bogen zur Hauptbeschäftigung macht und somit gleichsam zum Büchsenmacher wird. Ein anderer zeichnet sich beim Bau der Gestänge und Verkleidung der einfachen Hütten oder Zelte aus. Es wird allmählich für ihn zur Gewohnheit, seinen Nachbarn auf diese Weise zu nützen, die ihn dafür mit Vieh und Wildbret entlohnen, bis auch er schließlich findet, daß es im eigenen Interesse liegt, sich nur noch dieser Beschäftigung zu widmen, und er wird so etwas wie ein Zimmermann. Auf gleiche Art wird ein dritter Fein- oder Kupferschmied, ein vierter Gerber oder Zuschneider von Häuten oder Fellen, aus welchen die Bekleidung in primitiven Völkern hauptsächlich gefertigt ist. Sobald nun der Mensch sicher sein kann, daß er alle Dinge, die er weit über den Eigenbedarf hinaus durch eigene Arbeit herzustellen vermag, wiederum gegen überschüssige Produkte anderer, die er gerade benötigt, eintauschen kann, fühlt er sich ermutigt, sich auf eine bestimmte Tätigkeit zu spezialisieren, sie zu pflegen und zu vervollkommnen, je nach Talent oder Begabung.

Der Unterschied in den Begabungen der einzelnen Menschen ist in Wirklichkeit weit geringer, als uns bewußt ist, und die verschiedensten Talente, welche erwachsene Menschen unterschiedlicher Berufe auszuzeichnen scheinen, sind meist mehr Folge als Ursache der Arbeitsteilung. So scheint zum Beispiel die Verschiedenheit zwischen zwei auffallend unähnlichen Berufen, einem Philosophen und einem gewöhnlichen Lastenträger, weniger aus Veranlagung als aus Lebensweise, Gewohnheit und Erziehung entstanden. Bei ihrer Geburt und in den ersten sechs oder acht Lebensjahren waren sie sich vielleicht ziemlich ähnlich, und weder Eltern noch Spielgefährten dürften einen auffallenden Unterschied bemerkt haben. In diesem Alter etwa oder bald danach hat man begonnen, sie sehr verschieden auszubilden und zu beschäftigen. Nunmehr kommen die unterschiedlichen Talente zum Vorschein, prägen sich nach und nach aus, bis schließlich der Philosoph in seiner Überheblichkeit kaum noch eine Ähnlichkeit mit dem Lastenträger zugeben wird. Ohne die Neigung oder Anlage zum Tauschen und Handeln müßte also jeder selbst für alle Dinge sorgen, die er zum Leben und zu seiner Annehmlichkeit haben möchte. Alle würden die gleichen Pflichten zu erfüllen und die gleiche Arbeit zu leisten haben, und es gäbe keine unterschiedlichen Berufe und Tätigkeiten, die allein Gelegenheit bieten können, daß sich Talente so verschieden entfalten.

Jene menschliche Neigung zum Tausch prägt nicht nur die Vielfalt der Talente, die unter Menschen verschiedener Berufe so auffällt, sie macht diese Unterschiede auch nützlich und sinnvoll. Viele Tierarten, die man allgemein zur gleichen Gattung rechnet, unterscheiden sich von Natur aus nach Begabung weitaus stärker, als dies unter Menschen der Fall zu sein scheint, bevor Gewohnheit und Erziehung Einfluß auszuüben beginnen. Von Natur aus unterscheidet sich ein Philosoph in Begabung und Veranlagung nur halb so viel von einem Lastträger wie eine Bulldogge von einem Windhund oder ein Windhund von einem Spaniel oder ein Spaniel von einem Schäferhund. Diese verschiedenen Hunderassen sind einander kaum von Nutzen, obwohl sie alle zur gleichen Gattung gehören. Der Stärke der Bulldogge kommt weder die Schnelligkeit des Windhundes, noch der Spürsinn des Jagdhundes, noch die Gelehrigkeit des Schäferhundes zugute. Da ihnen die Fähigkeit oder Neigung zum Handeln und Tauschen fehlt, können Talente und Anlagen der verschiedenen Hunderassen sich weder gegenseitig ergänzen, noch im geringsten das Leben der Gattung verbessern helfen. Jedes Tier bleibt, allein und auf sich selbst gestellt, darauf angewiesen, sich am Leben zu erhalten und zu verteidigen, und es kann keinerlei Vorteile aus der Vielfalt der Talente ziehen, mit der die Natur seine Artgenossen ausgestattet hat. Im Gegensatz hierzu nützen unter Menschen die unterschiedlichsten Begabungen einander. Die weithin verbreitete Neigung zum Handeln und Tauschen erlaubt es ihnen, die Erträge jeglicher Begabung gleichsam zu einem gemeinsamen Fonds zu vereinen, von dem jeder nach seinem Bedarf das kaufen kann, was wiederum andere auf Grund ihres Talentes hergestellt haben . . .

Was die produktiven Kräfte der Arbeit verbessert

Adam Smith

Ein hohes Entgelt für die Arbeit fördert nicht nur die Fortpflanzung, es spornt auch den einfachen Mann zu größerem Fleiß an, der, wie jede andere menschliche Eigenschaft in dem Maße zunimmt, in dem er angeregt wird. Reichlicher Unterhalt erhöht den körperlichen Einsatz des Arbeiters. Er wird sich bis zum äußersten anstrengen, wenn er wirklich hoffen kann, daß sich seine Lage verbessert und er im Alter sorgenfrei, vielleicht sogar gut leben kann. Dort, wo die Löhne hoch sind, finden wir daher die Arbeiter immer fleißiger, gewissenhafter und auch schneller bei der Hand als dort, wo sie niedrig sind. So sind sie zum Beispiel in England einsatzfreudiger als in Schottland und im Einzugsbereich großer Städte eifriger als auf dem flachen Land. Einzelne Arbeiter allerdings verdingen sich wöchentlich nur für vier Tage und faulenzen die restlichen drei Tage, wenn ihr Verdienst für die ganze Woche ausreicht, doch ist dies keineswegs die Regel, im Gegenteil, gut bezahlte Akkordarbeiter neigen häufig sehr dazu, sich zu überanstrengen und ruinieren dadurch ihre Gesundheit in wenigen Jahren. So soll ein Zimmermann in London oder an einigen anderen Orten seine anstrengende Tätigkeit höchstens etwa acht Jahre voll durchhalten können. Ähnliches passiert auch in anderen Gewerben, wenn der Arbeiter nur nach der Stückzahl entlohnt wird, was in Manufakturen üblich ist und selbst für manche Landarbeiter zutrifft, sobald ihr Lohn höher als normal ist. Fast jeder Handwerker ist einer spezifischen Krankheit ausgesetzt, eine Folge übermäßiger Anstrengung bei ganz bestimmten Arbeiten. Ramuzzini, ein berühmter italienischer Arzt, hat über solche Berufskrankheiten eigens ein Buch geschrieben. Selbst unter unseren Soldaten, die gewiß nicht zu den fleißigsten Menschen zählen, kamen solche Fälle vor, wenn man sie nämlich für bestimmte Arbeiten eingesetzt und großzügig nach Stücklohn bezahlt hat. Dann mußten ihre Offiziere des öfteren mit den Unternehmern übereinkommen, daß sie nicht mehr als eine bestimmte Summe am Tage unter Berücksichtigung des Lohntarifs verdienen durften. Bis dahin führten gegenseitiger Wetteifer und der Wunsch nach mehr Verdienst häufig dazu, daß sie sich überarbeitet und ihre Gesundheit durch Überanstrengung ruiniert haben. Übertriebener Einsatz an vier Tagen in der Woche ist oft auch der wahre Grund für das Faulenzen an den drei anderen, das so viel und so laut beklagt wird. Konzentrierte geistige und körperliche Arbeit, über mehrere Tage hinweg, weckt in den meisten Menschen natürlicherweise ein starkes Bedürfnis nach Entspannung, das fast unwiderstehlich ist, wenn es nicht durch Gewalt oder starken Zwang verdrängt wird. Es ist gleichsam die Stimme der Natur, die nach Erholung und Schonung ruft, sei es durch bloße Ruhe, sei es durch Zerstreuung und Ablenkung. Wird dem natürlichen Verlangen nicht entsprochen, sind die Folgen häufig gefährlich, manchmal verhängnisvoll und führen zumeist früher oder später zur bekannten Berufskrankheit. Würden die Unternehmer stets die Gesetze der Vernunft und der Menschlichkeit beachten, müßten sie oftmals den Einsatz ihrer Arbeiter eher mäßigen als animieren. Wie ich glaube, dürfte für jede Art Beschäftigung gelten, daß, wer so maßvoll arbeitet, daß er es regelmäßig tun kann, sich nicht nur seine Gesundheit am längsten bewahrt, sondern auch im Laufe des Jahres am meisten arbeitet.

Es wird behauptet, die Arbeiter wären in guten Jahren fauler und in Jahren der Teuerung fleißiger als üblich. Manch einer schließt daraus, ein reichlicher Unterhalt lasse ihren Fleiß erlahmen, ein kärglicher sporne sie an. Ohne Zweifel kann eine etwas üppigere Lebensweise einzelne Arbeiter träge machen, aber daß dies allgemein gelten soll, erscheint sehr unwahrscheinlich, denn die Menschen arbeiten im allgemeinen nicht besser, wenn sie schlecht statt gut ernährt, wenn sie verzagt statt heiter oder wenn sie öfters krank statt durchweg gesund sind. Jahre der Teuerung bedeuten für einfache Leute, wie man beobachten kann, zumeist Jahre der Krankheit und hoher Sterblichkeit, was ganz zwangsläufig den Ertrag ihrer Anstrengung herabsetzt.

In guten Jahren geben Dienstboten oft ihre Stelle im Vertrauen auf, sie könnten ihren Lebensunterhalt selbständig verdienen. Auf der anderen Seite bedeutet die gleiche Verbilligung der Lebensmittel für die Unternehmer, daß ihre Lohnfonds im Wert steigen, weshalb namentlich die Pächter unter ihnen geneigt sind, mehr Arbeitskräfte einzustellen. Sie versprechen sich, unter diesen Umständen, einen höheren Gewinn von ihrem Getreide, wenn sie einige Knechte zusätzlich beschäftigen, anstatt es zu einem niedrigen Preis auf dem Markt zu verkaufen. Folglich steigt die Nachfrage nach Dienstkräften, während gleichzeitig die Zahl derer, die eine solche Arbeit annehmen wollen, zurückgeht. Daher steigt der Lohn in Jahren mit Niedrigpreisen für Lebensmittel nicht selten an.

In Notjahren, wenn es schwer fällt und unsicher ist, selbständig seinen Lebensunterhalt zu verdienen, kehren viele wieder gerne zur alten Beschäftigung zurück, doch sind nunmehr die Unternehmer eher geneigt, weniger anstatt mehr Hilfskräfte einzustellen, da die hohen Preise für Lebensmittel ihre für den Unterhalt der Arbeiter bestimmten Lohnfonds entsprechend entwerten. In solchen Jahren der Teuerung braucht auch manch selbständiger Kleinhandwerker die wenigen Mittel auf, die er sonst für den Kauf von Arbeitsmaterial verwendet hatte, so daß er nunmehr gezwungen ist, sich nach einer anderen Arbeit umzutun. Die Menschen suchen in solchen Zeiten mehr Beschäftigung als sie finden können, und viele willigen zu schlechteren Bedingungen als sonst ein. So kommt es, daß in Notjahren die Löhne für Hilfskräfte und Gesellen häufig zurückgehen.

Alle Unternehmer verhandeln daher in Jahren der Teuerung zumeist besser mit ihren Arbeitern als in billigen Jahren und finden sie auch bescheidener und fügsamer. Es ist durchaus verständlich, wenn sie daher behaupten, Notjahre seien für Arbeitseinsatz und Arbeitsmoral günstiger. Grundbesitzer und Pächter, zwei der größten Gruppen der Arbeitgeber, haben außerdem noch einen weiteren Grund zur Hand, um mit Jahren der Teuerung zufrieden zu sein. Die Renten der einen und die Gewinne der anderen hängen sehr stark von den Preisen für Lebensmittel ab. Es wäre indes geradezu absurd, daraus zu schließen, Menschen würden in der Regel weniger leisten, wenn sie für sich selbst und nicht für andere Leute arbeiten. Gerade das Gegenteil ist richtig. So wird ein armer, aber selbständiger Handwerker durchweg fleißiger sein als ein Geselle, selbst wenn dieser nach Stück entlohnt wird. Der eine erhält den gesamten Ertrag seiner Anstrengung, der andere teilt ihn mit seinem Arbeitgeber. Der Selbständige, allein und unabhängig bei seiner Arbeit, ist zudem kaum den Versuchungen schlechter Gesellschaft ausgesetzt, die in großen Fabriken so oft die Arbeitsmoral untergräbt. Vermutlich noch mehr überlegen ist der selbständige Handwerker einer Arbeitskraft, die zu festem Lohn für einen Monat oder ein Jahr angeheuert ist, deren Lohn- und Unterhaltskosten also gleich sind, ob sie nun viel oder wenig leisten. In billigen Jahren tendiert, der Zahl nach, das Verhältnis von selbständigen Handwerkern zu Gesellen und Gehilfen aller Art, größer, in teueren Jahren kleiner zu werden ...

... In jedem Beruf richtet sich Ausübung oder Arbeitseifer der meisten Menschen stets nach dem Zwang zur Leistung. Dieser Zwang ist für jene am stärksten, deren Einkünfte aus ihrem Beruf die einzige Quelle sind, von der sie sich die Sicherung ihrer Zukunft oder selbst nur ihr laufendes Einkommen und ihren Unterhalt erwarten. Um Vermögen zu bilden oder auch nur den Unterhalt zu verdienen, müssen sie im Laufe eines Jahres für einen festgelegten Gegenwert ein bestimmtes Arbeitspensum leisten. Herrscht nun freier Wettbewerb, so zwingt die Rivalität der Konkurrenten, die sich alle gegenseitig aus dem Beruf verdrängen möchten, jeden einzelnen dazu, daß er ständig um ein bestimmtes Niveau seiner Leistung bemüht ist. Die guten Erfolgschancen in manchen Berufen mögen zweifellos einige außergewöhnlich Begabte und Ehrgeizige anspornen, besondere Leistungen zu erbringen. Derartige Aussichten sind jedoch nicht unbedingt erforderlich, um zu höchster Anstrengung und Einsatz anzuspornen. Rivalität, Wett- und Nacheifer sind auch in einfachen Berufen ausgezeichnete Mittel, den Ehrgeiz anzustacheln. Sie führen häufig zu herausragenden Leistungen, wohingegen gute Erfolgsaussichten allein, ohne den Zwang zur Leistung, höchst selten besonderen Arbeitseifer wecken.

Das Leistungsmotiv

Methode zur Messung und mögliche wirtschaftliche Auswirkungen

David McClelland

Die vorliegende Untersuchung geht von der Hypothese aus, daß Leistungsmotivation ein das wirtschaftliche Wachstum mitbestimmender Faktor ist. Diese Feststellung erscheint entweder als unüberprüfbar oder trivial. Was könnte offenkundiger sein, als daß große Leistungen durch den starken Wunsch mindestens einiger Mitglieder einer Gesellschaft motiviert sind, etwas zu leisten? Sind wirklich Untersuchungen notwendig, um so etwas zu beweisen? Und solche Fragen zu klären und der Hypothese einen Sinn zu geben, müssen wir erklären, wie der moderne Psychologe über die Motivationen des Verhaltens denkt und wie er sie mißt. Was meint der Psychologe genau, wenn er von „Leistungsmotivation" oder vom „Leistungsmotiv" spricht? Die Beantwortung dieser Frage erfordert einen kurzen Überblick über die neueren wissenschaftlichen Forschungen über Verhaltensmotivation.

Einschätzung der Verhaltensmotive

Mindestens seit Plato und der Bhagavadgita betrachten westliche Philosophen Vernunft und Trieb als zwei grundsätzlich verschiedene Elemente des menschlichen Wesens. Es kann hier nicht die Geschichte der verschiedenen Auffassungen dargestellt werden, die in den letzten 2000 Jahren über das Element „Trieb" gehegt worden sind. Genüge es zu sagen, daß es immer als eine Art „motivierende Kraft" betrachtet wurde, die sich oft im Widerspruch zur Vernunft befindet, aber doch durch die Vernunft kontrollierbar ist. Etwa zu Beginn der modernen wissenschaftlichen Psychologie, in der Mitte des 19. Jahrhunderts, gewann das Verhältnis dieser beiden psychischen Elemente zueinander eine sehr spezifische Bedeutung, und zwar vor allem unter dem Einfluß von Darwin und des sich verbreitenden Interesses für die Evolutionstheorie. Der Mensch wurde als ein in einem Kampf auf Leben und Tod mit der Natur befindliches Tier verstanden, und der Schluß war naheliegend, daß der Mensch, da er kämpfte, einen Trieb zum Überleben besaß. Biologen und Psychologen waren schnell bei der Hand zu zeigen, wie dieses Verlangen vom Organismus „mechanisch“ kontrolliert wurde, da unbefriedigte psychologische Bedürfnisse gewöhnlich gewisse Warnsignale auslösten, die den Organismus so lange stören, bis die Bedürfnisse befriedigt worden sind.

Das deutlichste Beispiel ist das Nahrungsbedürfnis. Da der Organismus ohne Nahrung nicht leben kann, ist er mit Warnsignalen gerüstet, (die vielleicht durch Kontraktionen des leeren Magens ausgelöst werden und) die bei Nahrungsmangel aktiviert werden und den Organismus so lange anregen, bis er Nahrung erhält. Die mehr oder weniger „intelligenten“ Tätigkeiten des Organismus, die das alte Vernunftelement im Menschen verkörpern, wurden nun als durch den Nahrungstrieb verursacht und gelenkt aufgefaßt — nicht in der teleologischen Deutung, nach der der Organismus „weiß“, daß er Nahrung braucht, sondern in der rein mechanischen Bedeutung, daß der Hunger den Organismus so lange antreibt, bis dieser Nahrung gefunden hat und die Warnsignale abgeschaltet werden. Der wichtigste theoretische Fortschritt der Psychologen, die die menschliche Anpassung an die Erfordernisse des Lebens mit diesen Begriffen zu erfassen suchten, war die terminologische Unterscheidung zwischen Essen und Hunger (Wunsch zu essen). Der „gesunde Menschenverstand“ könnte annehmen, daß ein Mensch um so mehr ißt, je mehr er zu essen wünscht, genauso wie er vermutlich auch um so mehr leistet, je mehr er zu leisten wünscht. Und wenn die beiden Variablen tatsächlich in einem so engen kausalen Zusammenhang stehen, daß die Stärke des Wunsches zu essen zweifelsfrei aus der Eßtätigkeit erschlossen werden kann, dann braucht man eigentlich den Motivbegriff gar nicht mehr.

Da die Wissenschaft sparsam mit Begriffen ist und nur so viele verwendet, als zur Erklärung des Erklärungsbedürftigen unbedingt notwendig sind, kann sie auf eine Variable verzichten, die stets mit einer anderen vollkommen verknüpft ist. Die Verhaltensforscher entwickelten dennoch eine unabhängige operationale Definition der Stärke des Hungertriebes, nämlich unabhängig von der Eßtätigkeit.

Von der Annahme ausgehend, daß ein Organismus um so hungriger sein müsse, je länger er ohne Nahrung geblieben ist, bestimmten sie die Stärke des Hungers nach der Zahl der Stunden, während derer die betreffende Person keine Nahrung zu sich genommen hatte. Dann versuchten sie festzustellen, wie die an der Stundenzahl gemessenen verschiedenen Hungergrade die verschiedenartigen Verhaltensweisen, einschließlich der Eßtätigkeit selbst, beeinflussen. Sie gelangten zu dem nicht allzu überraschenden Ergebnis, daß der an der Stundenzahl des Nahrungsentzugs gemessene Hungergrad durchaus nicht völlig mit dem Wunsch zu essen korrelierte. — Es bestanden und bestehen auch noch viele Meinungsverschiedenheiten über die beste Meßmethode für den Grad des Hungers; hier kommt es nur auf die Tatsache an, daß man einen Weg eröffnet hatte, eine Motivation unabhängig von der ausgeführten Handlung zu messen. So bemühen sich jetzt die Psychologen, zwischen Motivation und Handlung zu unterscheiden, zwischen Hunger und Eßtätigkeit sowie zwischen dem Leistungswunsch und der tatsächlichen Leistung.

Trotzdem blieb noch viel zu tun. Es bestand noch kein Interesse für die spezifischen Auswirkungen bestimmter Triebe. Zwar untersuchten die amerikanischen Psychologen außer dem Nahrungstrieb auch den Durst und den Trieb, Schmerz zu vermeiden, sowie andere Grundtriebe. Sie betrachteten diese aber noch als funktionell gleichartige Kräfte zur Aktivierung des Verhaltens; individuelle Unterschiede des Stärkegrades der verschiedenartigen Motive blieben ebenfalls so gut wie unberücksichtigt. Legte doch das Modell des Nahrungstriebs die Folgerung nahe, daß die motivierenden Potenzen in allen Menschen weitgehend die gleichen sind und daß ihre faktische Stärke vorwiegend durch Veränderungen in der äußeren Umgebung bestimmt wird (z. B. Nahrungsmangel). Man interessierte sich noch kaum für die Möglichkeit, daß jemand mit einem besonders starken Nahrungsbedürfnis ausgestattet sein könnte, und zwar entweder auf Grund biologischer Veranlagung oder infolge einer durch Erziehung gesetzten und zur Gewohnheit gewordenen Haltung. Solche Ergänzungen blieben denjenigen überlassen, die sich für soziale Motivationen und für Verhaltensforschung interessierten.

Viele fanden ihre Richtschnur bei Freud, der, seltsam genug, ebenfalls stark von Darwin beeinflußt worden war. Freud anerkannte die Bedeutung von Selbsterhaltungstrieben wie Hunger, konzentrierte sein Interesse aber auf den gattungerhaltenden Trieb, die geschlechtliche Liebe. Sein Motivationsmodell war nicht viel anders als das der amerikanischen Funktionalistenschule. Eine allgemeine Triebkraft, die Libido, treibt den Menschen dazu, mit Hilfe des Verstandes eine Vielfalt von Techniken oder Listen je nachdem zu ihrer Umleitung oder Sublimierung oder auch zu ihrer direkten Befriedigung zu erfinden.

Freud ließ das allgemeine Motivationsmodell unverändert, fügte aber wichtige empirische Beiträge hinzu, die die Richtung der künftigen Forschung entscheidend beeinflußten.

So zerstörte er ein für allemal (vielleicht mit Ausnahme in den Köpfen von Wirtschaftstheoretikern) die Vorstellung, daß Motive rational seien oder aus der Handlung rational abgeleitet werden könnten. Er richtete seine Aufmerksamkeit auf offenkundig irrationale Züge im Verhalten — sich versprechen, bekannte Namen vergessen, Träume, Unfälle, neurotische Symptome — und legte wieder und wieder dar, daß Motive „nicht sind, was sie zu sein scheinen"; sie mögen das genaue Gegenteil indizieren. Es kann nicht als sicher gelten, daß jemand die Straße überquert, weil er die andere Seite erreichen will. Er möchte vielleicht im Gegenteil ein Lokal auf *dieser* Straßenseite betreten und enthüllt diesen Wunsch gerade durch sein übertriebenes Verhalten des Vermeiden-Wollens. Seit Freud akzeptieren die Psychologen die Tatsache, daß eine einfache Handlung verschiedenartigen Motiven entspringen kann. Auf dem wirtschaftlichen Sektor ziehen Werbefachleute längst Nutzen aus Freuds Erkenntnissen; sie berücksichtigen, daß jemand nicht nur deshalb einen Wagen kauft, weil er im rationalen Sinne ein Auto „braucht", sondern auch, weil der Besitz eines ganz bestimmten Wagens unter Umständen noch andere Bedürfnisse befriedigt — solche nach Macht, nach Prestige oder sogar nach sexueller Schaustellung. Wie sind aber diese anderen Motive im einzelnen genau zu erkennen? Freud gab uns auch hierfür einen wichtigen Fingerzeig, nämlich mit der Methode, die er selbst benutzte, um gewisse Motive zu entdecken. Er suchte nach Anhaltspunkten für irrationale Motive in Träumen und freien Assoziationen — kurz: in der Phantasie. Die Grenzen seiner Methode lagen in ihrem ad hoc-Charakter. Er analysierte — als praktizierender Arzt — jedes Symptom für jede Person oder jeden Traum, wie er kam; aber er lieferte den Wissenschaftlern keine Maßstäbe für bestimmte Motive, die 1) verschiedenen Beobachtern eine übereinstimmende „Diagnose" der wirksamen Motive in wissenschaftlich relevantem Ausmaß ermöglicht hätten, 2) den Vergleich von Einzelpersonen in bezug auf den Stärkegrad eines bestimmten Motivs ermöglicht hätten und 3) zumindest eine grobe Schätzung von Standardmotiven oder Unterschieden in der Motivation erlaubt hätten, welche für Wirtschafts- und andere Sozialwissenschaftler von praktischem Nutzen gewesen wäre, die sich mit dem Verhalten großer Bevölkerungsgruppen befassen.

Messung des Leistungsmotivs

Der nächste Schritt war die Entwicklung einer Methode zur Messung individueller Unterschiede in der Verhaltensmotivation auf der Basis der Methodologie der experimentellen Psychologie und der psychoanalytischen Erkenntnisse Freuds und seiner Anhänger. Wie das bewerkstelligt wurde, kann durchaus dadurch veranschaulicht werden, daß wir kurz von der Geschichte der Entwicklung des Maßstabes für das Leistungsmotiv berichten, da wir die Verbindung dieses Motivs mit dem Wirtschaftswachstum das ganze Buch hindurch verfolgen werden. Das Verfahren, das an anderer Stelle (McClelland et al. 1953) ausführlich dargestellt worden ist, kann folgendermaßen zusammengefaßt werden. In einer Gruppe von Personen wurde das Leistungsmotiv angeregt, um seine Auswirkungen auf das Verhalten festzustellen. Auf diese Weise vermieden wir den Fehler, a priori anzunehmen, der Stärkegrad des Leistungsmotivs könne direkt und ohne weiteres aus einer bestimmten Verhaltensweise abgeleitet werden.

Da psychische Vorgänge nicht wie organische im Röntgenbild erfaßbar sind, müssen wir uns mit dem Nächstbesten begnügen, nämlich mit einer Auswahl spontaner Gedanken einer Person unter einem Minimum äußerer Belastung, also mit ihren freien Assoziationen und ihrer wachen Phantasie, so wie es Freud und viele andere bereits getan haben. Die Frage spitzt sich dann darauf zu: Welche „einzigartigen", spezifischen Auswirkungen auf die Phantasie hat ein Zustand angeregter Leistungsmotivation? Wenn wir solche Auswirkungen entdecken, können wir aus ihnen die Stärke „innerer Belange" zur Leistung in den folgenden Untersuchungen ableiten.

Der Test wurde mit amerikanischen männlichen College-Studenten folgendermaßen durchgeführt:

Den Studenten wurde gesagt: „Die Tests, denen Sie sich unterziehen, zeigen unmittelbar das allgemeine Intelligenzniveau einer Person an. Sie sind einer Serie von Tests entnommen, die zur Auswahl von Männern mit hohen Verwaltungsfähigkeiten für Positionen in Washington während des letzten Krieges durchgeführt wurden. Diese Tests lassen außer dem allgemeinen Intelligenzniveau auch die Fähigkeit einer Person erkennen, etwas einzuordnen, die Fähigkeit, kritische Situationen schnell und richtig einzuschätzen. Kurz, die Ergebnisse dieser Tests zeigen, ob eine Person für leitende Positionen geeignet ist oder nicht." (McClelland, Atkinson, Clark und Lowell, 1953, S. 105).

Wichtig an diesen Instruktionen ist die Betonung, daß der einzelne nach einem Gütemaßstab bewertet wird — nach Intelligenz und Befähigung zu Führerschaft, d. h., nach Qualitäten, die bei amerikanischen Männern für gewöhnlich hoch im Kurs stehen. Es wird angenommen, daß diese Instruktionen in der Mehrzahl der Versuchspersonen den Wunsch weckt, gut abzuschneiden, den Wunsch, intelligent zu erscheinen und Befähigung zu Führerschaft erkennen zu lassen.

Man braucht natürlich nicht anzunehmen, daß diese Motive allen Versuchspersonen bewußt oder überhaupt in allen vorhanden waren. Man braucht nur anzunehmen, daß sich der Wunsch, gut abzuschneiden, bewußt oder unbewußt in einer größeren Zahl von Personen dieser so instruierten Gruppe regte als in einer Vergleichsgruppe von Personen, denen diese Instruktionen und anschließenden Testaufgaben nicht gegeben worden waren. Unterschiede im Phantasieverhalten der beiden Gruppen können dann auf die unterschiedliche Stimulierung der Leistungsmotivation in den beiden Gruppen zurückgeführt werden. Nach Beendigung der Testaufgaben wurde als zweiter Hauptteil der Untersuchung die Phantasietätigkeit der Versuchspersonen geprüft, indem man sie kurze Fünf-Minuten-Geschichten über Bilder schreiben ließ, die man für einige Sekunden auf eine Leinwand projiziert hatte. Die Bilder stellten verschiedene Lebenssituationen dar, besonders solche, die einen Zusammenhang mit Arbeit haben. Als Indikator der Wirkung einer Motivanregung besitzt die Phantasie gegenüber anderen Verhaltensweisen viele Vorteile. In der Phantasie ist alles möglich, mindestens symbolisch, während das beobachtbare Handeln durch die Realität und individuelle Fähigkeitsgrenzen eingeschränkt ist. Außerdem ist die Phantasie leichter zu beeinflussen als jede andere Verhaltensweise. Stelle man sie z. B. der Denktätigkeit beim Lösen eines Problems gegenüber. Man könnte annehmen, daß die Intensität der Denkarbeit direkt die Stärke der Leistungsmotivationen spiegelt. Die Arbeitsintensität ist aber experimentell nicht leicht zu beeinflussen. Die meisten Menschen entwickeln wohl ein gewohnheitsmäßiges Denkverhalten, das ihnen ein einigermaßen konstantes Arbeitstempo trotz vieler Gefühlsschwankungen ermöglicht. Vor allem aber kann bei der Arbeitsleistung ein Motiv ein anderes ersetzen, so daß selbst Personen mit schwachem Leistungsantrieb dasselbe Ergebnis produzieren können wie andere, weil vielleicht ihr Wunsch, dem Versuchsleiter zu gefallen, stärker ist.

Hier erweist sich ein dritter Vorteil der Phantasie gegenüber dem beobachtbaren Verhalten: sie zeigt an, welches Motiv angesprochen worden ist. Selbst wenn das Arbeitsverhalten experimentellen Einflüssen zugänglicher wäre, könnte man aus der Tatsache, daß jemand intensiv arbeitet, das dafür verantwortliche Motiv nicht erschließen. Es könnte das Leistungsmotiv sein, aber auch das Bedürfnis nach gesellschaftlicher Anerkennung oder der Wunsch, so schnell wie möglich aus einer bestimmten Situation herauszukommen und etwas anderes zu unternehmen. Nur die Äußerungen der Phantasie geben Aufschluß über die wahren „inneren Belange" eines Menschen bei seiner Arbeit.

Die Kurzgeschichten, welche die Versuchspersonen mit vermutlich angeregter Leistungsmotivation verfaßt hatten, wurden mit denen, die die Versuchspersonen der Vergleichsgruppe unter normalen Bedingungen geschrieben hatten, verglichen. Gewisse Unterschiede sprangen dabei sofort ins Auge. Die unter „angeregten" Bedingungen geschriebenen Geschichten enthielten mehr Bezüge zu Gütemaßstäben, zu Erfolg oder dem Wunsch nach Erfolg nach diesen Maßstäben. Einige Beispiele mögen diese Unterschiede veranschaulichen. Eins der häufig verwendeten Projektionsbilder zeigt einen Jungen am Tisch sitzend, mit einem aufgeschlagenen Buch vor sich. Unter normalen, „entspannten" Bedingungen regt das Bild zu einer Geschichte wie der folgenden an:

„Ein Junge in einem Klassenzimmer, der tagträumt. Er erinnert sich an einen kürzlich miterlebten Vorfall, der seinen Geist mehr beschäftigt als der Unterricht. Er denkt über den Vorfall nach und sieht sich selbst in der betreffenden Situation. Er wünscht, er wäre dort. Wahrscheinlich wird er vom Lehrer aufgerufen werden und in Verlegenheit geraten."

Nichts in dieser Geschichte bezieht sich auf Leistung oder Gütemaßstäbe, aber vergleichen wir sie mit der folgenden:

„Der Knabe, Schüler einer höheren Schule, schreibt eine Klassenarbeit. Die Zeit ist fast zu zwei Dritteln um, und er bemüht sich, fertig zu werden. Er sollte sich auf die schriftlichen Fragen vorbereiten und hat es auch getan, hat aber einige der Antworten im Lehrbuch nur durchgelesen, ohne sie zu lernen. An diese kann er sich jetzt nicht mehr erinnern. Er versucht, sich die mit ihnen verbundenen Vorstellungen und Gedanken ins Gedächtnis zu rufen. Für die eine oder andere Antwort wird ihm das vielleicht noch gelingen, aber die meisten Fragen wird er offenlassen müssen. Bis fünf Minuten vor Schluß wird er angestrengt nachdenken, dann aufgeben, seine Arbeit durchlesen und sich über sich selbst ärgern, weil er die Antworten im Lehrbuch durchgelesen, aber nicht gelernt hat."

Offensichtlich geht es dem Schüler darum, in der Prüfung das Beste zu leisten, denn er „ärgert sich über sich selbst", weil er die Antworten gelesen, aber nicht gelernt hat. Eine ganze Reihe von Aspekten der Leistung wird direkt erwähnt, so z. B., daß der Schüler selbst schuld an seinem Mißerfolg ist („. . . gelesen, aber nicht gelernt") und daß er sich auf verschiedene Weise bemüht („. . . Vorstellungen ins Gedächtnis zu rufen . . ."), die Aufgabe zu lösen. Daraus, daß die Leistungsbemühungen des Schülers erfolglos sind, darf nicht gefolgert werden, daß der Student, der diese Geschichte schrieb, eine schwächere Leistungsmotivation hat als ein anderer, in dessen Geschichte der

Schüler erfolgreich ist. Es ist ja gerade der Vorzug der angewandten experimentellen Methode, daß sie solche „rationalen" Begründungen unnötig macht. Man könnte a priori von der Annahme ausgehen, Erfolgsvorstellungen seien ein sicheres Anzeichen für starke und erfolgreiche Leistungsmotivation als Mißerfolgsgedanken. Man könnte aber ebenso gut von der entgegengesetzten Annahme ausgehen und behaupten, Menschen mit Tagträumen von Erfolg hätten eine zu schwache Leistungsmotivation für konkrete Erfolgsbemühungen im realen Leben. Wollte man sich einfach für die vernünftigere Ansicht entscheiden, so verfiele man damit in den psychologischen Irrtum der Wirtschaftswissenschaftler und Philosophen des 19. Jahrhunderts. Die experimentelle Methode geht nicht von vorgefaßten Ansichten über die Auswirkungen der Leistungsmotivation auf die Phantasie aus, sondern konstatiert einfach die Unterschiede, die zwischen den unter „angeregten" und den unter „entspannten" Bedingungen verfaßten Geschichten bestehen, solange sie theoretisch revelant zu sein scheinen, und benutzt sie als ein Mittel, um vorhandene Leistungsmotivation aufzuspüren.

Vor Beginn des Tests dachte man z. B., durch Anregung der Leistungsmotivation könnte der Ausgang der Kurzgeschichten so beeinflußt werden, daß vielleicht mehr eindeutige Erfolgs- oder Mißerfolgsgeschichten produziert werden würden als solche mit vagem oder unentschiedenem Ausgang. Ein Vergleich der unter „angeregten" Bedingungen mit den unter „entspannten" Bedingungen geschriebenen Kurzgeschichten ergab jedoch keine Unterschiede in bezug auf die Häufigkeit der verschiedenen Abschlußarten. Der *Ausgang* der Geschichte bzw. des Leistungsablaufs darin kann also nicht als Anzeichen einer erhöhten Leistungsmotivation gewertet werden.

Es gibt jedoch gewisse Aspekte der Phantasie, die sich unter dem Einfluß der Leistungs-„Anregung" bei College-Studenten eindeutig veränderten; und zwar vermehrten sich die Vorstellungen von guten Leistungen, von Leistungsbehinderungen, von Mitteln und Wegen zur Bewältigung einer Aufgabe und von Reaktionen auf die Leistungsergebnisse (ausführlich beschrieben bei McClelland et al., 1953; Atkinson, 1958). Diese Veränderungen sind die gleichen in verschiedenartigen Kulturen, wie Untersuchungen an Navahos (McClelland et al., 1953) und brasilianischen Studenten (Angelini, 1955) gezeigt haben, und innerhalb der amerikanischen Kultur bei höheren Schülern verschiedenartiger sozioökonomischer Herkunft.

Als nächstes galt es, einen Bewertungsindex zu erhalten. Je mehr der oben genannten Vorstellungen jemand unter „entspannten" Bedingungen hegt, desto stärker muß seine Leistungsmotivation sein — das war die Annahme, von der man ausging. Wenn demnach jemand in seinen unter „entspannten", d. h. nicht leistungs-„angeregten", Testbedingungen verfaßten Kurzgeschichten auf Grund der durchaus vieldeutigen Projektionsbilder ständig leistungsbezogene Gedanken der gleichen Art ausdrückt, wie es Versuchspersonen unter Leistungs-„Druck" tun, dann muß er als ein Mensch mit einem „Hang" zur, einem „Interesse" für, einem „Bedürfnis" nach Leistung betrachtet werden. Man beschloß daher, die Anzahl der leistungsbezogenen Gedanken der unter „entspannten" Versuchsbedingungen verfaßten Kurzgeschichten als repräsentativ für die Stärke der Leistungsmotivation zu betrachten. Diese Berechnung ist der Bewertungsindex für *n* Achievement = *b* Leistung (Abkürzung für „need for Achievement" = „Bedürfnis nach Leistung"). Damit verfügt man über einen technischen Begriff, der die angewandte Methode grundsätzlich abhebt von Einschätzungen der Leistungsmotivation nach tatsächlich vollbrachten Leistungen oder nach häufigen Äußerungen einer Person über ihren Wunsch, in dieser Welt voranzukommen. Die Methode kann auch zur Bestimmung des „Bedürfnisses nach Gesellung", des „Bedürfnisses nach Macht" (siehe Atkinson 1958) und jedes anderen Bedürfnisses angewandt werden, welches die Phantasie nachweisbar auf eine spezifische Weise beeinflußt.

Was nützt uns nun die Kenntnis darüber, ob der *b* Leistungs-Wert eines Menschen hoch ist? Die Antwort liegt in Dutzenden von Forschungsprojekten, in denen das Verhalten von Personen mit hohen und mit niedrigen *b* Leistungs-Werten verglichen worden ist. Amerikanische Männer mit hohem *b* Leistung kommen häufiger aus dem Mittelstand als aus den unteren oder den oberen Schichten, haben ein besseres Gedächtnis für unerledigte Aufgaben, sind eher geneigt, sich für psychologische Experimente zur Verfügung zu stellen, sind aktiver in College- und Gemeindeangelegenheiten, wählen als Arbeitspartner eher Fachleute als Freunde, sind sozialem Druck gegenüber widerstandsfähiger, können keine genauen Angaben über ihren „inneren Belang" zum Leisten machen u. a. m. (McClelland et. al., 1953; Atkinson 1958). Es ist nicht notwendig, auf die vielen Entdeckungen dieser Art einzugehen; von unmittelbarem Interesse ist hier nur die Fragestellung, wie Personen mit hohem *b* Leistung sich in einer gegebenen Arbeitssituation verhalten.

In einem von Lowell durchgeführten Experiment begannen die Versuchspersonen mit hohem *b* Leistung auf ungefähr dem gleichen Leistungsniveau wie die Versuchspersonen mit niedrigem *b* Leistung, steigerten aber ihre Leistung im Verlauf des Arbeitsprozesses. Sie sind offenbar mit innerer Beteiligung dabei und versuchen, ihre Arbeitsmethode zu verbessern. Man könnte deshalb annehmen, daß Personen mit hohem *b* Leistung bei allen Aufgaben und unter allen Umständen besser abschneiden. Das ist aber nicht der Fall. Sie schneiden z. B. im allgemeinen bei Routinearbeiten nicht besser ab. Ihre Leistung steigert sich vor allem dann, wenn die Durchführung der Arbeit für sie eine

Tabelle 2.1 Mittlere Leistungswerte als eine Funktion des Niveaus der Anfangs-Motivation und verschiedene Versuchsbedingungen (nach French, 1955)

	Versuchsbedingungen		
	Entspannt	Aufgaben-Orientierung	Äußere Belohnung
Anfangs-Motivation:			
hohes *b* Leistung	17,73	29,80	18,20
niedriges *b* Leistung	15,40	16,66	22,47
Korrelation mit der Anfangs-Motivation:	0,03	0,48[1]	0,02

1 Die Wahrscheinlichkeit, daß eine Korrelation von dieser Höhe auf Zufall beruht, ist geringer als 1 zu 100 ($p < 0,01$).

Bedeutung als Leistung hat. Vergleichen wir dazu die Tabelle 2.1 aus den Ergebnissen eines Experiments von French (1955).

In einer „entspannungs-orientierten“ Versuchssituation schnitten die Personen mit hohem *b* Leistung nicht wesentlich besser ab, wahrscheinlich deshalb nicht, weil der Versuchsleiter dem Test mit folgenden Worten alle Leistungsbedeutung genommen hatte: „Heute experimentieren wir nur und sind Ihnen sehr dankbar für Ihre Mitarbeit. Wir möchten nur wissen, welche Werte man bei diesen Tests erzielt.“ Andere Untersuchungsergebnisse haben nahegelegt, daß ein Appell an die Bereitschaft zur Mitarbeit der Personen mit hohem *b* Gesellung zu intensiverer Arbeit anregt als jene mit hohem *b* Leistung. In der „Aufgaben-orientierten“ Versuchssituation wurde den Teilnehmern gesagt, daß „der Test eine kritische Fähigkeit bewertet, nämlich die, schnell und angemessen mit nichtvertrautem Material umzugehen. Der Test erlaubt Schlüsse auf die allgemeine Intelligenz und hat Bezug zu Ihrer künftigen Laufbahn. Jeder sollte also versuchen, so gut wie möglich zu arbeiten.“ Unter dieser Instruktion schnitten die Versuchspersonen mit hohem *b* Leistung deutlich besser ab als die mit niedrigem *b* Leistung.

In der „Belohnungs-orientierten“ Versuchssituation schließlich wurde den Teilnehmern gesagt: „. . . wir möchten feststellen, wie schnell eine Verschlüsselungsaufgabe gelöst werden kann . . . ohne Fehler . . . Die fünf Personen, die innerhalb von fünf Minuten die höchsten Punktwerte erzielen, dürfen sofort nach Hause gehen, wenn ich die Formulare durchgesehen habe. Die anderen müssen für weitere Übungen und Tests hierbleiben.“ Diese Instruktionen legten Nachdruck auf das Tempo in Verbindung mit einem Sonderanreiz, nämlich freie Zeit für die, die schnell fertig werden würden. Auch unter diesen Bedingungen leisten die Versuchspersonen mit hohem *b* Leistung nicht mehr als die mit niedrigem. Die letzteren schneiden in diesem Falle im ganzen sogar etwas besser ab, vielleicht, weil die Möglichkeit, aus der Arbeitssituation herauszukommen, sie am unmittelbarsten anspricht!

Zusammengenommen lassen die Fakten vermuten, daß ein Mensch mit hohem *b* Leistung zu besseren Ergebnissen gelangt, wenn Leistung im engeren Sinne möglich ist. Erfordert die Lösung der Aufgabe bloße Routine oder schließt sie Zusammenarbeit mit anderen oder Sonderbelohnung wie freie Zeit oder Geldpreise ein (Atkinson und Reitman, 1958), dann werden Personen mit anderen Motiven besser abschneiden. Das Leistungsmotiv ist offensichtlich unter solchen Bedingungen nicht „engagiert“. Wir dürfen wohl erwarten, daß Personen mit starken Leistungsmotiven Situationen suchen, in denen sie Leistungsbefriedigung finden können. Sie müßten die Kategorie von Menschen bilden, die sich eigene Leistungsnormen setzen anstatt sich von situationsbedingten äußeren Reizen anregen zu lassen. Sie müßten sich auch intensiver und erfolgreicher bemühen, das Ziel, das sie sich selbst gesetzt haben, zu erreichen. So gelangt man unschwer zu der weiteren Annahme, daß das Leben in Bewegung geraten würde, wenn in einer bestimmten Kultur zu einer bestimmten Zeit eine Anzahl von Personen mit hohem *b* Leistung auftauchen. Entweder würden diese Personen anfangen, alles besser zu machen als bisher, oder, was noch wichtiger wäre, sie würden vielleicht versuchen, die Dinge *anders* zu tun, um daraus Leistungsbefriedigung zu gewinnen. Was bisher aus dem Wunsch zu gefallen, Geld zu verdienen oder freie Zeit zu gewinnen getan worden war, könnte sich jetzt in eine Handlung verwandeln, die Gütemaßstäbe um ihrer selbst willen setzt und erfüllt. Unter diesem Aspekt könnte man sich durchaus vorstellen, daß erhöhtes *b* Leistung wirtschaftliches oder kulturelles Wachstum fördern würde.

Aufstellung der Schlüsselhypothese: Die Auswirkungen der protestantischen Reformation auf b Leistung

Obwohl Forschungsergebnisse wie die oben beschriebenen die Anregung zu unserer Schlüsselhypothese hätten bilden können, waren es nicht sie, sondern Ergebnisse einer Untersuchung von Winterbottom (1953), die den ersten Hinweis auf eine mögliche Beziehung zwischen Leistungsmotivation und wirtschaftlicher Entwicklung gaben. Die Verfasserin wollte herausfinden, auf welche Weise Eltern, vor allem Mütter, in ihren Söhnen Leistungsinteresse wecken. Sie untersuchte zu diesem Zweck *b* Leistung von 29 achtjährigen Knaben und führte dann Interviews durch, um festzustellen, ob die Mütter von „Hochmotivierten" (Personen mit hoher Leistungsmotivation) spezifische Haltungen bezüglich Kindererziehung haben. Was sie fand, war, daß solche Mütter schon früh von ihren Söhnen Fähigkeiten bzw. Anstrengungen wie die folgenden erwarteten:

sich in der Stadt zurechtfinden
aktiv und energisch sein
Dinge selbst tun
Freunde selbst finden
sich im Wettkampf behaupten

Die Mütter der *b* Leistungs-„Niedrigen" (Personen mit geringer Leistungsmotivation) nannten mehr Einschränkungen: ihre Söhne sollten nicht mit Kindern spielen, die den Eltern nicht gefielen und nicht selber wichtige Entscheidungen treffen. Die Mütter von Söhnen mit hohem *b* Leistung haben ihren Söhnen also höhere Maßstäbe gesetzt; sie verlangten von ihnen schon früh, sich auf sich selbst zu verlassen und Situationen zu meistern (Winterbottom, 1958, Seite 468 bis 472).

Eine interessante historische Parallele bot sich an. Wie schon erwähnt, hat der deutsche Soziologe Max Weber (1904) ausführlich und überzeugend beschrieben, daß und wie die protestantische Reformation einen neuen Charaktertyp erzeugte, nämlich in Arbeitern und Unternehmern einen Geist größerer Energie schuf, was schließlich zur Entwicklung des modernen Industriekapitalismus führte. Wenn mit der protestantischen Reformation eine Erziehung zum Verlaß auf sich selbst gefördert wurde und mit dem neuen „kapitalistischen Geist" ein gesteigertes *b* Leistung, dann dürfte sich der von Winterbottom gefundene Zusammenhang auf gesamtgesellschaftlicher Ebene in der Geschichte Westeuropas wiederholt und vervielfacht haben. Das folgende Diagramm veranschaulicht die Parallele.

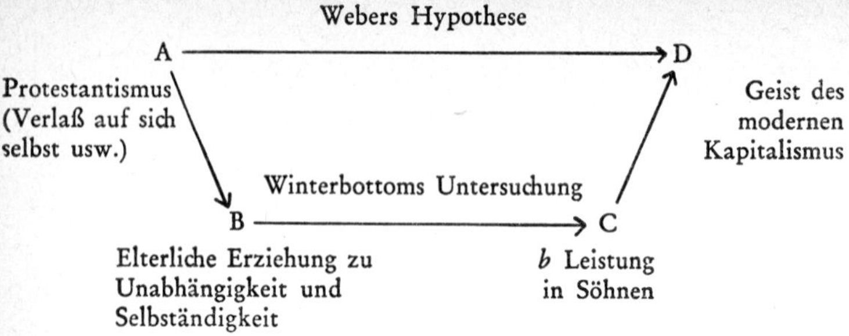

Das heißt, Winterbottoms Untersuchung zeigt ein psychologisches Agens auf, welches die von Weber beschriebene historische Entwicklung bewirkt haben könnte. Die protestantische Reformation könnte ein früheres Einsetzen der Erziehung zu Unabhängigkeit und Selbständigkeit veranlaßt haben, was höheres *b* Leistung erzeugte, was wiederum die Entstehung des modernen Kapitalismus bewirkte. Zweifellos weist Max Webers Beschreibung des Persönlichkeitstyps, den die protestantische Reformation schuf, eine erstaunliche Ähnlichkeit mit dem von uns gezeichneten Bild einer Persönlichkeit mit hoher Leistungsmotivation auf. Weber vermerkt, daß protestantische Arbeiterinnen anscheinend härter und länger arbeiteten und ihr Geld für langfristige Ziele sparten und daß protestantische Unternehmer auf dem Kontinent häufiger zu Spitzenpositionen in der Geschäftswelt aufstiegen als katholische Unternehmer, obwohl diese oft einen durch Familienvermögen bedingten Anfangsvorsprung hatten. Vor allem wurde, wie Weber betont, der Geschäftsmann des Früh-Calvinismus durch seine religiösen Anschauungen vom Genuß der Früchte seiner Arbeit abgehalten. Er war zu skrupelhaft, um für persönliche Genüsse Geld auszugeben. Deshalb reinvestierte er seinen Profit oft in seinem Unternehmen, und das war einer der Gründe für seinen Erfolg. Was aber trieb ihn zu solchen erstaunlichen Taten geschäftlicher Organisation und Entfaltung? Weber meint, daß solch ein Mensch „von seinem Reichtum für seine Person nichts hat, — außer der irrationalen Empfindung der ‚Berufserfüllung‘ “.[1] (Weber, 1904, Seite 71). Das ist genau dieselbe Definition, die wir für das aus der Phantasie erschlossene Leistungsmotiv geben.

Warum brachte gerade der Protestantismus so häufig Menschen dieser Art hervor. Nach Weber liegt die Erklärung in dem Wesen ihrer religiösen Anschauungen, nicht in besonderen politischen oder wirtschaftlichen Lebensumständen, denn diese waren von Land zu Land sehr verschieden. Weber hob vor allem zwei Faktoren hervor: 1) die These vom „Beruf“, nach der es die oberste Pflicht eines Menschen ist, an dem ihm von Gott angewiesenen Platz im Leben sein Bestes zu leisten, anstatt — wie es die katholische Kirche als Weg zur Vervollkommnung gelehrt hatte — sich von der Welt zurückzuziehen, um sich ganz Gott zu widmen, und 2) die „Rationalisierung“ des ganzen Lebens, die vor allem durch Calvins Prädestinationsbegriff in die protestantische Ethik eingeführt worden war. Die frühen Protestanten hatten besonderen Anstoß am Verkauf des Ablasses genommen und sich gegen die Auffassung gewandt, nach der ein Mensch seine Erlösung durch „gute Werke“ „erkaufen“ könne. Luther donnerte in seiner Kampfschrift „Von der Freiheit eines Christenmenschen“, ein Mensch könne von Kopf bis Fuß aus guten Werken bestehen und brauche doch nicht in den Himmel zu kommen. Calvin lehrte, Gott selbst habe im vorhinein beschlossen, wer zu den „Ausgewählten“ gehören solle, und dieser Beschluß könne durch keinerlei gute Werke auf Erden geändert werden. Offen blieb, wie Weber weiter ausführt, für den gewöhnlichen Gläubigen die praktische Frage, ob er zu den „Auserwählten“ gehöre oder nicht. Nur durch die Bemühung, einer der offenkundig zu den Auserwählten gehörenden biblischen Personen bis ins kleinste ähnlich zu werden, konnte er hoffen, von der Furcht vor ewiger Verdammnis befreit zu werden. Der einfache protestantische Gläubige mußte sich daher eines in jeder Hinsicht einwandfreien Verhaltens befleißigen — nicht, wie Weber sagt, als „eines technischen Mittels, um sich das Seelenheil zu erkaufen, sondern um sich von der Furcht vor Verdammnis zu befreien“ . . . „. . . Das bedeutet nun aber praktisch, im Grunde, daß Gott dem hilft, der sich selber hilft, daß also der Calvinist, wie es auch gelegentlich ausgedrückt wird, seine Seligkeit — korrekt müßte es heißen: Die *Gewißheit* von derselben — *selbst ‚schafft‘*, daß aber dieses Schaffen *nicht* wie im Katholizismus in einem allmählichen Aufspeichern verdienstlicher Einzelleistungen bestehen *kann,* sondern in einer zu *jeder Zeit* vor der Alternative: erwählt oder verworfen? stehenden *systematische Selbstkontrolle.*“ (Weber 1904, Seite 338 bis 339).[2]

Die strenge Rationalisierung der gesamten Lebensführung in Verbindung mit der nachdrücklich geforderten Erfüllung der Pflicht an dem zugewiesenen Platz im Leben zerstörte nach Webers Ansicht die Gemächlichkeit, mit der kapitalistische Unternehmen bis dahin geführt worden waren. Der Unternehmer arbeitete jetzt härter — er gönnte sich keinen Augenblick der Entspannung mehr. Auch die von ihm eingestellten protestantischen Arbeiter arbeiteten fleißiger, und auch von ihnen konnte keiner die vermehrten Früchte seiner Arbeit genießen — aus Furcht, die Gewißheit der Erlösung zu verlieren. Somit waren Gewinne und Spargelder verfügbar, um das Unternehmen weiter auszudehnen — was auch eine von Gott auferlegte ernste Aufgabe war.

Vom Standpunkt unseres heutigen Wissens über Leistungsmotivation können wir Webers Argumentation ergänzen. Zum Protestantismus gehörte auch eine Auflehnung gegen den übermäßigen Verlaß auf die institutionelle Kirche. Luther predigte das „allgemeine Priestertum"; der einzelne sollte nicht ausschließlich auf theologische Fachleute angewiesen sein, sondern seine Bibel selbst lesen und direkt, ohne Mittler, göttliche Führung finden. Genau aus diesem Grunde legten Protestanten Wert darauf, keine Analphabeten zu bleiben. Es erscheint sehr naheliegend, daß protestantische Eltern ihre Kinder früher zur Selbständigkeit und mindestens zum Lesenlernen angehalten haben, damit diese ihre religiösen Pflichten besser erfüllen konnten. Diese Erziehung kann durchaus die Leistungsmotivation der Kinder im Sinne von Winterbottoms Ergebnissen gesteigert haben.

Ferner beschreibt Calvin das, was Weber später die „Rationalisierung" des Lebens nennt, als ein unablässiges Streben nach Vervollkommnung, welches auf unserer *b* Leistungsskala sehr hoch bewertet werden würde. Vergleichen wir dazu die folgenden Ausführungen Calvins: „So sollen wir den alle nach dem Maß unserer kleinen Kraft unseren Gang tun und den angefangenen Weg fortsetzen! Niemandes Weg wird so unglücklich sein, daß er nicht alle Tage ein Stücklein hinter sich bringen könnte. Wir wollen aber nicht aufhören, danach zu streben, daß wir auf dem Weg des Herrn beständig etwas weiterkommen, wollen auch bei der Geringfügigkeit des Fortschrittes nicht den Mut sinken lassen. Mag auch das Weiterschreiten unseren Wünschen nicht entsprechen, so ist doch die Mühe nicht verloren, wenn nur der heutige Tag über den gestrigen Sieger bleibt. Wir wollen nur in aufrichtiger Einfalt auf unser Ziel schauen und nach dem Zielzeichen uns ausstrecken, wir wollen nicht schmeichlerisch an uns selbst Gefallen haben, auch unserer bösen Art nicht nachgeben, sondern in unablässiger Mühe danach ringen, besser zu werden als wir waren, bis wir dann endlich zur Güte selber hindurchgedrungen sind: *sie* suchen wir, ihr jagen wir nach durch die ganze Zeit unseres Lebens . . ." (Calvin, I, Seite 775—776).

„Rationalisierung der Lebensführung" bedeutete also mehr als Sittsamkeit und Strenge, nämlich ein unablässiges Bemühen, das eigene Selbst zu verbessern, etwas zu leisten. Leistung war demnach zwar primär im religiösen Bereich zu vollziehen, aber nach Calvin setzte das weder Klösterlichkeit noch ein Sich-Zurückziehen vom Leben voraus. „Deshalb fort mit jener unmenschlichen Philosophie, die uns die Kreaturen nur zur Notdurft will brauchen lassen und uns damit einer erlaubten Frucht der göttlichen Wohltätigkeit beraubt . . ." Mit anderen Worten: „Alle diese irdischen Dinge sind uns dergestalt aus Gottes Freundlichkeit geschenkt und in Nutzung gegeben, daß sie gewissermaßen anvertrautes Gut darstellen, über welches wir einst Rechenschaft ablegen müssen." (Calvin, I, Seite 786 bis 790)[3] So soll also, wie später Weber sagt, jeder in dem Beruf, der ihm von Gott gegeben worden ist, sein Bestes leisten.

Nach all dem erscheint es annehmbar, Webers Erklärung des Zusammenhanges zwischen Protestantismus und dem Entstehen des Kapitalismus als eine Revolution in der Familie zu verstehen, welche mehr Söhne mit einem starken, nach innen gerichteten Leistungsantrieb heranwachsen ließ. In dieselbe Richtung weist die Abschaffung des Priesterzölibats durch die protestantische Kirche und die Einsetzung des „bürgerlich-protestantischen Pfarrhauses" (Troeltsch 1958, Seite 144)[4], der Troeltsch weitreichende soziale Folgen zuschrieb. Der Pastor konnte jetzt im Gegensatz zum Priester im Zölibat seiner Gemeinde konkrete Beispiele in Fragen der Kindererziehung geben bzw. vorleben. Damit war der soziale Mechanismus gegeben, durch den die neue religiöse Weltanschauung auf spezifische Weise die gesellschaftliche Eingliederung und damit auch die Motive der jungen Generation beeinflussen konnte.

Anmerkungen

1) Anm. d. Übers.: Zitiert nach Max Weber: Die protestantische Ethik und der Geist des Kapitalismus. Im Jafféschen „Archiv für Sozialwissenschaft und Sozialpolitik", J. C. B. Mohr, Tübingen 1904, Band XX, S. 31.
2) Anm. d. Übers.: Zitiert nach Max Weber, 1905, a.a.O., Bd. XXI, S. 24/25.
3) Anm. d. Übers.: Zitiert nach „Institutio christianae religionis, übersetzt von Otto Weber", Neukirchen 1959, Abgedruckt im Corpus reformatorum, Bd. 2.
4) Anm. d. Übers.: Zitiert nach Ernst Troeltsch: „Die Bedeutung des Protestantismus für die Entstehung der modernen Welt", 2. erweiterte Auflage, Historische Bibliothek, Bd. 24, 1911 (Neudruck bei Otto Zeller, Aalen, 1963).

Die Entwicklung des Leistungsstrebens

Gustav Grauer

Uninteressiert und faul — das sind durchaus geläufige Attribute für Kinder, die den in der Schule an sie gestellten Leistungsanforderungen nicht in dem Maße nachkommen, wie es von ihnen erwartet wird. Solche Beurteilungen haben leicht moralisierenden Charakter, indem sie unterstellen, es hinge entscheidend vom „guten Willen" des Schülers ab, wie stark seine Strebsamkeit und sein Interesse an schulischen Aufgaben ausgeprägt sind.

Der folgende Bericht versucht nachzuweisen, daß Leistungsstreben weder eine angeborene Tugend, noch eine Frage der kindlichen Moral ist, sondern weitgehend ein Ergebnis von unterschiedlichen Erziehungseinflüssen des Elternhauses darstellt. Daß diese unterschiedlichen Auswirkungen der elterlichen Erziehung auf die Entwicklung des Leistungsstrebens nicht nur für den schulischen Erfolg von Bedeutung sind, wird durch zahlreiche empirische Untersuchungen bestätigt.

Folgen wir diesen Forschungsergebnissen, so weisen Menschen mit hoher Leistungsmotivation gewöhnlich auch Selbstvertrauen auf, schätzen Verantwortung, haben ein besseres Gedächtnis für unerledigte Aufgaben, erzielen gute Prüfungsergebnisse und wählen eher Fachleute als Freunde und zu ihren Arbeitspartnern. Leistungsmotivierte Personen haben weniger Scheu vor Risiken und Schwierigkeiten in Situationen, die sie aus eigener Kraft meistern können und erweisen sich gegenüber äußerem sozialen Druck als widerstandsfähiger.[1]

Der individuell sehr unterschiedlich ausgeprägte Wunsch, in leistungsbezogenen Situationen erfolgreich abzuschneiden und erwünschte Leistungsziele zu erreichen, kann als ein grundlegendes und zentrales Motiv im menschlichen Verhalten angesehen werden und ist ohne Zweifel auch „ein Schlüsselmotiv im Bildungsprozeß des Heranwachsenden und seinem späteren Berufsschicksal."[2]

Die elterlichen Einflüsse auf die Entwicklung des kindlichen Leistungsverhaltens und Leistungsstrebens verdienen aus verschiedenen Gründen eine besondere Aufmerksamkeit:

- Die Leistungsmotivation wird zu einem entscheidenden Anteil bereits im Vorschulalter, im 4. und 5. Lebensjahr, ausgeprägt, also zu einem Zeitpunkt, in dem die Eltern nahezu konkurrenzlos den Mittelpunkt der kindlichen Lebenserfahrungen bilden.

- Die primär durch den elterlichen Einfluß erworbenen Leistungsmotivationen äußern sich nicht nur zu Hause und gegenüber den Eltern, sondern bestimmen das Verhalten auch in unterschiedlichen Situationen (Kindergarten, Schule, unbeaufsichtigtes Spiel) und gegenüber verschiedenen Personen (Lehrer, Spielkameraden).[3]
- Die individuellen Ausprägungen des Leistungsverhaltens erweisen sich von der frühen Kindheit (etwa dem 4. Lebensjahr) bis über die gesamte Schulzeit hin als außerordentlich stabil. Es ist sogar möglich, bereits aus dem Leistungsverhalten von zehn- bis vierzehnjährigen Jungen und Mädchen das des künftigen Erwachsenen vorauszusagen.[4]

Was ist „Leistungsmotivation“?

Die Erforschung der Leistungsmotivation wurde entscheidend von David McClelland angeregt. Nach MacClelland gehen aus allgemeinen Erfahrungen beim Lösen von Problemen — wie dem Erlernen des Gehens, Sprechens, Lesens, Schreibens usf. — bestimmte Erwartungen hervor. Die Erwartungen hinsichtlich solcher Aufgaben schließen bestimmte *Gütemaßstäbe* (standards of excellence) ein: sie können rasch und geschickt oder unbeholfen und langsam erledigt werden. Zur Herausbildung stärkerer Leistungsmotive muß das Kind beginnen, die Durchführung einer Tätigkeit oder die eigene Tüchtigkeit bezüglich solcher Gütemaßstäbe zu erleben, so daß Abweichungen von diesen Qualitätsstandards positive oder negative Effekte hervorbringen.[5]

In Anlehnung an McClelland definiert Heckhausen *Leistungsmotivation* kurz als „das Bestreben, die persönliche Tüchtigkeit in allen jenen Tätigkeiten zu steigern oder möglichst hochzuhalten, in denen man einen Gütemaßstab für verbindlich hält und deren Ausführung deshalb gelingen oder mißlingen kann.“[6]

Es besteht nicht notwendigerweise eine Verbindung zwischen hoher Leistungsmotivation und besserer Durchführung einer Handlung. Erfordert die Lösung einer Aufgabe bloße Routinefertigkeiten oder winkt bei ihrer Erledigung eine unmittelbare äußere, z. B. materielle Belohnung, so können Personen mit anderen Motiven genausogut oder besser abschneiden, denn das Leistungsmotiv ist unter solchen Bedingungen nicht „engagiert“. Personen mit starken Leistungsmotiven suchen Situationen, in denen sie Leistungsbefriedigung finden können,

in denen sie von eigenen Leistungsnormen anstatt von situationsbedingten äußeren Reizen angeregt werden.[7]
Für die Einstellung des Kindes zur Schule und für die dort gezeigten Leistungen ist es nun von entscheidender Bedeutung, daß die Schule eine Fülle von *„aufgaben-orientierten" Bedingungen* bereitstellt, die es hochmotivierten Schülern außerordentlich erleichtern, sich zu engagieren.
Vor allem der im Elternhaus vermittelte Wunsch, Aufgaben besser und schneller zu erledigen als andere, die Befriedigung, sich intensiv und möglichst ohne fremde Hilfe um Leistungen zu bemühen, die Erfahrung, daß gute Leistungen zu Anerkennung und schlechte zu Mißbilligung führen, all dies sind wesentliche Erfolgskriterien in einem Schulsystem, das solche Einstellungen und Motive für ein erfolgreiches Vorankommen voraussetzt oder zumindest aber äußerst positiv bewertet.

Entstehung des Leistungsstrebens

Wie kommt es nun zur Entwicklung eines Leistungsbedürfnisses im Kind? Die Entstehung von Motiven, die sich in den ersten drei Lebensjahren entwickeln, ist noch weitgehend unerforscht. Die im Kleinkindalter zu beobachtenden Phänomene des „Selbermachenwollens", „das hartnäckige Bestehen auf dem Anspruch, gerade solche Tätigkeiten ohne fremde Hilfe auszuführen, die noch nicht völlig beherrscht werden" (wie die ersten unsicheren Stadien des Löffelführens, Anziehens, des Balancierens auf Mauerkronen), sind noch nicht im eigentlichen Sinne leistungsmotiviert.[8]
Die ersten Anzeichen eines Leistungsstrebens wurden im 4. Lebensjahr beobachtet, in einem Alter, in dem Erfolgsfreude und Mißerfolgsbeschämung möglich sind und die Wirkungen des eigenen Handelns als persönliche Tüchtigkeit oder Untüchtigkeit erlebt werden können. Nach einem weiteren Lebensjahr, mit viereinhalb Jahren, weisen die Kinder dann bereits deutliche individuelle Unterschiede bei der Bewältigung solcher *Konflikte zwischen Erfolgswunsch und Mißerfolgsmeidung* auf. Sie zeigen unterschiedliche Bevorzugungen in der Wahl bestimmter Schwierigkeitsgrade, sind also *entscheidungsfähig* und treffen diese Entscheidungen in Übereinstimmung mit ihrem sich zunehmend herausbildenden *Anspruchsniveau.*[9]
Die bereits in den frühen Lebensjahren festzustellenden und sich weiterhin verstärkenden Unterschiede in der Ausprägung der kindlichen Leistungsmotivation sind im wesentlichen auf unterschiedliche Ein-

flüsse der Eltern zurückzuführen. Den entscheidenden Anstoß zur Untersuchung dieser Einflüsse gab Marian Winterbottom, die Mütter von 8- bis 10jährigen Jungen mit unterschiedlicher Leistungsmotivation befragte, in welchem Alter sie an ihre Kinder bestimmte Anforderungen stellen und ihnen bestimmte Beschränkungen auferlegen.[10]

Routinefertigkeiten ohne Bedeutung

Winterbottoms Erhebung erstreckte sich auf drei unterscheidbare, aber eng zusammenhängende Bereiche: Selbständigkeit, eigenständiges Leistungsstreben und die Eltern entlastende Routinefertigkeiten.

Ihre wichtigsten Ergebnisse sind: Die Mütter „Hochmotivierter" tendieren dazu, von ihren Söhnen zu einem früheren Zeitpunkt Selbständigkeit und Selbstverantwortung zu erwarten als die Mütter von Söhnen mit geringerem Leistungsstreben, sie belohnen erfolgreiche Handlungen mit mehr Anerkennung und zärtlicher Zuneigung und bestehen insgesamt auf weniger Beschränkungen der kindlichen Handlungs- und Entscheidungsfreiheit. Allerdings mußten die Beschränkungen, die Mütter von Söhnen mit hoher Leistungsmotivation auferlegten, schon in einem früheren Alter befolgt werden, wobei der Beginn der Selbständigkeitserziehung jedoch vor den Beschränkungen einsetzte.

Heckhausen und Kemmler[11] könnten in einer Mütter-Befragung deutscher Schulanfänger diese Ergebnisse stützen. Die Autoren folgern, daß die Entstehung der seelisch-sozialen Schulreife entscheidend von der mütterlichen Erziehungshaltung und besonders vom Wert, den sie der Selbständigkeitserziehung beimessen, abhängt.

„Mütter seelisch-sozial schulreifer Lernanfänger erwarten oder wünschen früher eine ‚kindzentrierte' Selbständigkeit und Entscheidungsfreiheit von ihren Söhnen als Mütter seelisch-sozial nicht-schulreifer Lernanfänger. Dagegen unterscheiden sich beide Müttergruppen nicht in dem Zeitpunkt, in dem sie von ihren Söhnen Selbständigkeit in der Beherrschung von Routinefertigkeiten und in der Erfüllung von Pflichten erwarten. Diese Art von ‚Selbständigkeit', die sich in festen Ausführungsgewohnheiten darstellt, wird von der kindzentrierten Selbständigkeit als der eigentlich motivbildenden abgegrenzt."[12]

Erziehungsverhalten und Leistungsmotivation

Eine der grundlegendsten Untersuchungen der Zusammenhänge zwischen Erziehungspraktiken und Leistungsmotivation wurde Rosen und

D'Andrade[13] durchgeführt. Sie verließen sich nicht auf die Angaben der Mütter darüber, wie sich diese ihren Kindern gegenüber verhalten, sondern beobachteten die Eltern-Kind-Beziehungen unmittelbar in experimentellen häuslichen Situationen. Sie wollten feststellen, wie sich beide Eltern gegenüber ihren Söhnen verhielten, während diese bestimmte Leistungsaufgaben zu bewältigen hatten.

Die ausgewählten Jungen waren 9—11 Jahre alt, nach Intelligenz und sozialer Schicht aufeinander abgestimmt und bildeten zwei gleich große Gruppen mit jeweils einem sehr hohen bzw. sehr niedrigen Grad der Leistungsmotivation. Die insgesamt fünf Problem-Lösungsaufgaben waren so angelegt, daß sie z. B. Aufschluß über das Anspruchsniveau der Eltern gegenüber dem Sohn und über ihr Vertrauen in seine Leistungsfähigkeit geben konnten: Die Eltern mußten einschätzen, wieviel unregelmäßig geformte Bauklötze ihr Sohn mit verbundenen Augen und mit nur einer Hand aufeinandertürmen konnte; vorher wurde ihnen gesagt, wie hoch im Durchschnitt ein Junge einen solchen Turm bauen kann. Die Eltern durften, wenn sie es für nötig hielten, Ratschläge geben, aber die Bauklötze nicht berühren.
In anderen Aufgaben wurden die Beteiligung des Jungen an Entscheidungsprozessen der Eltern, die ihn selbst betrafen, beobachtet und die Gütemaßstäbe, die dem Sohn auferlegt wurden, festgehalten. So mußte die Familie gemeinsam eine Entscheidung darüber herbeiführen, aus welcher Entfernung der Junge Ringe über einen Pflock werfen sollte.

Die Ergebnisse geben weitreichende Aufschlüsse über das unterschiedliche Erziehungsverhalten von Familien, deren Söhne entweder eine sehr hohe oder eine sehr niedrige Leistungsmotivation besitzen.

- Die Eltern hochmotivierter Söhne stellten eindeutig höhere Erwartungen an deren Leistungsfähigkeit als die Eltern der Niedrigmotivierten. Die Intensität des kindlichen Leistungsstrebens und ihr Selbstvertrauen in Leistungen ohne fremde Hilfe hing eng mit der Höhe des elterlichen Anspruchsniveaus zusammen.
- Mit unterschiedlichen Leistungsanforderungen ging auch eine unterschiedliche gefühlsmäßige Beteiligung der Eltern an den Leistungen, Erfolgen und Mißerfolgen der Kinder einher: Nach erfolgreichen Handlungen zeigten die Eltern, besonders die Mütter „Hochmotivierter", bedeutend mehr ‚Wärme' (glücklichzufriedenes, scherzendes und entspanntes Verhalten) und weniger ‚Zurückweisung' (Ablehnung, Gereiztheit, Spannungen), wenn ihre Erwartungen nicht voll erfüllt wurden.
- In der Art ihrer Autoritätsausübung unterschieden sich nicht nur die Eltern von hoch- oder niedrigmotivierten Kindern, sondern auch Vater und Mutter deutlich voneinander; die Auswirkungen auf die Kinder hingen davon ab, welcher Elternteil das dominante

oder antreibende Verhalten zeigte. Mütter von Hochmotivierten zeigten nicht nur mehr Wärme, sondern äußerten auch heftiger ihre Kritik und Mißbilligung, sie waren insgesamt stärker an den Leistungsbemühungen ihrer Söhne innerlich beteiligt als die wohlwollend-distanziert verbleibenden Väter, die ihre Söhne lieber zu selbständiger Durchführung der Handlungen ermunterten. Umgekehrt war es bei Söhnen mit niedriger Leistungsmotivation: beide Eltern erwarteten hier nicht nur geringere Leistungsanforderungen, erwiesen weniger Anteilnahme und Belohnungen, zugleich waren auch die Mütter distanzierter, die Väter aber dominanter und autoritärer.

- Verallgemeinernd folgern Rosen und D'Andrade aus ihren Ergebnissen: Die Entwicklung hoher Leistungsmotivation hängt stärker vom *Leistungstraining*, d. h. der Anforderung, Dinge gut zu tun, ab als vom *Selbständigkeitstraining*, d. h. Aufgaben selbstverantwortlich und ohne elterliche Kontrolle zu erledigen. Für die optimale Entfaltung des Leistungsstrebens sind verschiedene Erziehungsstile von Vater und Mutter die Vorbedingung: eine innerlich stark beteiligte Mutter, die hohe Anforderungen stellt, Erfolg mit herzlicher Anteilnahme belohnt und bei Mißerfolg antreibt und tadelt, auf der anderen Seite ein Vater, der dem Sohne ein hohes Maß an Selbständigkeit gewährt und sein Selbstvertrauen stärkt. Söhne scheinen eher in der Lage zu sein, dominantes und abweisendes Verhalten der Mütter zu akzeptieren, während ein autoritärer Vater die Entfaltung des Leistungsstrebens ebenso hemmt, wie eine nur verwöhnende oder überbesorgte Mutter.

Diese These konnte Rosen durch eine Untersuchung belegen, in der die Zusammenhänge zwischen Erziehungspraktiken und Leistungsmotivation in den USA und Brasilien verglichen wurden. In der autoritären, vaterzentrierten Familienstruktur Brasiliens wird dem Leistungs- und Selbständigkeitstraining sowenig Bedeutung beigemessen, daß die durchschnittlichen Meßwerte der kindlichen Leistungsmotivation in sämtlichen amerikanischen Sozialschichten höher lagen als in irgendeiner Sozialschicht in Brasilien. Neben der extremen Betonung der Unterordnung unter die väterliche Autorität erwies sich hier die nachsichtig-verwöhnende und zugleich überbeschützende Erziehungshaltung der Mutter als entscheidendes Hemmnis für die Herausbildung einer starken Leistungsmotivation.[14]

Die Auswirkungen des elterlichen Leistungstrainings, die Rosen bei 9- bis 11jährigen untersuchte, sind bereits in einem sehr viel früheren Alter sichtbar. Kinder, die im Alter von 3 bis 5 Jahren von ihren Müttern zur Erprobung ihrer Leistungsfähigkeit ermuntert und häufig belohnt wurden, neigten sowohl zu Hause wie im Kindergarten zu leistungsorientierten Spielen und zeigten größere Initiative beim

Malen, Zeichnen und Bücherlesen. Diese ‚leistungs-belohnenden' Mütter tendierten dazu, das kindliche Ersuchen um Hilfe zu ignorieren, aber sie belohnten das Kind, wenn es um Anerkennung für vollbrachte Leistungen ersuchte.[15]

Die Auswirkungen des „Familien-Klimas"

Bisher wurden vor allem die Einflüsse belohnender und strafender, regulierender und einschränkender Maßnahmen der Eltern auf die Entwicklung des Leistungsstrebens betrachtet. Die Wirksamkeit dieser Einflüsse kann weiterhin durch das allgemeine familiäre Erziehungsklima verstärkt werden. Morrow und Wilson[16] untersuchten die Familienbeziehungen von hochintelligenten Oberschülern, von denen eine Hälfte ausgezeichnete, die andere schlechte Schulleistungen aufwies. Bei gleich hoher Intelligenz konnte die Schulleistung als Kriterium der Leistungsmotivation angesehen werden.
Es ergab sich, daß die Eltern der guten Schüler häufiger ihre Freizeit zusammen mit ihren Kindern verbrachten, größeren Anteil an ihren Tätigkeiten und Gedanken nahmen, hinsichtlich der kindlichen Leistungen und Handlungen mehr Vertrauen, Anerkennung, Zärtlichkeit und Ermunterung zeigten, ohne Druck auszuüben. Zugleich wiesen diese Schüler einen höheren Grad an Übereinstimmung mit den elterlichen Werten auf. In allen diesen Bereichen waren die Unterschiede in den Familienbeziehungen der guten und schlechten Schüler hochsignifikant. Eine weiterführende Analyse ergab, daß die geschilderten günstigen Familienbeziehungen zugleich positive Einstellungen der Kinder gegenüber Lehrern, Schule und geistigen Beschäftigungen hervorriefen, was wiederum zu verstärkten schulischen Leistungsbemühungen führte.
Im Gegensatz zu den bisher berichteten Ergebnissen liegen einige Daten darüber vor, daß auch ‚negative' elterliche Erziehungspraktiken — wie starker Druck, abweisende oder überbeschützende Haltungen — zu guten Schulleistungen führen können. Hoffmann, Rosen und Lippitt[17] untersuchten Zusammenhänge zwischen elterlichem Strafverhalten und Schulleistung. Sie kamen zu dem — nach den bisherigen Ausführungen überraschenden — Ergebnis, daß stark abweichendes und strafendes Verhalten der Eltern zu guten Schulleistungen führt, wenn es mit der Bereitschaft gekoppelt ist, den Kinder viele Gelegenheiten für selbständiges Handeln einzuräumen.
Die Angaben über die elterlichen Erziehungspraktiken wurden in dieser Erhebung allerdings nicht durch Beobachtung oder Befragung

der Eltern gewonnen, sondern stützten sich darauf, wie die Kinder das Verhalten ihrer Eltern wahrgenommen haben. Ferner mußten die Kinder das Erziehungsverhalten der Eltern gemeinsam und nicht getrennt für Vater und Mutter einschätzen, so daß ein Vergleich mit den bisher betrachteten Forschungsergebnissen sehr schwierig ist.

Die Autoren vermuten, daß abweisend-strenges Elternverhalten im Kind ein Bedürfnis nach Selbstbehauptung hervorruft. Häufig gewährte Handlungsfreiheit in Situationen ohne elterliche Kontrollen verstärkt zugleich das kindliche Selbstvertrauen und erleichtert damit die Befriedigung der Bedürfnisse, die aus der elterlichen Zwangsausübung entstehen. Kinder, in deren Urteil diese beiden Elterneinflüsse am stärksten ausgeprägt waren, erwiesen sich nicht nur in ihren schulischen Leistungen besser als die nachsichtiger erzogenen Kinder, sondern behaupteten sich auch in anderen sozialen Bereichen erfolgreicher gegenüber ihren Klassenkameraden.

Ergebnisse und Fragen

Abgesehen von den letzten Untersuchungen ergänzen und bestätigen sich die herangezogenen Arbeiten in den entscheidenden Ergebnissen: als günstig für die Entwicklung eines motivierten Leistungsstrebens erwiesen sich positive Eltern-Kind-Beziehungen, ein hohes Anspruchsniveau, ein früh einsetzendes Selbständigkeits- und Leistungstraining, das aber nicht mit zu massivem Leistungsdruck einhergehen darf[18], Bekräftigung für gezeigte Leistungen und Verzicht auf autoritär-beschränkende wie auf bloß verwöhnend-nachsichtige Erziehungshaltungen.

Trotz dieser Übereinstimmung verbleiben noch eine Reihe offener Fragen bis zu völlig gesicherten Aussagen über die Wirkungen elterlicher Erziehungseinflüsse auf die kindliche Leistungsmotivation. Es kann vermutet werden, daß die optimalen Bedingungen, unter denen leistungsthematische Orientierungen von den Eltern auf ihre *Söhne* übertragen werden, nicht unbedingt in gleicher Weise für *Töchter* Geltung haben.[19] Zu diesem Problem liegt noch wenig Material vor, vermutlich, weil innerhalb der geltenden sozialen und kulturellen Normen Leistungstüchtigkeit vor allem beim männlichen Geschlecht hoch bewertet wird und die Aufmerksamkeit der Forschung sich daher in diesem Bereich stärker auf Jungen richtete.

Verschiedene Forscher haben darauf hingewiesen, daß das Modell des *„Bekräftigungslernens durch erzieherische Sanktionen“*[20], nach dem die Mutter gewöhnlich ihren Kindern Leistungstüchtigkeit vermittelt, für die Rolle des Vaters nicht zutrifft. Denn der optimale Beitrag des Vaters liegt gerade in seiner wohlwollenden Distanziertheit und nicht im unmittelbar belohnenden oder bestrafenden Eingreifen. Die Wirksamkeit des Vaters ist daher nicht mit dem Prinzip des Bekräftigungslernens zu erklären. Vielmehr kann angenommen werden, daß bei einer liebevollen Beziehung der Vater als ein Vorbild wirkt, das die Kinder nachahmen und mit dem sie sich identifizieren wollen. Es handelt sich also um einen Vorgang des *Identifikations- oder Imitationslernens,* wobei „günstige Sozialbeziehungen zu erwachsenen Vorbildern von begehrenswertem Status zur Übernahme ganzer Verhaltensmuster und Einstellungen durch bloße Beobachtung (führen).“[21]
Argyle und Robinson[22] haben die Hypothese, daß Identifikationsvorgänge neben dem Bekräftigungslernen zur Vermittlung des Leistungsstrebens beitragen, an 500 Oberschülern überprüft, bei denen die Stärke der Leistungsmotivation und ihr Urteil über den Grad der Leistungsorientierung ihrer Eltern erhoben wurde. Die Leistungsmotivation der Kinder stand in einem positiven Zusammenhang mit der Leistungsorientierung des gleichgeschlechtlichen Elternteils, die engste Beziehung ergab sich hierbei zwischen Sohn und Vater. Die höchste Leistungsmotivation wiesen Kinder auf, die ihre Eltern als stark leistungsorientiert einschätzten und sich zugleich am stärksten mit ihren Eltern identifizierten.

Diese Untersuchung weist auf eine Fragestellung hin, der bisher wenig Aufmerksamkeit geschenkt wurde. Die meisten Arbeiten über Familienerziehung konzentrierten sich darauf zu untersuchen, wie Eltern ihre Kinder erziehen, welche Einstellungen sie mit ihrem Erziehungsverhalten verbinden und welche Auswirkungen dies auf die kindliche Entwicklung hat. Sehr viel weniger wurden demgegenüber die Eltern selbst beachtet, ihre eigenen Leistungsbemühungen und ihre auf sich selbst bezogenen Einstellungen. Gerade diese Faktoren erweisen sich jedoch unter dem Gesichtspunkt der elterlichen Vorbildfunktion als sehr bedeutsam für den Verlauf des kindlichen Sozialisationsprozesses.

Katkovsky, Preston und Crandall sind diesen Fragen in zwei Studien nachgegangen. Sie untersuchten, in welcher Weise die Leistungserwartungen, die Eltern an sich selbst stellen, einen Einfluß auf die Einschätzung der Leistungen ihrer Kinder ausüben.[23] 40 Elternpaare wurden über ihre Einstellungen zu vier Leistungsbereichen eingehend befragt, und zwar hinsichtlich musischer, handwerklicher, intellektueller und körperlicher Tüchtigkeit. Es wurde deutlich, daß die Eltern im allgemeinen die gleichen Leistungsansprüche an ihre Kinder herantragen wie an sich selbst und daß sie die kindliche Leistungsfähigkeit daran messen, wie sie ihr eigenes Leistungsvermögen einschätzen.

Diese Übereinstimmung ist hinsichtlich der körperlichen Tüchtigkeit am geringsten, vermutlich, weil die Eltern in diesem Bereich über die objektivsten Informationen für eine realistische Beurteilung unabhängig von ihrer eigenen körperlichen Leistungsfähigkeit verfügen. Außerdem waren die Erwartungen an das Leistungsverhalten der Söhne enger mit der elterlichen Selbstbeurteilung verbunden, als es für die Töchter der Fall war.

In einer anschließenden Untersuchung[24] wiesen die Autoren nach, daß die leistungsorientierten Wertungen und Erwartungen, die die Eltern an sich selbst stellen, auch weitgehend das Erziehungsverhalten gegenüber ihren Kindern bestimmen. Einige der wichtigsten Ergebnisse, die ebenfalls durch Befragung von Eltern gewonnen wurden, lauten:

- Je höheren Wert Väter auf ihre eigenen intellektuellen Fähigkeiten legen, um so häufiger nehmen sie an leistungsbezogenen Aktivitäten ihrer Kinder teil, um so mehr versuchen sie, entsprechende Anregungen zu geben und um so ausgeprägter reagieren sie lobend oder tadelnd auf die kindlichen Leistungsbemühungen.
- Je größere Erwartungen die Eltern an eigene erfolgreiche Leistungsbemühungen stellen, um so häufiger ist ihre Teilnahme an den entsprechenden Tätigkeiten ihrer Kinder.
- Einige der Ergebnisse deuten darauf hin, daß Eltern ihre Kinder in solchen Bereichen besonders unterstützen, in denen sie mit ihren eigenen Leistungen unzufrieden sind. Dieser Zusammenhang wurde jedoch nur hinsichtlich musischer und körperlicher Tüchtigkeiten, nicht aber für den intellektuellen Bereich festgestellt.

Die leistungsthematische Wertorientierung der Eltern ist nach diesen Befunden in zweifacher Weise für die Entwicklung des kindlichen Leistungsstrebens bedeutsam: Zum einen bestimmt das Bild, das die Eltern von sich selbst haben, weitgehend die Art und das Ausmaß der Erziehungsanforderungen an die Kinder, zum anderen können Leistungsorientierungen der Eltern durch ihre Vorbildwirkung an die Kinder weitervermittelt werden.

In der bisherigen Analyse haben wir uns auf die unterschiedlichen leistungsthematischen Werthaltungen und Erziehungspraktiken der Eltern und ihre Auswirkungen auf die Intensität des kindlichen Leistungsstrebens beschränkt. Daß diese unterschiedlichen Werthaltungen, Einstellungen und Verhaltensweisen nicht der individuellen Beliebigkeit der Eltern unterliegen, sondern weitgehend aus den in den verschiedenen sozialen Schichten unterschiedlichen Lebensbedingungen und Erfahrungen resultieren, wurde bereits eingehend dargestellt.[25]

Insgesamt zeigt sich eine auffällige Ähnlichkeit der Werte und Erziehungsmethoden der Mittelschicht mit den Bedingungen, die sich für die Herausbildung eines hohen Leistungsstrebens als günstig erwiesen haben. Tatsächlich sind diese Zusammenhänge durch eine Fülle von empirischen Untersuchungen bestätigt worden: mit steigendem sozialen Status nimmt die im Verlauf des familiären Erziehungsprozesses verinnerlichte Leistungsmotivation deutlich zu.[26]

Welchen Einfluß hat nun das in den oberen Sozialschichten stärker ausgeprägte Leistungsstreben auf den schulischen und beruflichen Erfolg? Eine der grundlegensten Untersuchungen zu dieser Frage hat Rosen[27] durchgeführt. Er geht von der Überlegung aus, daß sich eine hohe Leistungsmotivation, das Streben nach ausgezeichneten Leistungen, auf sehr unterschiedliche Handlungen beziehen kann und nicht zwangsläufig in guten Schulleistungen resultieren muß. „Auch Menschen mit hohem Leistungsstreben müssen, bevor sie es überhaupt realisieren können, die Voraussetzungen für erfolgreiches Handeln erwerben, sich Fertigkeiten und Wissen aneignen und zu Opfern und Verzichten fähig sein. Ob eine Person dazu aber bereit ist oder nicht, hängt von ihren Wertorientierungen ab!“[28]

In einer Stichprobe von 120 Oberschülern erhob Rosen die Stärke der Leistungsmotivation und grundlegende Wertorientierungen. Bei diesen Wertorientierungen handelt es sich um kulturell vermittelte Faktoren, welche die Ziele bestimmen, auf die sich das Leistungsstreben richten kann und die eine Umsetzung des Leistungsstrebens in Handlungen möglich machen. Rosen befragte die Schüler nach ihren Wertorientierungen in folgenden Dimensionen:

1. *aktivistische-passivistische Orientierung;* diese Alternative betrifft das Ausmaß, in dem ein Individuum darauf vertraut, seine Lebensumstände aus eigener Kraft verändern zu können.
2. *Gegenwarts-Zukunfts-Orientierung;* diese Alternative erfaßt die Einstellungen zur Zukunft und daraus resultierende Verhaltensweisen. Während ‚gegenwarts-orientierte‘ Personen an unmittelbar wirksamen und besonders an materiellen Belohnungen interessiert sind, vertrauen die

‚zukunfts-orientierten‘ auf langfristige Planung und sind von der Notwendigkeit überzeugt, zugunsten späterer Ziele zeitweilige Opfer auf sich zu nehmen.

3. *familistische-individualistische Orientierung;* diese Alternative beschreibt die Beziehung des Individuums zu seiner Familie, sie betrifft die Intensität, mit der eine Person wünscht, in der Nähe der Herkunftsfamilie wohnen zu bleiben, bzw. zu enge Familienbindungen zugunsten der eigenen Mobilität aufzulösen bereit ist.

Rosen kommt zu dem Ergebnis, daß die Anzahl der Schüler mit *„aktivistischen“*, *„individualistischen“* und *„zukunfts-orientierten“* Werten in den oberen Sozialschichten sehr signifikant größer war. Die Auswirkung dieser schichtspezifischen Wertorientierung konnte Rosen am Wunsch der Schüler nach weiterführendem Schulbesuch nachweisen. Dieser Wunsch hängt nicht mit der Stärke der gemessenen Leistungsmotivation, wohl aber mit den für die höheren Sozialschichten charakteristischen Wertdispositionen zusammen. Das bedeutet, daß selbst für Schüler der Unterschicht mit sehr hoher Leistungsmotivation der Wunsch nach einem akademischen Studium gewöhnlich außerhalb seines Anspruchsniveaus liegt, da ihnen in ihrer Erziehung die entsprechenden zukunftsgerichteten Zielsetzungen nicht vermittelt wurden. Dieser Problemstellung wird, wie Heckhausen vermutet, bei allen Bemühungen und Diskussionen um eine „Mobilisierung der Begabungsreserven“ viel zu wenig Rechnung getragen.[29]

Die entscheidenden Ergebnisse dieser Studie lauten zusammengefaßt:

- Schüler mit hoher Leistungsmotivation erzielen bessere Schulleistungen.
- Schüler mit zukunfts-orientierten und auf die individuelle Tüchtigkeit vertrauenden Wertorientierungen haben erheblich häufiger den Wunsch nach weiterführendem Schulbesuch.
- Sowohl diese Wertorientierungen wie intensives Leistungsstreben sind in der Mittelschicht häufiger zu finden als in der Unterschicht.
- Die relativ wenigen Schüler der Unterschicht, die ein akademisches Studium anstreben oder sehr gute Schulleistungen aufweisen, haben sich in ihren Wertorientierungen und in ihrem Leistungsstreben offenkundig den Normen der Mittelschicht angepaßt.

Da die Ergebnisse der wichtigsten Untersuchungen, die die Aussagen von Rosen unterstützen, in Rolffs Arbeit „Sozialisation und Auslese durch die Schule“ ausführlich referiert und damit leicht zugänglich wurden, wird hier nicht näher darauf eingegangen. Ein Ergebnis von Rosen, dem sich Rolff anschließt, ist jedoch noch umstritten: wie eine Reihe von Forschern vor ihm stellt Rosen fest, daß die stärkere Zukunftsorientierung ein für die Mittelschicht typisches Verhaltensmuster von stark normativem Charakter

ist. Dieses Verhaltensmuster bezeichnet die Fähigkeit, auf unmittelbare Belohnungen zugunsten späterer, nachhaltiger Belohnungen zu verzichten.
Dieser „Aufschub von Befriedigung" kann sich ebenso auf materielle Bedürfnisse (Konsum, finanzielle Unabhängigkeit) wie auf zwischenmenschliche Bedürfnisse (Gesellung, Sexualität, Aggression) beziehen. Straus hat die Zusammenhänge zwischen sozio-ökonomischem Status, Aufschub von Befriedigung und Leistungsmotivation an männlichen Oberschülern untersucht und konnte im Gegensatz zu Rosen und anderen keinen gesicherten Zusammenhang zwischen Sozialschicht und zukunftsorientierten Einstellungen feststellen. Jedoch besteht eine hohe Korrelation zwischen dem Verhaltensmuster aufgeschobener Befriedigung und dem Leistungsstreben sowohl hinsichtlich schulischer wie beruflicher Ansprüche.[30]
Die größere Spannweite der Zukunftsperspektive bei Hoch- und Erfolgsmotivierten, für die zeitlich entfernte Ziele einen größeren Aufforderungscharakter besitzen als für Niedrigmotivierte, ist auch von Heckhausen empirisch bestätigt worden.[31] Gesichert erscheint also bisher nur, daß das Leistungsstreben sowohl mit der Schichtenzugehörigkeit wie mit der Fähigkeit, einen zeitlichen Aufschub von Belohnungen tolerieren zu können, im Zusammenhang steht.

Leistungsstreben und IQ

Die bisher herangezogenen Arbeiten haben positive Zusammenhänge zwischen Sozialschicht, Leistungsmotivation und Leistungsbewährung in der Schule aufgewiesen. Die typische Mittelklassenerziehung vermittelt das stärkere Leistungsstreben, aufstiegs- und zukunftsbezogene Wertorientierungen und damit ein höheres schulisches und berufliches Anspruchsniveau. Demgegenüber motivieren die Eltern der Unterschicht ihre Kinder weniger dazu, Aufstiegs- und Ausbildungsmöglichkeiten wahrzunehmen und die in der Schule geforderten Leistungsansprüche zu erfüllen; der Wert weiterführender Ausbildung liegt gewöhnlich außerhalb ihres Erfahrungshorizontes.
Es bleibt zu fragen, ob neben den unterschiedlichen Verhaltensnormen, Lebensgewohnheiten und daraus resultierenden Erziehungsinteressen in den verschiedenen sozialen Schichten weitere Faktoren wirksam sind, die den engen Zusammenhang zwischen Ausbildungschancen, Leistungsbewährung und sozio-ökonomischem Status erklären können.
Bruckman[32] untersuchte, wieweit eine Reihe wichtiger sozialer und psychischer Faktoren mit der Leistungsmotivation verbunden sind. Eine seiner Fragen lautete: Unterscheiden sich Kinder aus unterschiedlichen Sozialschichten auch dann noch in ihrem leistungsorientierten

Verhalten, wenn man ihre unterschiedliche intellektuelle Leistungsfähigkeit in Rechnung stellt?

Bruckman erhob von 383 männlichen und weiblichen Schülern im Alter von 9 bis 11 Jahren den sozial-ökonomischen Status nach dem Beruf des Vaters und stellte die Höhe der Leistungsmotivation nach dem McClelland'schen Testverfahren fest. Über jeden Schüler lagen außerdem die Ergebnisse eines Intelligenztestes vor.

Die statistische Analyse der Daten bestätigte den positiven Zusammenhang zwischen Schichtzugehörigkeit und Leistungsmotivation. Wenn allerdings die unterschiedliche intellektuelle Leistungsfähigkeit der Kinder aus unterschiedlichen Sozialschichten berücksichtigt wurde, war dieser positive Zusammenhang nicht mehr festzustellen. Nach diesem Ergebnis zeigen also Kinder mit gleich hohem Intelligenzquotienten in den verschiedenen Sozialschichten *keine* unterschiedliche Höhe der Leistungsmotivation. Als entscheidender Faktor für die Stärke der Leistungsmotivation, dessen Einfluß alle anderen Faktoren in ihrer Wirksamkeit übertrifft, erweist sich nach dieser Untersuchung die Höhe des Intelligenzquotienten. Wie weit läßt sich dieses Ergebnis verallgemeinern?

Verschiedene Untersuchungen haben den engen Zusammenhang zwischen Intelligenzhöhe und Leistungsmotivation aufgewiesen, wichtig sind vor allem die Beiträge des *Fels Research Institute,* das in Längsschnitt-Studien die Persönlichkeitsentwicklung von 89 Kindern von ihrer Geburt an bis zum 30. Lebensjahr verfolgte.[33] Nach den dort gewonnenen Ergebnissen ist es sehr viel wahrscheinlicher, daß eine *Wechselwirkung zwischen Intelligenz und Leistungsmotivation* besteht, als daß Intelligenz der entscheidende verursachende Faktor der Leistungsmotivation ist. Es zeigt sich nämlich, daß bei hochmotivierten Kindern im Alter von 6 bis 15 Jahren der Intelligenzquotient weiter ansteigt, während er bei Niedrigmotivierten gleich bleibt oder fällt. Heckhausen faßt diese Befunde zusammen: „Höhere Begabung begünstigt die Verstärkung der Leistungsmotivation, und hohe Leistungsmotivation trägt zur Entfaltung des Begabungspotentials bei."[34] Da aber sowohl Intelligenz wie Leistungsmotivation mit höherem Sozialstatus ansteigen, bestehen in den höheren Sozialschichten weitaus bessere Voraussetzungen für diese Wechselwirkung.[35]

Die Ergebnisse einer gerade abgeschlossenen, sehr umfangreichen amerikanischen Studie vermitteln uns weitere Aufschlüsse über die sehr diffizilen Zusammenhänge zwischen Sozialschicht, Intelligenz und Leistung. Die beiden Soziologen Sewell und Shah[36] untersuchten schichtspezifische Ansprüche an Qualität und Dauer der Schulausbildung. Die Stärke des Leistungsstrebens wurde von ihnen nicht mit psychologischen Testverfahren festgestellt, sondern daran gemessen, ob Schüler den Wunsch äußern, ein College zu besuchen, ob sie tatsächlich in ein College eingetreten sind und ob sie zu einem erfolgreichen Abschluß gelangt sind.

Das Datenmaterial stammt aus zwei aufeinanderfolgenden Erhebungen. Zunächst wurden mit Fragebögen sämtliche Schüler der Abschlußklassen aller High Schools im US-Staat Wisconsin erfaßt und Angaben über Geschlecht, sozio-ökonomischen Status der Familie (Beruf des Vaters, Schulausbildung beider Eltern, Einkommen und andere Daten der ökonomischen Situation) und über den Wunsch, ein College zu besuchen, gesammelt. Über jeden Schüler lagen außerdem die Ergebnisse eines Intelligenztestes vor. 7 Jahre später wurde in einer Zufallsstichprobe nahezu ein Drittel der ehemaligen Schüler, insgesamt rund 10 000, nachuntersucht, wobei festgestellt wurde, wieweit sie tatsächlich in ein College eingetreten waren und es erfolgreich abgeschlossen hatten. Alle Schüler wurden getrennt nach den Merkmalen Sozialschicht und Intelligenz in vier annähernd gleich große Gruppen aufgeteilt. Da in Wisconsin im Jahre 1960 mehr als 88% aller 16—17jährigen Jugendlichen eine Oberschule besuchten, bot dieser Staat sehr günstige Bedingungen, mit dieser Erhebung repräsentative Aussagen zu gewinnen. Die Daten wurden zahlreichen statistischen Zusammenhangsprüfungen unterzogen, die zu folgenden Ergebnissen führten:

- Es besteht ein deutlicher Zusammenhang zwischen Sozialschicht und Collegebesuch: Von den Jungen aus dem obersten Viertel der Sozialschichtverteilung treten 73% in ein College ein und 42% beenden es erfolgreich. Von den Jungen aus dem untersten Viertel der Sozialschichtverteilung treten aber nur 20,5% in ein College ein und lediglich 7,5% beenden es erfolgreich.

- Es besteht ein deutlicher Zusammenhang zwischen intellektueller Leistungsfähigkeit und Collegebesuch: Von den Jungen aus dem obersten Viertel der Intelligenzverteilung treten 74% in ein College ein und 47% beenden es erfolgreich. Von den Jungen aus dem untersten Viertel der Intelligenzverteilung treten nur 15% in ein College ein und 3% beenden es erfolgreich.

- Die Schlußfolgerung, daß die Überrepräsentation der oberen Sozialschichten auf dem College sich weitgehend daraus erklärt, daß Schüler der oberen Sozialschicht zugleich die Intelligenteren sind, ist falsch: Von den Jungen mit höchster Intelligenz aber mit *niedrigstem* Sozialstatus besuchen 52% ein College; von den Jungen mit höchster Intelligenz und mit *höchstem* Sozialstatus besuchen dagegen 91% ein College. Daraus folgt, daß die soziale Schichtzugehörigkeit unabhängig von der Intelligenz einen Einfluß auf die Häufigkeit des Collegebesuches hat.

- Innerhalb aller Sozialschichten nimmt jedoch die Anzahl der Collegebesucher mit steigender Intelligenz deutlich zu; daraus folgt, daß auch die Intelligenz unabhängig von der sozialen Schichtenzugehörigkeit einen Einfluß auf die Häufigkeit des Collegebesuches hat.
- Der eminente Einfluß der Sozialschicht auf den Collegeeintritt zeigt sich besonders bei den Mädchen: Von den Mädchen mit höchstem Sozialstatus, die gleichzeitig der untersten Intelligenzgruppe angehören, besuchen immer noch 33% ein College. Von den Mädchen mit niedrigstem Sozialstatus, die gleichzeitig der höchsten Intelligenzgruppe angehören, besuchen nur 27,5% ein College.

Die referierten Ergebnisse beziehen sich zwar nicht direkt auf die gemessene Leistungsmotivation, sie geben aber wesentliche Aufschlüsse über die Leistungsorientierung und die tatsächliche Leistungsbewährung. Aus dem Material geht eindeutig hervor, daß sowohl die soziale Herkunft wie die intellektuelle Leistungsfähigkeit auch unabhängig voneinander einen wesentlichen Einfluß auf die Leistungsbewährung in weiterführenden Schulen ausüben.

Die Tatsache, daß auch intelligente Kinder der Oberschicht manchmal nur geringe Leistungen zeigen und mitunter auch weniger begabte Kinder der unteren Sozialschichten hohen schulischen Anforderungen genügen, weist darauf hin, daß die Kenntnis des sozio-ökonomischen Status und des Intelligenzquotienten nicht ausreicht, die bestehenden Unterschiede im Anspruchsniveau und in den tatsächlich erbrachten Leistungen zu erklären. Sewell und Shah unterzogen ihr Material daher weiteren Analysen, um die Wirksamkeit anderer Faktoren zu untersuchen.

Es stellte sich heraus, daß der Grad, zu dem sich Schüler von ihren Eltern zu Leistungen ermuntert oder gedrängt fühlen, ihr Anspruchsniveau und ihre Leistungen erheblich beeinflußt. Dieser Einfluß war ebenfalls wirksam, wenn die unterschiedliche Intelligenz und soziale Herkunft der Schüler in Rechnung gestellt werden.[37] In einem nächsten Auswertungsschritt überprüften Sewell und Shah die Auswirkungen der elterlichen Schulbildung auf das Anspruchsniveau und die Leistungen der Kinder. In früheren Studien war angenommen worden, daß eine Diskrepanz zwischen dem schulischen Ausbildungsniveau von Vater und Mutter eine wesentliche Quelle der Unzufriedenheit zwischen den Eltern ist, die dazu führt, die Kinder zu hohen Leistungen und Ansprüchen zu motivieren. Diese These wurde widerlegt: ein übereinstimmend hohes Bildungsniveau der Eltern ist die beste Voraussetzung für hohe Bildungsansprüche und Leistungen der Kinder.[38]

Dieser Aufweis sowie einige Ergebnisse über die Zusammenhänge mit dem Bildungsniveau der Mutter machen auf die Schwierigkeiten beim Vergleich von Sozialisationsstudien aufmerksam, die den sozialen Status der Herkunftsfamilie nur nach einem oder mehreren den Vater betreffenden Merkmalen bestimmen. Denn die unterschiedlichen Methoden, nach denen eine Zuordnung zur Sozialschicht erfolgt, sind mit Sicherheit bei der Beurteilung abweichender Untersuchungsergebnisse über schichtspezifische Eltern-Kind-Beziehungen in Anschlag zu bringen.

Es besteht zwar kein Zweifel daran, daß die Leistungsmotivation in höheren sozialen Schichten stärker entwickelt ist. Will man jedoch zu einigermaßen gesicherten Voraussagen über die spätere Leistungsfähigkeit von Kindern gelangen, so müssen die außerordentlich komplizierten Wechselwirkungen zwischen Sozialschicht, intellektueller Leistungsfähigkeit und schließlich auch demographischen Daten der Familienstruktur mitberücksichtigt werden.

Hierfür ein letztes Beispiel: In einigen Untersuchungen wurde herausgefunden, daß erstgeborene Kinder und besonders erstgeborene Mädchen gewöhnlich stärker leistungsmotiviert sind.[39] Wie Rosen[40] nachgewiesen hat, ist die Information über die Stellung eines Kindes in der Geschwisterreihe für die Vorhersage der Leistungsmotivation aber eher irreführend als hilfreich, wenn nicht sogleich Daten über die Sozialschicht, die Größe der Familie oder das Alter der Mutter bekannt sind.

Der Versuch, Untersuchungsergebnisse über einige Zusammenhänge zwischen schichtspezifischen familialen Wertorientierungen, Einstellungen und Erziehungspraktiken und dem kindlichen Leistungsstreben zu referieren, zeigte deutlich, daß es wenig fruchtbar ist, einzelne Faktoren herauszulösen und mit ihnen die unterschiedliche Stärke der Leistungsorientierung zu erklären.

Bei aller Zurückhaltung vor vorschnellen Verallgemeinerungen kann aber als gesichert gelten, daß die dargestellten Merkmale schichtspezifischer Erziehungsmilieus einen erheblichen Einfluß auf die Entwicklung des für den Schulerfolg wichtigen Leistungsstrebens ausüben. Die Bedingungen, schon von der frühen Kindheit an aufstiegs- und erfolgsorientierte Motivationen zu erwerben, sind in den höheren Sozialschichten erheblich günstiger. Die Chance der Kinder aus der Unterschicht, die schulischen Ausleseprozesse erfolgreich zu bestehen, wird demgegenüber aufgrund der geringen Möglichkeit, im Elternhaus Leistungsstreben und die entsprechenden Wertorientierungen zu erlernen, in erheblichem Ausmaß eingeschränkt.

1) Vgl. D. C. McClelland, Die Leistungsgesellschaft. Stuttgart/Berlin/Köln/Mainz 1966, S. 88; V. J. Crandall, Achievement. In: H. W. Stevenson (Hrsg.), Child Psychology. Chicago 1963, S. 436.
2) H. Heckhausen, Einflüsse der Erziehung auf die Motivationsgenese. In: Th. Herrmann (Hrsg.), Psychologie der Erziehungsstile. Göttingen 1966, S. 138.
3) V. J. Crandall, a.a.O., S. 444.
4) H. Moss und J. Kagan, Stability of Achievement and Recognition Seeking Behaviours from Early Childhood through Adulthood. In: Journal of Abnormal and Social Psychology, Band 62 (1961), S. 504 bis 513. Längsschnittuntersuchungen dieser Autoren führten zu dem Ergebnis, daß keine der von ihnen untersuchten Verhaltensweisen (wie Passivität, Abhängigkeit, Sexualität, Aggression) in ihrer frühen Ausprägung über so lange Lebensspannen hin stabil bleibt wie die Leistungsmotivation. Vgl. J. Kagan und H. Moss, Birth to Maturity. New York 1962.
5) D. McClelland, J. W. Atkinson u. a., The Achievement Motive. New York 1953, S. 75 ff.
6) Heckhausen, a.a.O., S. 140.
7) McClelland, Die Leistungsgesellschaft, a.a.O., S. 88 f.
8) Heckhausen, a.a.O., S. 139.
9) H. Heckhausen, Leistungsmotivation. In: Handbuch der Psychologie, Band 2, Göttingen 1965, S. 679.
10) M. R. Winterbottom, The Relation of Need for Achievement to Learning Experiences in Independence and Mastery. In: J. W. Atkinson (Hrsg.), Motives in Fantasy, Action, and Society. Princeton/N. J. 1958, S. 453—478. Eine ausführliche Wiedergabe ihrer Ergebnisse und Fragebogen liegt vor in: H. G. Rolff, Sozialisation und Auslese durch die Schule. Heidelberg 1967, S. 39 f. und 113. Die zu Beginn der Winterbottomschen Untersuchung vorgenommene Einteilung der Jungen mit hoher bzw. niedriger Leistungsmotivation erfolgte nach dem von McClelland und seinen Mitarbeitern benutzten Meßverfahren zur Bestimmung der Intensität des Leistungsstrebens, dem Thematischen Apperzeptionstest (TAT). Den Versuchspersonen wurden Bildtafeln mit der Aufforderung vorgelegt, zu berichten, was sich in den dargestellten Szenen ereigne, was die abgebildeten Personen dächten usf. Die so entstandenen Geschichten werden danach beurteilt, wie häufig sie leistungsbezogene Gedanken enthalten. Ihre Anzahl wird als repräsentativ für die Stärke des Bedürfnisses nach Leistung betrachtet. Vgl. D. McClelland, Die Leistungsgesellschaft, a.a.O., S. 83—87.
11) H. Heckhausen und L. Kemmler, Entstehungsbedingungen der kindlichen Selbständigkeit. In: Zeitschrift für Experimentelle und Angewandte Psychologie, Heft 4, 1957, S. 603—622. Als Motivationskriterien für die Gruppeneinteilung diente das Lehrerurteil über das Sozial- und Arbeitsverhalten in den ersten Schulwochen.

12) a.a.O., S. 620.

13) B. C. Rosen und R. D'Andrade, The Psychosocial Origins of Achievement Motivation. In: Sociometry, Band 22 (1959), S. 185—218.

14) B. C. Rosen, Socialization and Achievement Motivation in Brazil. In: American Soicological Review, Band 27 (1961), S. 612 —624.

15) V. J. Crandall, A. Preston und A. Rabson, Maternal Reactions and the Development of Independence and Achievement Behavior in Young Children. In: Child Development, Band 31 (1960), S. 243—251; V. Crandall, W. Katkovsky und A. Preston, A Conceptual Formulation of Some Research on Children's Achievement Development, ebd., S. 787 bis 797.

16) W. R. Morrow und R. C. Wilson, Family Relations of Bright High-Achieving and Under-Achieving High School Boys. In: Child Development, Band 32 (1961), S. 501—510.

17) L. W. Hoffmann, S. Rosen und R. Lippitt, Parental Coerciveness, Child Autonomy, and Child's Role at School. In: Sociometry, Band 23 (1960), S. 15—22.

18) B. C. Rosen, Race, Ethnicity, and the Achievement Syndrome. In: American Sociological Review, Band 24 (1959), S. 47—60; D. C. McClelland, Die Leistungsgesellschaft, a.a.O., S. 293 ff.

19) V. J. Crandall, R. Newey, W. Katkovsky und A. Preston, Parents' Attitudes and Behaviours and Grade-School Children's Academic Achievement. In: Journal of Genetic Psychology, Band 104 (1964) S. 53—66.

20) H. Heckhausen, Einflüsse der Erziehung auf die Motivationsgenese. In: Th. Herrmann (Hrsg.), Psychologie der Erziehungsstile. Göttingen 1966, S. 148 ff.

21) a.a.O., S. 165.

22) M. Argyle und P. Robinson, Two Origins of Achievement Motivation. In: British Journal of Social and Clinical Psychology, Band 1 (1962), S. 107—120.

23) W. Katkovsky, A. Preston und V. J. Crandall, Parent's Attitudes Toward Their Personal Achievements and Toward the Achievement Behaviors of Their Children. In: Journal of Genetic Psychology, Band 104 (1964), S. 67—82.

24) W. Katkovsky, A. Preston und V. J. Crandall, Parent's Achievement Attitudes and Their Behavior with Their Children in Achievement Situations. In: Journal of Genetic Psychology, Band 104 (1964), S. 105 bis 121.

25) Vgl. M. L. Kohn, Social Class and Parent-Child Relationships: An Interpretation. In: American Journal of Sociology, Band 68 (1963), S. 471—480; wieder abgedruckt in: G. R. Medinnus (Hrsg.), Readings in the Psychology of Parent-Child Relations. New York/London/Sidney 1967; G. Grauer, Familienerziehung, Sozialschicht und Schulerfolg (I). In: betrifft: erziehung Nr. 7, 1968, S. 11—17.

26) Vgl. B. C. Rosen, The Achievement Syndrome: A Psychocultural Dimension of Social Stratification, und E. Douvan, Social Status and

Success Strivings, beide in: J. W. Atkinson (Hrsg.), Motives in Fantasy, Action, and Society. Princeton/N. J. 1958, S. 495—517; J. W. Atkinson und N. T. Feather (Hrsg.), A Theory of Achievement Motivation. New York/London/Sydney 1966 (besonders die Beiträge im Teil III: Applications and Social Implications, S. 163—248).

27) B. C. Rosen, The Achievement Syndrome, a.a.O., S. 495—508; auch in: American Sociological Review, Band 21 (1956), S. 203 —211.

28) H.-G. Rolff, Sozialisation und Auslese durch die Schule. Heidelberg 1967, S. 46.

29) H. Heckhausen, Leistungsmotivation. In: Handbuch der Psychologie, Band 2, Göttingen 1965, S. 619.

30) M. A. Straus, Deferred Gratification, Social Class, and the Achievement Syndrome. In: American Sociological Review, Band 27 (1962), S. 326 bis 335.

31) H. Heckhausen, Hoffnung und Furcht in der Leistungsmotivation. Meisenheim am Glan 1963, S. 194 ff.

32) I. R. Bruckman, The Relationship Between Achievement Motivation and Sex, Age, Social Class, School Stream and Intelligence. In: British Journal of Social and Clinical Psychology, Band 5 (1966), S. 211—220.

33) J. Kagan und H. A. Moss, Birth to Maturity. New York/London 1962, S. 148 ff.; P. H. Mussen, J. J. Conger und J. Kagan (Hrsg.), Readings in Child Development and Personality. New York 1965, S. 277—289.

34) H. Heckhausen, Leistungsmotivation, a.a.O., S. 670.

35) Über die Zusammenhänge von Sozialschicht und Intelligenz vgl. bes. U. Oevermann, Soziale Schichtung und Begabung. In: Zeitschrift für Pädagogik, 6. Beiheft, Weinheim 1966.

36) W. H. Sewell und V. P. Shah, Socioeconomic Status, Intelligence, and the Attainment of Higher Education. In: Sociology of Education, Band 40 (1967), S. 1—23.

37) W. H. Sewell und V. P. Shah, Social Class, Parental Encouragement, and Educational Aspirations. In: American Journal of Sociology, Band 73 (1968), S. 559—572.

38) W. H. Sewell und V. P. Shah, Parent's Education and Children's Educational Aspirations and Achievements. In: American Sociological Review, Band 33 (1968), S. 191—209.

39) E. E. Sampson, Birth Order, Need Achievement, and Conformity. In: Journal of Abnormal and Social Psychology, Band 64 (1962), S. 155 bis 159; E. W. Bartlett und C. P. Smith, Child-Rearing Practices, Birth Order, and the Development of Achievement-Related Motives. In: E. D. Evans (Hrsg.), Children: Readings in Behavior and Development. New York/Chicago/San Francisco 1968, S. 58—68.

40) B. C. Rosen, Family Structure and Achievement Motivation. In: American Sociological Review, Band 26 (1961), S. 574—585.

Leistungsprinzip und industrielle Arbeit

Claus Offe

Zum Modell der „Leistungsgesellschaft"

Der Begriff der „Leistungsgesellschaft" ist insofern ein Fremdkörper in der soziologischen Terminologie, als er über seinen deskriptiven Gehalt hinaus mit normativen Vorstellungen belastet ist; wegen dieser Ambivalenz hat er sich der wissenschaftlichen Verwendung — jedenfalls in Deutschland — bisher entzogen. Wie kaum ein anderer typisierender soziologischer Begriff vereinigt er beschreibende Elemente mit einer wertenden Selbstinterpretation einer gesamtgesellschaftlichen Struktur. In sozialpolitischen Auseinandersetzungen und vor- oder halbwissenschaftlichen Stellungnahmen findet er häufig Verwendung und fungiert dort als universelles Legitimierungsprinzip, an dem jeweils bestimmte Ausschnitte der Sozialstruktur gemessen und kritisiert werden. Wenn man von diesem vorwissenschaftlichen Selbstverständnis industrieller — und wohlgemerkt nicht nur industriell-kapitalistischer — Gesellschaften ausgeht, so wird man durch dessen Präzisierung daher nicht zu einer Beschreibung der Sozialstruktur selbst, jedoch zu einer Beschreibung des wichtigsten status-legitimierenden Organisationsprinzips kommen, das diese Gesellschaften selbst als verbindlich akzeptieren oder sogar als erfüllt ausgeben. Unter ‚Leistungsgesellschaft' ist zunächst also nur ein zur Norm erhobenes und vielfältig institutionalisiertes Modell der sozialen Prozesse zu verstehen, die den Status von Individuen bestimmen und sanktionieren.

Eine Gesellschaft, die sich selbst als Leistungsgesellschaft konzipiert, erhebt damit einen bestimmten Mechanismus der Statusverteilung zur Norm. Kluth hat das normative Modell der Leistungsgesellschaft folgendermaßen beschrieben:

„In der Industriegesellschaft beginnt sich unter der Decke des Wertpluralismus eine Art Wertmonismus durchzusetzen. Es scheint zumindest so, als ob in den Industriegesellschaften die ‚Leistung' keineswegs nur noch Regulativ und Verteilungsnorm der wirtschaftlichen Arbeit ist, sondern mehr und mehr zum regulierenden Prinzip und Wert aller Lebensbereiche wird. Man könnte . . . sagen, daß die Leistung auf dem besten Wege ist, zur einzigen allgemeinverbindlichen Wertkategorie der Industriegesellschaften zu werden.

Quantum und Qualität der Arbeit werden als Leistungsgrößen begriffen; die materiellen und sozialen Chancen der Gesellschaft sollen ebenso nach dem Maß der individuellen Leistung verteilt werden, wie die Anerkennung und die Wertschätzung, die jemand beanspruchen und erwarten darf. — Der antiständische Akzent der bürgerlich-industriellen Welt ließ von Anfang an jeden Sozialanspruch als verdächtig und ungerechtfertigt erscheinen, der nicht durch eine zumindest dem Prinzip nach quantifizierbare Leistung zu begründen ist. Leistung gilt . . . als der einzig legitime Maßstab gesellschaftlicher Honorierung jeder Art. Das setzt zunächst einmal die Überzeugung voraus, daß alles menschliche Tun meßbar und damit auch objektiv überprüfbar ist. Dem entsprechen zum Beispiel die vielfältigen Bemühungen, zumindest alle menschlichen Arbeitstätigkeiten meßbar und als ‚quantitative Größen' objektiv vergleichbar zu machen. (Es gibt ein) industriegesellschaftliches Ideal, dem alle Leistung der genaue Ausdruck einer Gegenleistung ist."[1]

Auffallend ist die eigentümliche Ambivalenz des leistungsgesellschaftlichen Verteilungsmodells. Seine gesellschaftspolitische Intention entstammt zweifellos der Tradition des egalitären Denkens, also der Abwehr aller funktional nicht zu rechtfertigenden sozialen Vorrechte und ständischen Mobilitätshindernisse. Die Intention richtet sich außerdem auf die umfassende Entfaltung der menschlichen Produktivkräfte und des industriellen Wohlstandes. Schließlich wird eine ausgesprochen individualistische Weise der gesellschaftlichen Statusverteilung angestrebt, insofern das Individuum der ausschließliche Bezugspunkt von distributiven Prozessen sein soll. Diese Intentionen finden sich zuerst im Werke von Saint-Simon als utopisches Gesellschaftsmodell vereinigt.

Auf der anderen Seite fungiert das Leistungsprinzip nicht nur als Norm, die Gleichheit gewährleistet, sondern ebensosehr als Legitimationsprinzip, das gesellschaftliche Ungleichheit rechtfertigt; indem es den Anspruch auf soziale Gleichheit propagiert, engt es ihn ein.[2] Es sanktioniert solche Formen der Ungleichheit, die durch individuelle Leistungen zustandegekommen sind. Insofern ist das Leistungsprinzip *auch* eine Norm der Ungleichheit.

Aus dieser seiner zweiten Funktion, Ungleichheit zu legitimieren, ergibt sich schon teilweise der Stellenwert, den das Leistungsprinzip vor allem in kapitalistischen Industriegesellschaften hat. Das markante Gefälle der materiellen und immatereriellen Lebenschancen, das sich in solchen Sozialstrukturen findet, bedarf einer erklärenden Rechtfertigung, die angesichts der egalitären Systemprämissen nicht mehr aus vorindustriellen Legitimationsmustern der Statusverteilung zu beziehen ist. — Die hohe funktionale Bedeutung des Leistungsprinzips liegt außerdem darin begründet, daß in industriellen Gesellschaften ein großer und wachsender Anteil der Arbeitsprozesse sich in nur mittelbarem Kontakt zu Märkten vollzieht: Arbeit ist typischerweise in organisierte Sozialgebilde eingeschlossen. Während die liberale Frühform des Kapitalismus die anschauliche Bewertung individueller Arbeit von Warenproduzenten jederzeit durch die unmittelbare Preis-Bewertung auf Märkten gewährleistete, bedeutet das Aufkommen großorganisatorischer Arbeitsformen eine zumindest zeitweise Exemption der arbeitenden Individuen aus den Bewertungsmechanismen des Marktes.[3] Daraus ergibt sich die Notwendigkeit, die ehemals in Marktpreis-Relationen dargestellten Wertrelationen von Leistungen *unabhängig* vom Marktmechanismus zu ermitteln und zur Grundlage der Statusverteilung zu machen. Dies geschieht durch die Kategorie preis-unabhängig ermittelter Leistung. Auf diese Weise findet die besondere Relevanz des Leistungsbegriffes für die Bewertung von Arbeit in *organisierten* Sozialgebilden ihre Erklärung.

Wenn man von diesem Vorverständnis des Modells der Leistungsgesellschaft und der auf ihm aufbauenden arbeitswissenschaftlichen und betriebswirtschaftlichen Literatur ausgeht, läßt sich der Kern dieses Modells folgendermaßen umreißen: allgemein gilt, daß der soziale Status von Individuen von ihrem Status innerhalb der Arbeits- und Produktionssphäre abhängig sein soll. Ihr Status in den hierarchischen Organisationen der Produktionssphäre ist seinerseits abhängig zu machen von individueller Leistung.

In den Arbeitsorganisationen selbst ist eine operationelle Definition der abhängigen Variable des Modells, also des sozialen Status, institutionalisiert. Es handelt sich um diejenigen Status-Dimensionen, mit deren Hilfe die Organisationen selbst die Definition des Standortes von Individuen in einem hierarchischen System vornehmen. Neben symbolischen und ‚immateriellen‘ Vergütungen, von denen hier abgesehen werden soll, handelt es sich im wesentlichen um die folgenden vier Dimensionen:

a) Zulassung zu einer Berufsposition (Rekrutierung)
b) Verteilung von Arbeitseinkommen
c) sozialer Aufstieg in eine ‚höhere‘ Position derselben Organisation (Beförderung)
d) Ausstattung mit Anordnungsbefugnis (formale Autorität)

Offensichtlich sind diese vier Status-Dimensionen nicht unabhängig voneinander, sondern variieren in der Mehrzahl der Fälle gemeinsam. Dennoch ist es prinzipiell möglich, daß der Status einer Person sich in einer Dimension verändert, während ihr Status in den jeweils drei anderen Dimensionen konstant bleibt.

Mit dieser Benennung von Dimensionen haben wir zunächst die ‚abhängige' Seite des im ‚Leistungsprinzip' repräsentierten normativen Zusammenhanges geklärt. Dieses Prinzip besagt also: immer wenn und nur wenn nach einem objektiven (von der Person unabhängigen) Kriterium bestimmte ‚Leistungsstandards' von einem Individuum erfüllt werden, erfolgt eine formale Zulassung zu einer Berufsposition und/oder eine Veränderung seines Arbeitseinkommens und/oder eine Veränderung der Arbeitsaufgabe innerhalb derselben Organisation und/oder die Zuweisung formaler Autorität.

Bevor wir versuchen, die „unabhängige" Dimension der Leistung begrifflich zu fassen, ist die Frage zu klären: welche angeblichen oder wirklichen sozialen *Funktionen* sind es, die der Verwirklichung des Leistungsprinzips zugesprochen werden und die ihm jedenfalls im Bereich der gesellschaftlichen Arbeit, aber darüberhinaus auch in Bereichen wie Kunst und Sport, den Charakter eines legitimen Ordnungsprinzips verleihen.

Vier dem Leistungsprinzip zugeschriebene Funktionen lassen sich unterscheiden; ihre Beschreibung macht deutlich, weshalb gerade die leistungsabhängige Status-Organisation als ‚rationalste' oder ‚gerechteste' zu gelten beansprucht.

1. Es wird angenommen, daß eine Arbeitstätigkeit subjektive oder objektive ‚Kosten' verursacht. Diese können in den subjektiv empfundenen Arbeitsmühen oder im belastenden Charakter der Arbeitsbedingungen oder andererseits in den subjektiven und objektiven Kosten bestehen, die zum Erwerb desjenigen Maßes an Leistungswissen und Leistungskönnen aufgebracht werden mußten, das zur Erfüllung bestimmter Arbeitsaufgaben erforderlich ist. Unter die zweite Kategorie fallen auch Ausbildungskosten, entgangener Nutzen, der durch andere Verwendungsweise der Arbeitskraft realisiert worden wäre usw. Eine leistungs-abhängige Status-Organisation hat also die Funktion, die arbeitenden Individuen für die individuell verschiedenen, vor oder während der Arbeit aufgebrachten, subjektiven und objektiven Kosten zu entschädigen (*Entschädigungsfunktion*).

2. Wo Status von ‚Leistung' abhängig gemacht wird, hat diese Abhängigkeit weiterhin die Funktion, askriptive Vergütungen, d. h. geschlechts-, altersspezifische und ethnisch, regional usw. verschiedene Statusdefinitionen außer Kraft zu setzen und nach dem Grundsatz ‚gleicher Lohn für gleiche Leistung' irrationale Diskriminierungen zu verhindern. Eine solche Statusorganisation realisiert somit eine spezifische Form sozialer Gleichheit (*Äquivalenzprinzip*).

3. Insofern das wirtschaftlich verwertbare Ergebnis der individuellen Arbeitsleistung nicht ohne Vorteile für die Arbeitenden in die

Verfügung anderer übergeht, sondern die Arbeitenden proportional zum Umfang der Wertproduktion am Wert beteiligt werden, wird dem Leistungsprinzip die Funktion zugeschrieben, soziale Konflikte abzumildern, Ausbeutungsverhältnisse auszuschalten und die Früchte der Arbeit in gerechter Weise zu verteilen. In diesem Sinne versuchte die volkswirtschaftliche Lohntheorie, die Höhe des Lohnsatzes aus der Grenzproduktivität der Arbeit zu erklären (*Produktivitätsprinzip*).

4. Da die von formalen Wirtschaftsorganisationen kontrollierten Status-Dimensionen von ausschlaggebender Bedeutung für die gesamten Lebensumstände der Arbeitenden sind, und da diese Organisation deshalb das Maß möglicher Bedürfnisbefriedigung für jeden einzelnen bestimmen, hat die Anwendung des Leistungsprinzips die Funktion, den Bedürfnisdruck jedes einzelnen in maximale Leistungsbereitschaft zu transformieren und so auf den Produktionsprozeß zu verteilen, daß die optimale Produktivität des Gesamtsystems erreicht wird. Durch diesen Mechanismus wird sowohl auf mikroökonomischer wie auf makroökonomischer Ebene die Herstellung eines Gleichgewichts im Punkt optimaler Arbeitsproduktivität gewährleistet. Mikroökonomisch wird erwartet, daß etwa die Arbeiter eines Betriebes ein Maximum an Energie auf die Erfüllung der Arbeitsaufgabe verwenden und durch diese Funktion des individuellen *Anreizes* die Produktivität maximieren helfen; makroökonomisch sollen die Mechanismen der Berufswahl und des Arbeitsmarktes die rationalste Zuordnung und Verteilung des Produktionsfaktors Arbeit zustandebringen. Diese beiden Funktionen des Leistungsprinzips können wir unter dem Begriff der *Allokationsfunktion* des Leistungsprinzips zusammenfassen.

Wie gesagt, bezieht das Leistungsprinzip seine Legitimität aus seinem Anspruch, diese vier Funktionen zu erfüllen. Damit dieser Anspruch auch tatsächlich erfüllt werden kann, müssen zwei strukturelle Merkmale der Arbeitsorganisation gegeben sein:

1. Es muß ein einheitlicher und objektivierbarer Leistungsbegriff vorhanden sein, an dem sich das Arbeitsverhalten in prinzipiell *allen* Positionen des organisatorischen Status-Systems messen läßt.

2. Es müssen Instanzen vorhanden sein, die in der Lage sind, sowohl den Leistungswert des Handelns jedes am Arbeitsprozeß Beteiligten zu beurteilen wie auch zu verhindern, daß neben der Beurteilung des Handelns nach Leistungsgesichtspunkten *andere* Kriterien für den organisatorischen Status eines Individuums relevant werden.

1. Für die Definition eines solchen *Leistungsbegriffs* ergeben sich folgende Schwierigkeiten: Schon in den genannten vier Funktionen, die

von einer Realisierung des Leistungsprinzips erwartet werden, sind zwei unterschiedliche Leistungsbegriffe impliziert. In den Funktionen (1) und (2) wird ‚Leistung' unter dem Aspekt des individuellen *Aufwandes,* der subjektiven Kosten betrachtet. In den Funktionen (3) und (4) geht es demgegenüber um den wirtschaftlichen *Ertrag* der Arbeit. Selbst wenn es gelingen sollte, angesichts der weitgehenden funktionalen und skalaren Arbeitsteilung wirtschaftlicher Organisationen eine Skala zu bilden, auf der der Leistungswert jedes einzelnen Positionsinhabers abgebildet werden kann, so würde sich diese Skala stark verändern, je nachdem man sie unter dem Aufwands- oder dem Ertrags-Gesichtspunkt konstruiert. Im Leistungsprinzip selbst ist also ein unausgetragener Dualismus von Leistungskriterien enthalten. Insbesondere ergibt sich folgendes Dilemma: entscheiden wir uns dafür, daß das ‚Ertragskriterium' den Ausschlag geben soll, so geraten wir in die logischen und empirischen Schwierigkeiten, die das Versagen des Grenzproduktivitätstheorems zum Ergebnis gehabt haben. Entscheiden wir uns dagegen für die Relevanz des ‚Aufwand-Kriteriums', so werden diejenigen Positionen unvergleichbar, die — gemäß unseren Voraussetzungen — eher die Konformität mit normativen Orientierungen als die Aufwendung materieller oder immaterieller Kosten voraussetzen.

2. Wenn wir weiterhin auf der Ebene der Explikation eines Funktionsmodells argumentieren und die Rücksicht auf beobachtbare Prozesse zunächst vernachlässigen, so ergibt sich die Frage nach der *Beurteilungsinstanz,* die ‚Leistung' abschätzen und somit Status zuweisen soll. Bei der Modell-Vorstellung einer leistungsgerechten Statusverteilung kommt es ja nicht nur auf bestimmte Merkmale des Arbeitsverhaltens von Individuen an, sondern ebensosehr auf die institutionalisierte Chance der Wahrnehmung und kompetenten Beurteilung dieses Verhaltens durch Instanzen, welche die Verteilung der organisatorischen Status-Attribute kontrollieren. Voraussetzung dafür, daß diese Sequenz von Verhalten — Beurteilung — Status-Zuweisung bzw. Status-Legitimation ablaufen kann, ist also ein Mindestmaß an *Kompetenz* der beurteilenden Instanz. Wenn wir annehmen, daß diese Kompetenz nicht für alle Positionen und ihre Inhaber nicht an *einer* Stelle vereinigt ist, so ergibt sich die Vermutung einer vertikalen und horizontalen Dezentralisation der Leistungsbeurteilung. Tatsächlich spielen die jeweils unmittelbar Vorgesetzten eine wichtige Rolle bei dieser Beurteilung. Selbst wenn wir den zweifelhaften Satz gelten lassen, daß bei ‚objektiver' (arbeitsanalytischer) Beobachtung der relevanten Dimensionen des Arbeitsverhaltens eine verbindliche vertikale Einstufung von Individuen und Positionen nach ihrem ‚Leistungs-

wert' möglich ist, so ergibt sich doch das weitere Problem, daß die in wirtschaftlichen Organisationen institutionalisierten Wahrnehmungs- und Beurteilungsprozesse sich keineswegs grundsätzlich an jenen vermeintlich ‚objektiven' Leistungskriterien orientieren.
Mit diesen Überlegungen ist das normative Modell des ‚Leistungsprinzips' bzw. der ‚Leistungsgesellschaft' zunächst im Hinblick auf die ‚abhängigen Variablen', d. h. die Status-Dimensionen präzisiert, die von ‚Leistung', und nur von ihr, determiniert sein sollen. Außerdem sind die Funktionen beschrieben, durch deren Erfüllung diese normative Struktur Geltung beansprucht; in dem Maße wie die Modell-Bedingungen erfüllt sind, kann das Status-System einer Gesellschaft Legitimität beanspruchen. Für den Begriff der Leistung, also der unabhängigen Variable des Modells, ergab sich eine gewisse Unstimmigkeit zwischen ‚Kostenaspekt' und ‚Ertragsaspekt'. Außerdem haben wir festgestellt, daß die Anwendbarkeit des Leistungsbegriffs voraussetzt, daß die verschiedenen Arbeitsrollen eines organisatorischen Systems ein Mindestmaß von Ähnlichkeit ihrer Anforderungselemente aufweisen, die es erlaubt, sie auf einem hierarchischen Kontinuum abzubilden. Diese Ähnlichkeit muß nicht nur objektiv vorhanden, sondern auch von den relevanten Instanzen des organisatorischen Systems kompetent und zuverlässig wahrzunehmen sein.

Formen und Konsequenzen der Kritik des Leistungsprinzips

Die empirisch verfahrende Kritik an der gesellschaftlichen Ordnungsvorstellung einer leistungsgerechten Statusverteilung kann auf drei Ebenen ansetzen:
1. Es können Beweise dafür zusammengetragen werden, daß die gesellschaftliche Verteilung von Lebenschancen in Wahrheit nicht dem Maßstab folgt, der als einzig legitimer postuliert wird: dem Maßstab zentraler Elemente der beruflichen Arbeit. Die Evidenz für eine solche Hypothese ist umfassend. Daß Klassen und Schichten, wirtschaftliche Macht und die Irrationalitäten des Ausbildungssystems dominante Bestandteile der Sozialstruktur sind, die schon die Konstituierung, erst recht die praktische Entfaltung individueller Fähigkeiten beeinträchtigen und reglementieren, kann als sozialer Grundtatbestand aller industrieller Gesellschaft gelten. Auch endet die Wirksamkeit dieser überindividuellen Strukturelemente nicht an den Grenzen organisierter Sozialgebilde, sondern sie reicht in deren Mechanismus der Statusverteilung hinein. Sie vermindern damit mehr oder weniger die Chance von bestehenden organisatorischen Status-Hier-

archien, sich als Resultat leistungsgerechter Prinzipien der Statusverteilung zu legitimieren. Wenn die Intervention übergeordneter sozialstruktureller Statusdeterminanten in organisatorischen Hierarchien nachgewiesen ist, kann die „Selbstideologisierung" (Dreitzel) eines Status-Systems und seiner Mitglieder durchschaut werden. Über diese Prüfung empirischer Hierarchien im Hinblick auf ihre spezifische Form der Selbstrechtfertigung geht dieser erste Typ der Kritik des Leistungsprinzips allerdings nicht hinaus. Dieses Verfahren kann zeigen, inwieweit eine vorgeblich durch Leistungsunterschiede legitimierte Hierarchie ihren eigenen Anspruch nach Legitimität tatsächlich aufweist. Die legitimierende Norm selber liegt außerhalb der Reichweite dieser Kritik; der Kritiker kann sie sogar ausdrücklich akzeptieren oder als Trendannahme unterstellen, daß sich diese Norm als industriegesellschaftliches Regulativ der Statusverteilung zunehmend durchsetzen wird. Die Begrenztheit der Fragestellung dieses Ansatzes macht es unmöglich, Aussagen über die (nach einem geltenden Wertsystem) „positiven" oder „negativen" Konsequenzen des zur Rechtfertigung beanspruchten Leistungsprinzips selber zu treffen.

2. Dieser Frage wendet sich erst die zweite Stufe der Kritik des Leistungsprinzips zu. In ihr kommt es darauf an, intendierte und nichtintendierte Konsequenzen eines leistungsorientierten Verteilungsmusters zu untersuchen und im Rahmen eines herrschenden Systems von Werten und sanktionierten Interessen zu kritisieren. Dabei steht die Kollision einiger angenommener Funktionen des Leistungsprinzips (individualistische Bewertung, Entfaltung der industriellen Produktivität, „Gerechtigkeit" der Distribution) mit *anderen* gesellschaftlichen Interessen im Mittelpunkt der Aufmerksamkeit.

In satirischer Weise hat M. Young[4] die negative soziologische Utopie einer Gesellschaft entworfen, in der alle Individuen nach Maßgabe ihre Intelligenzquotienten in ein starres hierarchisches Status-System eingestuft werden. In diesem Gesellschaftsmodell bringt die Eindimensionalität der fetischisierten Produktivitätsnorm die totalitäre Beschränkung aller nicht unmittelbar produktiven menschlichen Lebensäußerungen und sozialen Prozesse hervor. Im gleichen Sinne weist Hack[5] auf den inhumanen Charakter des Leistungsprinzips hin:

„Der Anspruch auf unmittelbare Gerechtigkeit wird fragwürdig, den eine Gesellschaft erhebt, die ihre Mitglieder ganz und eindeutig nach Maßgabe ihres Beitrages zur Produktionssteigerung sortiert . . . Durch die Koppelung des sozio-ökonomischen Status mit der Leistung wird die Freizeit fest an die Arbeitssphäre verkuppelt, womit wider alle Vernunft die eindeutige Priorität der Arbeit bewahrt wird, zu einem Zeitpunkt, da die Arbeitszeit — nicht nur quantitativ — marginale Zeit werden könnte."[6]

Die Entwicklung einer von automatisierten Arbeitsprozessen bestimmten Überflußgesellschaft macht eine Staffelung individueller Konsumchancen und Lebensumstände nach dem Prinzip differentieller Arbeitsleistung nicht nur moralisch fragwürdig. Die Verkoppelung von Konsumrecht und Arbeitsleistung wird auch unter dem Gesichtspunkt der ökonomischen Kreislaufanalyse obsolet. Da Automation nämlich von latenter oder offener Freisetzung von Arbeitskräften begleitet ist, erweisen sich die Nachfragelücken als bedrohlich, welche sich durch die Verkoppelung von Konsumchance und Arbeitsverhältnis ergeben müssen, wenn in größerem Umfang technologische Arbeitslosigkeit auftritt. Auf diesen Zusammenhang haben die Verfasser des Manifests „The Triple Revolution" hingewiesen:

„The industrial system does not posses any adequate mechanisms to permit the potentials (of cybernation) to become realities . . . The continuance of the income-through-jobs link as the only major mechanism for distributing effective demand — for granting the right to consume — now acts as the main break on the almost unlimited capacity of a cybernated production system."[7]

Wenn nicht nur die *Höhe* des Arbeitseinkommens von Merkmalen der Berufsposition abhängt, sondern sogar die *Chance*, über Einkommen zu verfügen, mit der technologisch bestimmten Verwertungschance für die eigene Arbeitskraft identisch ist, wird der industrielle Fortschritt jedenfalls derjenigen Sektoren eingedämmt, auf denen er von der Konsum-Nachfrage abhängig ist, die sich bei Arbeitslosigkeit (und in geringerem Maße wohl auch bei einem „downgrading" in der Qualifikationsstruktur) vermindert. Das institutionalisierte Leistungsprinzip entwickelt daher nicht, sondern es fesselt in paradoxer Weise und entgegen seiner ursprünglichen gesellschaftspolitischen Intention, die Entfaltung der produktiven Kräfte industrieller Gesellschaften.

Die praktische Konsequenz dieser ökonomischen Argumentation liegt darin, daß jedem Bürger als „Wirtschaftsbürger" ein durch staatliche Redistributionen gesichertes Recht auf Konsum eingeräumt werden muß; ein Recht auf Konsum, dessen Umfang weit über das Niveau des zivilisatorischen Existenzminimums hiausgehen müßte, wenn nicht die technologische Arbeitslosigkeit mit den depressiven Konsequenzen eines beträchtlichen Nachfrageausfalls bezahlt oder mittels unproduktiver Investitionen in Rüstung und Prestigewissenschaft aufgefangen werden soll.

Die Unvernunft des normativen Modells der Leistungsgesellschaft hat auch Bahrdt im Auge, wenn er dessen Verletzung durch dienstalterabhängige Aufstiegsmechanismen („Senioritätsprinzip") eher als entlastend und wohltuend begreift.[8] Diese Form der „Sozialisierung der Aufstiegschancen“ (Bahrdt) könnte in der Tat eine gewisse Entschärfung der neurotischen Identitätsgefährdung mit sich bringen, welche der Imperativ des Leistungsaufstiegs verursacht[9]; offen bleibt freilich zunächst, ob es sich beim Senioritätsprinzip und seinen entlastenden Wirkungen um ein Relikt vorindustrieller Muster der Statusverteilung, also um eine Anpassungsverzögerung, oder ob es sich um eine bewußte Gegen-Institution gegen das als repressiv erkannte Leistungsprinzip handelt.

Im Zusammenhang mit seiner Analyse des normativen, technisch nicht legitimierbaren Fundaments der relativen Lohndifferenzen zwischen Positionen erwartet schließlich Baldamus[10] eine allmähliche Auflösung der Begründung von Lohn durch Leistung: es „erhöht sich die Wahrscheinlichkeit, daß schließlich einmal das Prinzip der Aufwandsentschädigung selbst infrage gestellt wird“, wenn positionsspezifische Ansprüche und „Standards der Angemessenheit“ als die wirklichen Determinanten der Lohntruktur erkannt und ihre fiktive Begründung durch Maße differentieller Arbeitsmühe durchschaut ist.

„Früher oder später wird der Arbeitnehmer die Entdeckung machen, daß der Beziehung von Mühe und Lohn durchaus nicht eine logische Notwendigkeit innewohnt. Man wird herausfinden, daß es in Wahrheit nur eine historisch zufällige kulturelle Beziehung ist. Die Frage, welcher Verdienst für welches Maß des täglichen Arbeitsüberdrusses moralisch angemessen sei, führt unvermeidlich zu der radikaleren Frage: hat diese merkwürdige Kalkulation überhaupt einen Sinn, wenn doch das Angemessene zuletzt immer nur eine Sache der hier und dort zufällig üblichen gewohnheitsmäßigen Konventionen ist.“[11]

Den zuletzt skizzierten Einwänden gegen das Leistungsprinzip ist gemeinsam, daß sie sich nicht auf die unvollkommene Verwirklichung, sondern gerade auf die Konsequenzen seiner allzu perfekten Durchsetzung beziehen, insofern nämlich diese Konsequenzen geltenden Werten und Interessen zuwiderlaufen. Der Impuls dieser Kritik ist ein moralischer: die „Kosten“ werden aufgewiesen, die eine Gesellschaft zu tragen bereit sein muß, die das Leistungsprinzip als einen „gerechten“ Mechanismus der Statusverteilung akzeptiert; und angesichts der inhumanen Auswirkung des Leistungsprinzips wird gegen seinen Geltungsanspruch selbst argumentiert. Freilich bleibt eine soziologische Kritik des Leistungsprinzips abstrakt-moralisch, wenn sie nicht zusätzlich die *Angemessenheit* der Leistungnorm an die konkrete Verfassung von Arbeitsorganisationen untersuchte und zu einer empirischen Fragestellung machte.

3. Die Frage, ob die Vorstellung einer durchgehenden Leistungsskala der technologisch und organisatorisch bestimmten Praxis industriell-

bürokratischer Berufsarbeit überhaupt angemessen ist, wurde in der vorliegenden Arbeit gestellt und aufgrund folgender empirischer Generalisierungen negativ beantwortet: 1. der Umfang des initiativen Einflusses auf das Arbeitsergebnis nimmt ab; 2. der Anteil regulativer Normen an der Arbeitsrolle nimmt zu; 3. die diskontinuierliche Aufgabenverteilung in Arbeitsorganisationen vermindert die vertikale „Demonstrationschance" individuellen Arbeitsvermögens; 4. die allgemeine Ausdehnung von formalen Ausbildungsprozessen und die zunehmende technologische Entlastung von „naturnaher" Arbeit bewirken gemeinsam die Nivellierung des positionsspezifischen Arbeitsaufwandes; 5. in komplexen Arbeitsorganisationen wird die Frage nach unterschiedlicher individueller Produktivität ebenso unentscheidbar wie die nach unterschiedlicher funktionaler Bedeutung einer Position.

Wenn das Auftauchen dieser Tatbestände in der angenommenen Weise eine *Entwicklungstendenz* der industriell-bürokratischen Arbeit markiert, so ergibt sich daraus: nicht nur die faktische Geltung des Leistungsprinzips wird fragwürdig; und nicht nur sein Geltungs*anspruch* erweist sich unter moralisch-politischen Gesichtspunkten als hinfällig; sondern hinzukommt, daß der operationelle Gehalt des Leistungsbegriffs sich aus objektiven sozialstrukturellen Gründen verflüchtigt. Das Leistungsprinzip wird deshalb als präskriptive Norm selber sinnlos.

In dem Maße, wie der Leistungsbegriff seine sozialstrukturelle Entsprechung eingebüßt hat, verschiebt sich der Ansatzpunkt des gleichwohl institutionell sanktionierten Leistungsprinzips von den Kategorien der Leistung auf eine Reihe von substituierten Kriterien, vor allem auf normative Dimensionen des individuellen Arbeitsverhaltens. Daraus ergibt sich ein Funktionswandel des Leistungsprinzips: aus einem Verfahren zur Allokation unterschiedlicher individueller Arbeitskraft, das unter frühindustriellen Bedingungen jedenfalls im Hinblick auf das Ziel der Produktivitätssteigerung Rationalität beanspruchen konnte, entsteht eine Disziplinierungstechnik, welche die Loyalität mit herrschenden Interessen und Lebensformen prämiiert, kulturelle Spaltungen perpetuiert und den Schein einer objektiven oder „technischen" Begründbarkeit organisatorischer Hierarchien hervorbringt und stabilisiert.

Sinnlos wird das normative Modell der Leistungsgesellschaft nicht schon dadurch, daß im Gefolge dieses Funktionswandels die ursprünglichen Intentionen einer leistungsgerechten Ordnung verletzt werden: daß das Leistungsprinzip heute die optimale Nutzung aller produktiven Ressourcen und die gerechte Verteilung von Gütern und Leistungen unter gleichberechtigte Individuen garantiere, kann angesichts dieses Funktionswandels nicht mehr postuliert werden; darauf weist der zweite Typ der Kritik hin. Eigentlich *sinnlos* wird das Konzept einer leistungsgerechten gesellschaftlichen Ordnung erst angesichts der Tatsache, daß die fortgeschrittenen Formen industrieller Arbeit die Kategorie kompetitiv offenbarten, individuellen Leistungsvermögens irrelevant machen. Aus diesem Grunde sind subjektive Aufstiegsstrategien und organisatorische Selektionsmethoden auf Ersatzkriterien angewiesen, die nicht nur den „objektiven Sinn" des Leistungsprinzips verfehlen, sondern auch die formalen Bestimmungen von Leistung als einer individuellen, technischen, graduierbaren und vergleichbaren Arbeitsleistung verlassen.

In einem Nachtrag zur Diskussion um die funktionalistische Schichtungstheorie hat M. Tumin von anderen Prämissen her die Funktionsfähigkeit eines Allokationsmechanismus infrage gestellt, der auf der Zuteilung unterschiedlicher sozialer Vergütungen zu unterschiedlichen Arbeitsfunktionen beruht.[12] Anhand von Tumins Argumentation lassen sich die Konsequenzen erörtern, die sich aus der These von der Obsoleszenz des Leistungsbegriffs und dem daraus folgenden Funktionswandel des Leistungsprinzips ergeben.

Tumin stellt die Elternrolle und die Arbeitsrolle gegenüber und unterscheidet als Bestandteile der Arbeitsrolle die regulativen Normen (zusammengefaßt als „conscientiousness") und die technische Eignung („talent" in der Sprache der funktionalistischen Schichtungstheorie), die den spezifischen Arbeitsfunktionen entspricht. Die Erfüllung der Elternrolle wird in der Weise sozial kontrolliert, daß bei der Aufzucht von Kindern usw. Sorgfalt und Gewissenhaftigkeit sanktioniert werden, also diejenigen Rollenelemente, die den regulativen Normen der Arbeitsrolle entsprechen. Dagegen wird in der Arbeitsrolle der „Umfang" des spezifischen Könnens und Wissens zum Hebel der sozialen Kontrolle: „höher" talentierte Individuen erhalten größere Macht, mehr Prestige und Einkommen als andere. Wenn nun der Kontrollmechanismus diffentieller Bewertung individueller Fähigkeiten allein schon ausreichen soll, eine möglichst effektive Verteilung der Arbeitskraft auf ein arbeitsteiliges System zu garantieren — dies ist die These der funktionalistischen Schichtungstheorie —, so müßte höhere Bewertung von Positionen auch ein höheres Maß an „Gewissenhaftigkeit" bei ihrer Erfüllung gewährleisten:

„If one assumes — as does the traditional sociological view of stratification — that men of different talents cannot be adequately motivated except by differential rewards . . ., then there should be far more conscientiousness shown by the average employee at his job than by the average parent in his family tasks."[13]

Das Gegenteil ist offensichtlich der Fall, — ein Hinweis darauf, daß die motivierende Kraft differentieller Vergütungen, die die funktionalistische Schichtungstheorie unterstellt, jedenfalls im Hinblick auf die *Erfüllung* von Arbeitsrollen versagt. Daraus folgt, daß der funktionale Bezugspunkt des Allokationsproblems die soziale Schichtung nicht erklären kann, weil eine Statusdifferenzierung nach Leistungsfähigkeit das Allokationsproblem nicht löst. Welche Kontrollmechanismen gewährleisten aber dann die Erfüllung von Arbeitsaufgaben? Wie sind die Bedingungen beschaffen,

„which impel men to be conscientious at their tasks, i. e. willing to do the most of which they are capable rather than the least with which they can get by."[14]

Tumin unterbreitet einen Vorschlag, der das System der Statusverteilung auf eine neue Basis stellen soll:

„Nothing would make it less efficient to reward according to conscientiousness rather than according to differential talent . . . If it is conscientiousness which one seeks to maximize, then clearly it is this principle rather than biologically inherited talent which ought to be the central criterion in the reward system."[15]

Soweit Tumin. Seine formale Konstruktion eines alternativen Verteilungssystems scheint besonders unter dem hier vertretenen Gesichtspunkt sinnvoll zu sein, daß in organisatorisch und technisch komplexen Arbeitssituationen diejenigen Rollenelemente relativ zunehmen, die wir als regulative Normen bezeichnet haben. Tumins Argumentation läßt sich so interpretieren, daß er versucht, den Leistungsbegriff, der durch den Strukturwandel der typischen Arbeitssituation inadäquat geworden ist, dadurch wiederzubeleben, daß er seinen Focus bewußt verschiebt: nicht mehr die zentralen technischen, sondern die normativen Kategorien sollen für die Zumessung des differentiellen Status von Individuen maßgeblich sein. Dieser Vorschlag kommt der Ablösung des traditionellen durch ein modifiziertes Leistungsprinzip gleich; doch bliebe er aus folgenden Gründen inkonsistent und unpraktikabel:

1. Die Vergleichsinstanz der Elternrolle versperrt den Blick dafür, daß in kooperativen Arbeitssystemen nicht vorwiegend so allgemeine „funktionale Tugenden" wie „Gewissenhaftigkeit" erforderlich sind, sondern daß mindestens zusätzlich spezifische, in der Ausbildung und am Arbeitsplatz selbst habitualisierte Formen des Umganges mit Arbeitsprojekten und Rollenpartnern eine hohe Bedeutung erlangen. Die „professionelle Kultur" von Ärzten und Rechtsanwälten, die „technische Sensibilität" von Arbeitern in der mechanisierten Produk-

tion und die „Kontaktfähigkeit" kaufmännischer Angestellter sind Beispiele dafür, daß die verschiedenen regulativen Normen, auf die es in spezialisierten Arbeitsaufgaben ankommt, sich nicht ohne weiteres auf den gemeinsamen Nenner von „conscientiousness" bringen lassen, mit dessen Hilfe Tumin die organisatorische Statusstruktur rekonstruieren will.

2. Es ist ein Merkmal der in das Arbeitsverhalten eingehenden „inneren" Kontrollen, daß sie nicht „mehr" oder „weniger" vorhanden sein können, sondern ihre Befolgung nur nach einem Ja/Nein-Kriterium zu beurteilen ist. Anders als bei der Elternrolle erlaubt die spezifische Beanspruchung durch die Arbeitsrolle nur in sehr beschränktem Maße eine Variation des normativ angeleiteten Arbeitseinsatzes nach Art und Umfang. Die selbständige Befolgung eines normativen Musters wird zwar angesonnen, aber die Empfindlichkeit der Organisation gegen Abweichungen erlaubt weder markante Unterschreitungen im Maß der Norm-Erfüllung, noch macht sie die demonstrative Norm-Übererfüllung sinnvoll. Auch dieser Umstand entwertet den Maßstab der „conscientiousness" als Mittel, das zur Beurteilung des relativen Status in der Arbeitsorganisation dienen soll.

3. Wie vor allem Baldamus betont, stellen die regulativen Normen, die in das Verhalten am Arbeitsplatz eingebracht werden, eine im Sozialisationsprozeß erworbene „Vorleistung der Gesellschaft an den Arbeitgeber" dar. Aus diesem Grunde ist Arbeitskraft nicht abstrakt als allgemeinmenschliche zu begreifen, sondern sie entspringt aus unterschiedlichen subkulturellen Sozialisations- und Erziehungsbedingungen. Wie sich ein Organisationsmitglied zu Rollenpartnern und Arbeitsgegenständen verhält, und ob es die angesonnenen inneren Kontrollen faktisch aufzubringen in der Lage ist, richtet sich deshalb nur in geringem Maße nach den Vergütungen, die ihm die Organisation für sein Verhalten in Aussicht stellt; die Bereitschaft, auf differentielle Vergütungen durch eine Veränderung des Arbeitsverhaltens zu reagieren, ist vielmehr das Resultat spezifischer Sozialisationsbedingungen. Bei der Lösung des Allokationsproblems versagt der von Tumin vorgeschlagene Mechanismus der Statusverteilung ebenso wie der, den die funktionalistische Schichtungstheorie unterstellt: die Befolgung regulativer Normen kann nämlich im allgemeinen nicht als Reaktion auf ausgesetzte Prämien, sondern nur als ein relativ starres Resultat vorangegangener Sozialisations- und Erziehungsprozesse begriffen werden.

4. Vor allem muß dieser Vergütungsmechanismus, der ein hohes Maß der Identifikation mit der Arbeitsaufgabe gewährleisten soll, deshalb versagen, weil die Tatsache der differentiellen Vergütung selber

schon *verhindern* kann, daß die funktionalen Regulative im Arbeitsverhalten praktiziert werden. Die Differenzierung von Arbeitseinkommen und Berufsstatus nach Merkmalen der Arbeitsrolle hat nämlich zur Folge, daß die Organisationsmitglieder ihr Arbeitsverhalten als Bestandteil eines Tauschprozesses interpretieren, der bar aller normativen Verpflichtungen ist. Nur auf der Basis der individualistischen Einkommens- und Aufstiegsorientierung kann dieses Tauschverhältnis dazu führen, daß zum Zwecke der individuellen Statusverbesserung auch Identifikationen und Loyalitäten, gleichsam als Gegenleistungen, ausgebildet und praktiziert werden. In den sozio-kulturellen Gruppen, die nicht durch ein individualistisches Statusbewußtsein gekennzeichnet sind, könnte die Beibehaltung des Tauschmodells bei der Statusverteilung gerade verhindern, daß regulative Normen als verpflichtend akzeptiert werden. An den Studien über die Funktionsweise von Lohnanreizen hatten wir bereits gesehen, daß in großen Gruppen der Arbeitnehmerschaft das Interesse an der Verbesserung des individuellen Status nicht ausreicht, die Ausnutzung auch der normativen Produktivkräfte zu sichern. Das gleiche gilt von der wachsenden Anzahl „professionalisierter" Berufe, in denen die Befolgung des „regulative code of ethics" ja von Statusmotiven nicht nur nicht stimuliert, sondern eher verhindert wird. Individualistische Statusmotive und die Regeln des beruflichen Handelns befinden sich auf weiten Gebieten der industriegesellschaftlichen Arbeit nicht mehr in jener liberalen Harmonie, in der solche Interessen als wirksamste Kontrollen eines erwartungsgemäßen Arbeitsverhaltens fungierten und die Tumin mit seinem Vorschlag restituieren möchte.

Die „professions" sind nur der deutlichste Beispielsfall für eine Antinomie zwischen Tauschprinzip und funktionaler Berufsausübung. Das Festhalten an jenem Prinzip, welches das Arbeitsverhalten durch die traditionellen Mechanismen von Belohnung und relativer Zurücksetzung zu kontrollieren versucht, unterbindet gerade das Aufkommen selbstwerthafter Regulative der Berufsausübung, die in immer größeren Bereichen der industriell-bürokratischen Arbeit eine wichtige Rolle spielen.

Als Alternative zu Tumins modifiziertem Modell der Leistungsgesellschaft, das freilich die Inadäquatheit des Leistungsbegriffes unter den Strukturbedingungen industrieller Arbeitsorganisationen zu reflektieren versäumt, verbliebe keineswegs nur das Modell einer mechanischen *Gleichverteilung* der Statusattribute, über deren Verteilung von den Institutionen der Arbeit entschieden wird. Die Konsequenzen, die aus der Kritik des Leistungsprinzips zu ziehen wären, könnte auch in einem Modell der Distribution bestehen, in dem der soziale Status von Merkmalen der Arbeitsrolle *gelöst* und auf *politischer* Ebene sanktioniert wird. Wir haben gesehen, daß schon heute die Unterschiedlichkeit im Arbeitseinkommen verschiedener Berufspositionen kaum mehr anders als durch eine akzeptierte Geltungshierarchie und traditionalistische Differenzen des Anspruchsniveaus verschiedener Berufsgruppen erklärt werden kann; doch die normative Basis der Einkommensstruktur ist von technischen Fiktionen und Rationalisierungen überlagert, deren Funktion darin besteht, die Statusunterschiede zwischen arbeitenden Individuen diesen als relativen Mangel oder Verdienst zuzurechnen und so über die normative, aber unexplizierte Werthierarchie von Arbeitsfunktionen hinwegzutäuschen. Die institutionell fixierten, aber fiktiven Kriterien des differentiellen Wertes von Arbeitsfunktionen werden um so absurder, je weniger sich — in diskontinuierlichen Organisationen — die „höheren" Positionen als ein „Vielfaches" der Anforderungen beschreiben lassen, die an untergeordnete Organisationsmitglieder gerichtet werden.

Dieser Widerspruch zwischen der Fiktion technischer Einkommensermittlung und der Tatsache normativer Einkommensverteilung fände seine Lösung in einem Modell der Distribution, das normative Geltungshierarchien auf politischer Ebene zur Disposition stellt und damit die Verteilung von Einkommen und sozialen Lebenschancen dem Prozeß einer öffentlichen Willensbildung angleicht. In einem solchen Prozeß würden dann freilich nicht mehr Kosten oder Produktivität von individueller Arbeit, sondern öffentlich sanktionierte Bedürfnisse arbeitender und auch der nicht-arbeitenden Bevölkerungsgruppen zum Kriterium der Verteilung.

Die durch den Mechanismus öffentlich bestimmter Bedürfnisse etablierten Statusgarantien könnten den Vorwand der technischen Statusdetermination ebenso wie individualistische Status-Motive außer Kraft setzen; denn diese haben nicht einmal das Argument ökonomischer Rationalität auf ihrer Seite, weil ihre „Anreizfunktion" unerfüllt bleibt, weil sie die Konformität mit extrafunktionalen Orientierungen erzwingen und weil die Rekrutierung von Personal auf dem Wege der individuellen Berufsmobilität zunehmend irrational wird. Wenn das leistungsgesellschaftliche Modell der Statusverteilung auch im *Selbstbewußtsein* industrieller Gesellschaften durch politisch vermittelte Statusgarantien abgelöst würde, so läge dieser soziale Wandel durchaus im Zuge einer gelegentlich diagnostizierten Umkehrung in der Entwicklungsrichtung industrieller Gesellschaften: die Tendenz „from status to contract" wird abgelöst durch die Tendenz „from contract to status."[16] Doch brauchte diese Umkehrung, weil sie die Disziplinierungsfunktion des Leistungsprinzips abbauen und zugleich die funktionale Befolgung regulativer Normen motivieren könnte, keineswegs regressive Züge zu tragen.

Anmerkungen

1) H. Kluth, Amtsgedanke und Pflichtethos in der Industriegesellschaft, Hmb. Jb. 10 (1965), S. 11—22, hier S. 18.
2) Das hat Marx kritisiert. Vgl. K. Marx, Kritik des Gothaer Programms, Berlin 1955.
3) F. Fürstenberg, Probleme der Lohnstruktur, Tübingen 1958.
4) Vgl. M. Young, The Rise of Meritocracy, London: Tames and Hudson 1958 (dt.: Es lebe die Ungleichheit, Köln 1961).
5) Vgl. L. Hack, Was heißt schon Leistungsgesellschaft?, neue kritik 7 (1966), H. 35, S. 23—32.
6) a.a.O., S. 28/29.
7) The Triple Revolution, Manifest des Ad Hoc Committee on the Triple Revolution, Santa Barbara 1964, p. 7.
8) Vgl. H. P. Bahrdt, Industriebürokratie, Stuttgart 1958, S. 123.
9) Vgl. Th. Luckmann und P. Berger, Social Mobility and Personal Identity, Eur. Arch. f. Soz. 5 (1964), pp. 331—344.
10) Vgl. W. Baldamus, Der gerechte Lohn, Berlin 1960.
11) a.a.O., S. 77.
12) Vgl. M. M. Tumin, Rewards and Task Orientation, American Sociological Review 20 (1955).
13) a.a.O., p. 421.
14) a.a.O., p. 419.
15) a.a.O., p. 421.
16) Vgl. T. H. Marshall, Class, Citizenship, and Social Development, Anchor Books 1963; P. F. Drucker, The Employee Society, American Journal of Sociology 58 (1952), pp. 358—363.

Über einige Funktionen und Folgen des Leistungsprinzips in industriellen Gesellschaften

Günther Steinkamp

Sozialsysteme (z. B. Industriebetriebe, Schulen, Gesellschaften) lassen sich als Geflechte sozialer Positionen verstehen, die den Beitrag des einzelnen Akteurs zur Erreichung von Systemzielen definieren. Es lassen sich dabei systematisch zwei Arten solcher Beiträge im Rahmen arbeitsteiliger Differenzierung unterscheiden, je nachdem ob sie in *familialer* (verwandtschaftlicher) oder *beruflicher* Organisation geleistet werden.[1] Mit zunehmender Komplexität der funktionalen Differenzierung einer Gesellschaft werden nun immer mehr ursprünglich dem Bereich familialer Organisation angehörende Positionen in die berufliche Organisation überführt.[2]

Thema der folgenden Ausführungen ist der Zuweisungsprozeß (Allokationsprozeß) im System beruflicher Organisation und — mit besonderer Gewichtung — der ihm vorausgehende und ihn weitgehend steuernde Sozialisations- und Selektionsprozeß im Schulsystem[3] moderner Industriegesellschaften.

Wir gehen dabei von einem Gemeinplatz soziologischer Erkenntnis aus, daß nämlich das „Leistungsprinzip" in solchen Gesellschaften als zentrale Zuweisungsnorm sowohl in den Bereichen beruflicher Organisation als auch in den auf sie vorbereitenden Schulsystem Legitimität beansprucht. Die beiden ersten Abschnitte dieses Aufsatzes werden sich umrißartig mit der Genese dieses Prinzips und seinen personen- und systembezogenen manifesten Funktionen beschäftigen. Danach soll eine immanente Kritik des Leistungsprinzips als präskrigtive Handlungsnorm auf drei Ebenen erfolgen:

1. Zunächst soll überprüft werden, wie weit der Selektions- und Allokationsprozeß dem Maßstab individueller Leistungsfähigkeit und -bereitschaft[4] folgt, der als einzig legitimer postuliert wird. Die Analyse bezieht sich hier vorwiegend auf das Schulsystem.

2. Danach soll die Frage gestellt werden, welche Bedeutungsinhalte diesem zunächst rein formalen Prinzip[5] gegeben und wie diese Inhalte begründet werden.

3. Zuletzt wird versucht, Aussagen über dysfunktionale Auswirkungen dieses Prinzips auf das Individuum und auf die Gesamtgesellschaft zu machen.

I. *Zur Genese des Leistungsprinzips*

Den allgemeinsten Bezugsrahmen, innerhalb dessen das Dominantwerden des Leistungsprinzips in der Sozialstruktur moderner Gesellschaften erklärt werden kann, bildet das von *Max Weber* eingehend analysierte Prinzip des *„Rationalismus der Lebensgestaltung"*. Grundgedanke dieses Prinzips ist die begründete Stellungnahme des Menschen zu seiner materialen und sozialen Umwelt, mit der gleichzeitig eine Säkularisierung und Entmystifizierung der „Heiligkeit von jeher vorhandenen Ordnungen"[6] und damit eine generelle Auflehnung gegen die Kategorie des Schicksals parallel läuft.

Der Prozeß der Rationalisierung des sozialen Lebens bedeutet also eine entscheidende Abkehr von dem Prinzip der Traditionsbestimmtheit. Diese Entwicklung beinhaltet auch eine zunehmende Infragestellung zugeschriebener (askriptiver) Bindungen des Menschen, wie soziale und ethnische Herkunft, Geschlecht, Religion, Rasse, Alter etc. für seine sozialen Chancen. Besonders das Gedankengut der westeuropäischen Aufklärung reflektiert die Fragwürdigkeit einer aus solch reinen Zufälligkeiten resultierenden sozialen Ungleichheit. Insofern ist die von ihr entwickelte Idee der *Gleichheit des natürlichen Ranges der Menschen* nur eine logische Konsequenz des Durchbruchs des Rationalitätsprinzips.

Ihr konkreter Inhalt bezieht sich dabei in modernen demokratischen Gesellschaften auf die *Gleichheit des staatsbürgerlichen Status,* die willkürliche Beschränkungen individueller Selbstverwirklichung verhindern und gleiche Startbedingungen zur Entfaltung aller menschlichen Möglichkeiten garantieren soll.[7]

Die Affinität dieser Wertorientierungen zum Leistungsprinzip ist leicht zu erkennen. Sie erzwingen ein Dominantwerden dieses Prinzips, d. h. eine Besetzung sozialer Positionen und eine sie steuernde Selektion im Schulsystem ausschließlich nach Kriterien *indivdueller Leistungsfähigkeit und -bereitschaft.*

Das Gleichheitsprinzip läßt sich geradezu als Voraussetzung, als „hintergründiges Koordinatensystem der Leistungszurechnung"[8] verstehen. Denn auf der Basis prinzipieller Ungleichheit — etwa kraft ständischer Privilegien werden Motivationen zur Leistung erst gar nicht entwickelt.[9] Das Leistungsprinzip hebt in eigendynamischer Wirkung immer rapider die vorgefundenen vorindustriellen, d. h. ständischen Orientierungen auf[10] und erzwingt in zunehmendem Maße seine eigene Institutionalisierung.

Die Gültigkeit dieser Aussage läßt sich an drei primären Wandlungsprozessen im Berufssystem industrieller Gesellschaft demonstrieren: quantitative Expansion, Differenzierung und qualitative Aufwertung.[11]

Insbesondere der Prozeß der qualitativen Aufwertung, durch den „das allgemeine Niveau der für angemessene berufliche Rollenleistung erforderlichen Fähigkeit und Verantwortung gestiegen ist“[12], reflektiert das permanent wachsende Systembedürfnis nach Leistung.[13] So werden über das allgemeine Prinzip zweckrationaler Handlungsorientierung, dessen Wurzeln *Max Weber* in der innerweltlichen Askese des Protestantismus calvinistischer Ausprägung und dem von ihm induzierten kapitalistischen Erwerbsstreben sah, die sich gegenseitig bedingenden Prinzipien der Gleichheit und Leistung in industriellen Gesellschaften institutionalisiert, d. h. integraler Bestandteil ihrer normativen Struktur. Ihre systematische Verwirklichung impliziert folgende Bedingungen: Jedem Individuum wird unabhängig von bestimmten askriptiven Eigenschaften die materiale Chance gegeben, sich aus ungefragten Bedingungen zu lösen und seine Anlagen nach allen Seiten hin auszubilden[14], d. h. Leistungsfähigkeit und Leistungsbereitschaft zu entwickeln. Erst auf dieser Basis gleicher Chancen für alle Gesellschaftsmitglieder, die für die verschiedenen Positionen im Bereich beruflicher Organisation als auch für die zu ihnen hinführenden Positionen im Schulsystem erforderlichen Voraussetzungen zu erwerben, soll dann die Besetzung der Position erfolgen, wobei nur dann eine Zulassung geschieht, wenn die Expertise des Bewerbers mit den von der Position her zu definierenden Ansprüchen koinzidiert.

Diese notwendig formal bleibende Definition des Leistungsprinzips wird im weiteren Verlauf unserer Analyse inhaltlich aufgefüllt werden.

II. *Manifeste Funktionen des Leistungsprinzips*

Im folgenden sollen die manifesten Funktionen, d. h. die beabsichtigten und beobachtbaren objektiven Folgen des Leistungsprinzips einmal für das einzelne Individuum und danach für die Gesellschaft als ganze kurz umrissen werden.

1. Personenbezogene Funktionen

In modernen industriellen Gesellschaften wird — wie in zahlreichen Untersuchungen nachgewiesen werden konnte — der Zusammenhang zwischen Bildungsqualifikation und zukünftiger Berufsposition immer enger. Zwar lebt auch hier noch der Mythos von den überlegenen Vorzügen der „Von-der-Pike-auf"-Karriere, „aber der Tatsache der realistischen Struktur der Chancen wird dieser Mythos nicht gerecht".[15]
Die in Noten und Zeugnisse eingehenden Urteile werden immer stärker als objektiver Maßstab für die Qualifikation eines Individuums herangezogen. Sie bilden folglich den wichtigsten Selektionsmechanismus innerhalb des Erziehungssystems und beim Zugang zu unterschiedlich bewerteten Berufspositionen. Damit erscheint die bewertete Berufsposition als abhängige Variable der individuell erbrachten Leistung.
Über die Berufsposition werden nun den Mitgliedern einer Gesellschaft Sanktionen (Belohnungen) vermittelt, die allgemein als wertvoll geschätzt werden: Einkommen, Prestige und Macht. Somit läßt sich — pointiert formuliert — die Feststellung treffen: Formale Leistungszertifikate determinieren weitgehend die Lebenschancen und damit das soziale Schicksal eines Menschen.
Es kristallisieren sich demnach zwei personenbezogene manifeste Funktionen des Leistungsprinzips heraus:
(1) Zuweisungen der Mitglieder einer Gesellschaft auf die unterschiedlich bewerteten Berufspositionen (*Allokation*);
(2) Differentielle Verteilung von Einkommen, Prestige und Macht über die bewertete Berufsposition (*Statusdetermination*).

2. Systembezogene Funktionen

Für eine moderne Industriegesellschaft ist die Institutionalisierung von Leistung sowie ihre Internalisierung als Handlungsnorm durch ihre Mitglieder in zweifacher Hinsicht funktional:
(1) Die Auslese der um Berufspositionen konkurrierenden Individuen rein unter dem Gesichtspunkt der Fähigkeit ermöglicht eine optimale Besetzung der vielfältigen politischen, organisatorischen, wirtschaftlichen, technischen etc. Positionen. Das Leistungsprinzip ist damit Ursache und Bedingungen einer gesellschaftlichen Entwicklung zu ökonomischer, politischer und sozialer „Modernität".[16]
(2) Das Leistungsprinzip legitimiert solche Formen sozialer Ungleichheit, die durch individuell erbrachte unterschiedliche Leistungen zu-

stande gekommen sind. Seine Funktion läßt sich hier also als ideologische charakterisieren.[17]

III. *Strukturanalyse von Selektionsprozessen im Schul- und Berufssystem*

Der soeben aufgezeigten eminenten Bedeutung des Leistungsprinzips für das soziale Schicksal des Individuums und für die Entwicklung der Gesamtgesellschaft folgt die Frage nach dem *Objektivitätsanspruch* und dem *Rationalitätsgrad* der Leistungsauslese im Schul- und Berufssystem.

1. Wir wollen unsere Untersuchung zunächst auf den Bereich der Volksschule begrenzen und dabei zeigen, wie ein sich durch „Leistungswettbewerb" offiziell legitimierendes Auslesesystem von askriptiven, also völlig leistungsfremden Merkmalen gesteuert wird und dabei sowohl für das Sozialsystem als auch für das Individuum höchst negative Konsequenzen sich ergeben.

Zwei neuere soziologische Untersuchungen zum Ausleseverfahren in der *Volksschule* haben gezeigt, daß die Entwicklung, Förderung und Beurteilung eines Schülers mit deutlichem Rekurs auf bestimmte soziale Eigenschaften geschieht.[18] Das zentrale soziale Orientierungsmerkmal für den Lehrer ist dabei das Herkunftsmilieu des Kindes: Mit fallender sozialer Herkunftsschicht assoziiert der Lehrer eine parallel laufende Abnahme all der Qualitäten, die er für den erfolgreichen schulischen Entwicklungsprozeß für relevant hält. Irrationalität ist dabei das herausragende Kennzeichen dieses Identifizierungsprozesses von sozialer Schicht und Schülerqualität, wie das folgende Untersuchungsergebnis zeigt: Das sich schon in der zweiten (!) Volksschulklasse abzeichnende Bild einer schichtorientierten Eignungsbeurteilung erfährt nur noch unwesentliche oder keinerlei Korrekturen in den folgenden Schuljahren.[19]

Selbst wenn man das in validierten Testverfahren entwickelte Leistungsvermögen (Begabung) der Schüler konstant hält, bleibt eine eindeutige Diskriminierung des Unterschichtenkindes und eine unübersehbare Bevorzugung des Oberschichtenkindes durch den Lehrer bestehen.[20]

Diese empirisch fundierten Aussagen erlauben den Schluß, daß das soziale Merkmal Schichtzugehörigkeit gewissermaßen a priori beim Lehrer als stereotypes Kategorisierungsschema einrastet und einen kritischen Reflexionsprozeß über die Grundlagen seines Urteils gar nicht erst aufkommen läßt. Die Unterschichtenherkunft wird damit exakt zu dem, was *Goffman* „phylogenetisches Stigma“ genannt hat: „Ein Individuum, das leicht in gewöhnlichen sozialen Verkehr hätte aufgenommen werden können, besitzt ein Merkmal, das sich der Aufmerksamkeit aufdrängen und bewirken kann, daß wir uns bei der Begegnung mit diesem Individuum von ihm abwenden, wodurch der Anspruch, den seine anderen Eigenschaften an uns stellen, gebrochen wird. Es hat ein Stigma, das heißt, es ist in unerwünschter Weise anders, als wir es antizipiert hatten.“[21]

Die Unterschichtenherkunft reduziert nicht nur die sozialen Chancen eines Individuums, sondern kann auch zu einer Schädigung seiner psychischen Organisation führen. Gerade in einer Entwicklungsperiode, wo „der Tätigkeitsdrang das Tun mit und neben anderen umfaßt, entwickelt sich in dieser Zeit ein Gefühl für Arbeitsteilung und für gerechte Chancen. Wenn ein Kind zu fühlen beginnt, daß es seine Hautfarbe, sein Elternhaus oder der Preis seiner Kleidung ist, die über seinen sozialen Wert entscheiden, und nicht sein Wunsch und Wille zu lernen, so kann es daraus dauernden Schaden an seinem Identitätsgefühl nehmen . . .“[22]

Neuesten Untersuchungen zum professionellen Deutungssystem und zum Gesellschaftsbild von *Gymnasiallehrern*[23] weisen bei ihnen ein den Volksschullehrern weitgehend identisches Einstellungs- und Verhaltenssyndrom nach. Unabdingbare Voraussetzung für die Vermittlung höherer Bildung ist für sie einmal ein adäquates Herkunftsmilieu und eine damit in unlösbarem Zusammenhang stehende — zur Naturkonstanten sich verkürzende — Begabungsqualität: „Begabt in hinreichendem Maße sind immer nur wenige und diese kommen regelmäßig aus der Elite der Gesellschaft . . .“[24]

Im Selbstverständnis der Gymnasiallehrer wird damit die höhere Schule zu einer Institution, deren primäre Funktion in der Sicherung der Selbstrekrutierung einer absolut gesetzten, nicht von ihren Funktionen verstandenen gesellschaftlichen Elite besteht.

Die in den dargestellten Einstellungen und Verhaltensweisen von Volksschul- und Gymnasiallehrern sich manifestierenden Anforderungsnormen haben außerordentlich dysfunktionale Konsequenzen in mehrfacher Hinsicht.[25]

(1) Durch die überragende Bedeutung von Mittelschichtennormen im Sozialisations- und Selektionsprozeß des Schulsystems wird der in der schichttypischen Sozialisationsleistung der Familie begründete Ungleichheitseffekt konserviert und perpetuiert. Das Schulsystem vertut damit seine prinzipielle Möglichkeit, eine Korrektur der in der Familie sich ereignenden Weichenstellung vorzunehmen[26] mit der Konsequenz, daß die Chance der Selbstverwirklichung auf der Grundlage

einer optimalen Entwicklung aller individuellen Fähigkeiten als Rechtsanspruch jedes Menschen weiterhin Privileg der durch den familialen Sozialisationsprozeß ohnehin schon favorisierten höheren Sozialschichten bleibt.[27]

(2) Für die Gesamtgesellschaft bedeutet die reaktionäre Interpretation des Leistungsprinzips einen Verlust an talentiertem Nachwuchs für seine verschiedensten Positionen. Damit wird die mögliche Wandlungschance zur politischen, ökonomischen und sozialen Modernität verzögert, wenn nicht vertan.

2. Wenn man einmal eine vollkommene Realisierung des Leistungsprinzips im Schulystem unterstellt, dann bleibt immer noch die Frage, inwieweit der Wettbewerb um Berufspositionen grundsätzlich auf der Grundlage einer „Perhorreszierung des Privilegs"[28] und einer zunehmenden Berücksichtigung der in Zeugnissen sichtbar gemachten Leistungsstandards geschieht, also die Entscheidung über die Positionszuweisung vom Markt auf das Schulsystem verschoben wird. Der schon erwähnte immer enger werdende Zusammenhang zwischen dem Grad der erreichten Schulausbildung und dem Rang der Berufsposition scheint diese Frage zu beantworten. Aber zum Beispiel für die Besetzung von beruflichen Spitzenpositionen vermutet *Hartmann,* daß ihre Bewerber „sich weniger durch Expertise als durch Repräsentativität, Familie, Besitz oder ‚Beziehungen' auszeichnen".[29] Seine skeptische Feststellung: „Bei allem Lippenbekenntnis zum Leistungsprinzip bleibt das Establishment den Experten übergeordnet"[30] bedürfte dringend einer eingehenden empirischen Überprüfung.[31]

Nun wird mit zunehmender Differenzierung der Leistung vor allem im Bereiche beruflicher Organisation generell die Chance der sachkundigen Überprüfbarkeit der Leistung immer geringer. Speziell für den Bereich der Hochschule charakterisiert *Werner Hofmann* die Konsequenzen dieser Tendenz ironisch treffend: „Je mehr sich der Kreis der Kundigen mit Spezialisierung der Forschungsgegenstände einschränkt, desto günstiger werden gleichzeitig die Bedingungen für unkontrollierte wissenschaftliche Autoritätsbildung, für die Wirksamkeit eingeschworener literarischer Zitier- und Lobekartelle, deren Partner einander wechselseitig hochsteigern. So können sich Einzelne in den Genuß eines systematisch aufgebauten Meinungsmonopols bringen, das kaum mehr angreifbar erscheint . . . Wie die Marktgesellschaft zum Oligopol, so neigt die Gelehrtenrepublik zur literarischen und akademischen Meinungs-Oligarchie."[32] Dieses Beispiel macht sehr deutlich, daß die Realisierung einer leistungsgerechten Positionszuteilung (mit den behandelten weitreichenden Konsequenzen für den sozialen Status des einzelnen) abhängig ist von der „institutionalisierten Chance der Wahrnehmung und kompetenten Beurteilung dieses Verhaltens durch Instanzen, welche die Verteilung der organisatorischen Status-Attribute kontrollieren. Voraussetzung dafür, daß diese Sequenz von Verhalten — Beurteilung — Status-Zuweisung bzw. Status-Legitimation ablaufen kann, ist also ein Mindestmaß an Kompetenz der beurteilenden Instanz."[33] Spätestens hier stellt sich die begründete Vermutung, daß die objektiven Bedingungen einer komplexen Industriegesellschaft die überprüfbare Anwendung des Leistungsprinzips häufig gar nicht zulassen.

IV. *Leistung als systemstabilisierende Handlungsnorm*

Unsere bisherige Analyse hat deutlich gemacht, daß vor allem die dem Allokationsprozeß vorausgehende und ihn weitgehend determinierende Selektion im Schulsystem in keiner Weise dem Maßstab folgt, der als einzig gültiger postuliert wird: dem Maßstab der individuellen Leistungsfähigkeit und -bereitschaft auf der Basis der Gleichheit der für den Erwerb von Qualifikationen effektiven Bedingungen.[34]

Die zweite Ebene der Kritik an der gesellschaftlichen Ordnungsvorstellung einer leistungsentsprechenden Statusverteilung richtet sich auf den *Inhalt* der Leistungskategorie.

Jede Beurteilung eines Individuums läßt sich als Sanktionsvorgang definieren, der sich an den in einem sozialen Beziehungsgefüge geltenden Standards des Verhaltens orientiert. Auch die hier interessierenden Beurteilungsprozesse im Schulsystem stellen einen solchen Sanktionsvorgang dar.

1. Unsere These ist, daß *formale Leistungsnormen* (wie sie in Ausbildungszielen und Prüfungsordnungen sichtbar werden) immer *auch* die manifeste oder latente Funktion der Aufrechterhaltung der Legitimität bestehender Schichtungs- und Herrschaftsstrukturen haben. Die weitgehende Festlegung bzw. Sanktionierung von formalen Leistungsnormen durch politische Instanzen läßt diese Annahme plausibel erscheinen.

Die explizite Begründung ihres Anspruchs scheint allerdings vordergründig der angedeuteten Legitimationsfunktion zu widersprechen, da sie auf dem Argument des Sachzwanges einer hochindustrialisierten und bürokratisierten Gesellschaft fußt. Diese hat nämlich als funktionale Vorbedingung eine Besetzung ihrer vielfältigen und komplizierten wirtschaftlichen, technischen, politischen und organisatorischen Positionen mit qualifiziertem Personal zu garantieren. Aber gerade der Begriff der *Qualifikation ist in seinem Bedeutungsinhalt abhängig von politischen Entscheidungen.* Aus dieser Perspektive erscheinen dann „die jeweils gültigen Maßstäbe von ‚Fähigkeit' als bedeutsamer Schlüssel für die Strukturierung des Systems sozialer Schichtung und der gesellschaftlichen Herrschaftsverhältnisse. Je nach ihrem Inhalt sind sie geeignet, gesamtgesellschaftliche Verhältnisse zu stabilisieren und in ihrem Bestand zu legitimieren oder als Ansatzpunkt für die Durchsetzung sozialer Veränderungen zu dienen."[35] (Im übrigen läßt sich vermuten, daß die Rechtfertigung geforderter Leistungsinhalte im Ausbildungssystem mit dem Argument ihrer Funktionalität wohl selbst auf sehr tönernen Füßen steht: einer ernsthaften empirischen Überprüfung dürfte es kaum standhalten!)[36]

Ausbildung und Auslese zur Anpassung — wie man diesen Prozeß charakterisieren könnte — im Rahmen dieses sehr begrenzten und statischen Verständnisses von Fähigkeiten und Leistung kann damit einmal dazu führen, daß man es nie zum Testfall für die „Funktionalität" ganz anderer Fähigkeiten kommen läßt und damit das gegenwärtige System gegen jede Kritik immunisiert.[37]

Zum anderen aber verhindert die unreflektierte Orientierung an bestehenden gesellschaftlichen Leistungsansprüchen gerade bei beschleunigtem sozialem Wandel die Stimulierung solcher Qualifikationen, die bei verändertem gesellschaftlichem Zustand funktional wären.[38]

Das Dilemma einer ausschließlich funktionalistischen Begründung von Anforderungsnormen im Sozialisations- und Selektionsprozeß des Ausbildungssystems wird hier deutlich sichtbar: Sie hat in ihren praktisch-politischen Handlungsfolgen die Wirkung, „systemtranszendierende Bedürfnisse und Interessengruppen abzuweisen."[39] Dem Bestehenden wird so der Mythos des Notwendigen verliehen. Auslese auf dem Hintergrund eines so verstandenen Leistungsbegriffs produziert einen *neuen Ungleichheitseffekt:* Begabungen, die nicht unmittelbar bei der Lösung bestehender Probleme einsetzbar sind, fallen durch das gewissermaßen statische Raster der Auslesemechanik. *Emanzipation des Menschen durch Bildung,* d. h. die Entfaltung aller individuellen Anlagen, die erst eine freie Entscheidung ermöglicht, verliert in diesem begrenzten Bezugsrahmen jegliche Chance der Realisation. Das sich an den fragwürdigen Maximen vordefinierten gesellschaftlichen Bedarfs orientierende Leistungsprinzip wird so unversehens zum *Gegenprinzip* der Selbstbestimmung des Individuums.

Aber auch die Forderung nach einer vollen Entfaltung „individueller Fähigkeiten ohne eine unmittelbare Kopplung an Kriterien der Effizienz für die Berufsausbildung"[40] ist zu vage. Der Begriff der Fähigkeit bleibt hier ohne inhaltliche Bestimmung: er kann unter anderem in (von *Oevermann* gewiß nicht beabsichtigter!) Richtung des von *Charlotte Lütkens* kritisierten klassischen Leitbildes des ganz im Geiste ruhenden Menschen interpretiert werden.[41] Damit würde gewissermaßen „das abstrakte, von seiner realen Wirksamkeit abgespaltene Dasein eines Menschen zu seiner Aufgabe, womöglich zu seiner Würde gemacht."[42]

Die Schwierigkeit einer konkreteren Benennung von wünschenswerten Leistungsinhalten und Lernzielen wird auf dem Hintergrund dieser Überlegungen nur zu offensichtlich.

Ein rationaler Leistungsbegriff bedarf einer *kritischen Sozialtheorie*. Denn Erziehung zur Leistungsfähigkeit und -bereitschaft ohne einen solchen Bezugsrahmen korrespondiert mit schlichter Anpassung an dominierende historisch-gesellschaftliche Tendenzen. Sie sichert und erhöht die Funktionsfähigkeit des Individuums innerhalb der bestehenden sozialen Ordnung und macht es gefügig und bereit, sich bestehenden sozialen Zwängen fraglos zu unterwerfen.

Der hochrationale Bewußtseinsstand der Wissenschaft, dessen Wirkung bisher spezialistisch auf Teilbereiche technischer und wirtschaftlicher Verfahrensweisen beschränkt blieb, muß eine Ausdehnung auf die Formulierung von Anforderungsnormen im Erziehungs- und Berufssystem erfahren, die bisher vom „gesunden Menschenverstand", tradierten Vorstellungen, pragmatischen Zwängen und partikularen Interessen geprägt waren. So erst wird es gelingen, die funktionalistische durch eine progressive Tendenz abzulösen, in der vor allem das Schulsystem aus seiner Verantwortung für die Demokratisierung und Humanisierung der Gesellschaft und für die Befreiung des Individuums von unbegriffenen Mächten verstanden und erneuert werden kann.

2. Wenn man einmal unterstellt, daß die auf den verschiedenen Ebenen des Erziehungssystems einer Gesellschaft geltenden formalen Anforderungsnormen rational (im Sinne von vernünftig) bestimmt wären, so wäre damit nicht automatisch auch die Orientierung der Vermittlungsagenten an diesen Setzungen garantiert. Vor allem wohl der deutschen Schulpraxis angemessener ist die Feststellung, daß formale Anforderungsnormen in vielen Ausbildungs- und Prüfungsverfahren sich durch einen solchen Allgemeinheitsgrad auszeichnen, daß die jeweiligen „Hohlräume" vom subjektiven Ermessen ausgefüllt werden können. Damit werden *informelle Anforderungsnormen*, d. h. von Beurteiler zu Beurteiler wechselnde Standards, zur Grundlage der Leistungsauslese, wobei dabei die Prüfung vielfach als ein Akt der Selbstbestätigung für die Lehrmeinung des Prüfers anzusehen ist.[42a] Eine solche offenkundig irrationale Prüfungspraxis kann nun im weiteren Ausleseprozeß im Sinne einer „self-fulfilling-prophecy" sich auswei-

ten: „Das Zeugnis steuert spätere Bewertungen des Kandidaten durch deskriptive Information über sein Prüfungsverhalten und durch normativen Konformitätsdruck auf Übernahme einmal verliehener Noten."[43]
Die Regelung der Allokation auf der Basis intuitiv und willkürlich ermittelter Leistungsnachweise führt zu einer Perversion des Gleichheits- und Leistungsprinzips, weil realiter unvergleichbare Leistungen die Zugangschancen zu den Positionen unterschiedlichen Einkommens, Einflusses und Prestiges und damit auch das soziale Schicksal des Einzelnen weitgehend bestimmen. Leicht überpointiert läßt sich der analysierte Auslese- und Aufstiegsprozeß im Schulsystem als ein Vorgang *kumulativer Irrationalität* bezeichnen.

V. *Dysfunktionale Konsequenzen des Leistungsprinzips*

Eine immer vollkommenere Realisierung des Leistungsprinzips auf der Basis prinzipieller Chancengleichheit — das scheint sich als Resumée der bisherigen Analyse anzubieten — *kann* außerordentlich positiv funktionale Konsequenzen für eine auf die auf Ausweitung von Sachverstand angewiesene komplexe Industriegesellschaft haben. Das Systeminteresse verlangt nach einer „gut funktionierenden", ihm angepaßten Persönlichkeit.
Bisher aber haben wir den individualpsychologischen Aspekt und damit die Frage ziemlich ausgeblendet, welche Konsequenzen ein auf Leistungsauslese ausgerichtetes soziales System für das einzelne Individuum hat. Wir müssen damit die Rationalität der Analyse auf den einzelnen Fall richten.
1. Zunächst wäre zu fragen, welche Konsequenzen ein von Leistungsmotivation bestimmter Sozialisationsprozeß auf die Persönlichkeit als in einem solchen System „primären Produktionsfaktor" (*Parsons*) hat.[44] Empirische Untersuchungen über die Auswirkungen einer leistungsbetonten Erziehung legen den vorsichtigen Schluß nahe, daß sie gewissermaßen als nichtbeabsichtigte Nebenwirkungen aggressive, angespanntere, herrschsüchtigere und grausamere Kinder hervorbringt.[45] „Es scheint beinahe so zu sein", kommentiert *Bronfenbrenner* dieses Ergebnis, „daß eine Erziehungs zur Vortrefflichkeit, wenn sie einseitig verfolgt wird, einen ernüchternden gesellschaftlichen Preis fordert".[46]
Damit kann in der permanenten Wettbewerbs- und Auslesesituation der Leistungsgesellschaft *eine* Ursache zur Vergrößerung des individuellen Aggressionspotentials, dessen Grundlagen im familialen Sozia-

lisationsprozeß gelegt wurden, gesucht werden.[47] Wenn sich der Erwartungsanspruch des Menschen in bezug auf sozialen Erfolg nicht mehr in Schicksalsdemut verliert, dann erst besteht die prinzipielle Möglichkeit, das Anspruchsniveau über die angebotene Befriedigungsmöglichkeit zu setzen. Aus dieser „Frustration über das unzureichende Angebot vermag sich Aggression zu entwickeln, ... das vorgegebene oder selbstentworfene Bild, der Vergleichsmaßstab mobilisieren die permanent vorhandenen psychischen Überschußenergien zu aggresiven Aktionen."[48]

Eine weitere mögliche Konsequenz des Zurückbleibens hinter den „Idealentwürfen des Erfolges" liegt in der Verfestigung regressiver, realitätsabgewandter Neigung der Ich-Idealbildung, auf die *A. Mitscherlich* hinweist. Hierin kann die Gefahr neurotischer Persönlichkeitsentwicklung begründet liegen, die *Mitscherlich* mit folgendem „Fehlzirkel" beschreibt: „Dem phantastisch aus der Wirklichkeit entfernten Ideal entspricht im Verhalten regelhaft das Ressentiment, *das noch einmal verhindert, Erreichbares zu erreichen.*"[49]

Die psychischen Auswirkungen der Prüfungen sind bisher nur vereinzelt in empirischen Untersuchungen ausgeleuchtet worden. Die häufig autoritär und irrational gehandhabte Leistungskontrolle löst bei vielen Kandidaten einen psychischen Stress aus, der zu erheblichen Störungen ihres Denkvermögens führt. So zeigt eine Untersuchung der Hochschulprüfung von *Moeller*[50], daß in der Prüfungssituation etwa die Hälfte der Probanden unter Konzentrationsunfähigkeit, Gedankenblock, Verlust des Überblicks, Neigung zu Zweifeln, leichte Vergeßlichkeit und sogenanntem automatischem Denken (das wie von selbst, ohne eigene Beurteilung, abzulaufen scheint) litten. „Es ist zu bezweifeln", so kommentiert *Moeller* dieses Ergebnis, „ob unter diesen Bedingungen geistige Leistung in Prüfungen — ganz zu schweigen von deren Beurteilung — überhaupt repräsentativ und vergleichbar sein kann. Die psychischen Wirkungen der Prüfungssituation hemmen gerade die intellektuellen Leistungen, die beurteilt werden sollen."[51] Man kann sogar — wie in einer polnischen Untersuchung, über die *Malewski* berichtet — hier einen „gesetzmäßigen" Zusammenhang konstatieren: „Je mehr Angstreize eine Situation enthält, in der eine Person ihr Können unter Beweis zu stellen hat, desto mehr nimmt ihre intellektuelle Leistungsfähigkeit ab."[52]

„Es ist", so kann man in *Moellers* Formulierung zusammenfassen, „als ob das Arrangement heutiger Prüfungen noch seine alte Eigenschaft bewahrt hätte: es eignet sich am allerwenigsten zur Beurteilung intellektueller Funktionen. Die intellektuellen Fähigkeiten zu messen, war auch nicht der ursprüngliche Zweck der früheren Riten.

Mehr Gültigkeit scheinen Prüfungen auch heute noch in ihrer archaischen Funktion zu haben: Die Fähigkeit zu messen, inwieweit der Prüfling Angst erträgt. Damit aber verfehlen Hochschulprüfungen ihr Ziel. Die Umfunktionierung der Prüfung von einer archaischen Mutprobe in der Auseinandersetzung der Generationen zu einer Situation der Kenntnismessung scheint kaum gelungen."[53]
Die angedeuteten, wegen ihrer schmalen empirischen Basis vorsichtig zu generalisierenden Konsequenzen permanenten Leistungsanspruchs und Prüfungsdrucks führen zu der Frage, ob das für eine fortgeschrittene Industriegesellschaft notwendige individuelle Fähigkeitspotential und die Bereitschaft zu seiner Realisierung nicht auf anderem Wege als durch Wettbewerb, Zwang und Außenkontrolle zu erreichen ist. Der amerikanische Lerntheoretiker *Skinner* hat in seiner Gesellschaftsutopie „Walden Two" (1948)[54] darauf hingewiesen, daß gerade die Methoden herkömmlicher Leistungserziehung eine für den individuellen motivationalen und kognitiven Entwicklungsprozeß wenig effektive und — was wichtiger erscheint — verletzende Maßnahme sei.
Seine Folgerung, die auf einer breiten empirischen Grundlage gewonnen wurde, besteht darin, die durch Prüfungsangst und Konkurrenzerlebnisse verstümmelte menschliche *Neugier* als primäre Motivation für das Leistungsverhalten wieder zu nutzen. Hier sind dringend weitere Forschungen notwendig, um die fragwürdigen Prämissen herkömmlicher Erziehungspraxis als Ideologie zu entlarven.
2. Bei zunehmender Angleichung der Ausbildungschancen und bei einem „Primat des funktionalen Leistungserfolges"[55] im Ausbildungs- und Berufssystem einer Gesellschaft wird ein Problem aktuell, das wir im folgenden kurz umreißen wollen. Die Fähigkeit zur Erfüllung der vom Ausbildungs- und Berufssystem her definierten Leistungsansprüche hat zwei Grundlagen: das *angeborene* Fähigkeitspotential (Anlage) und der Umfang seiner *Stimulierung* (Umwelt).[56]
Wir haben im vorhergehenden eine Reihe von Ursachen dargelegt, die gegenwärtig dem Konzept der Gleichheit der Anregungschancen, das sich vor allem auf die Angleichung der für das Lernen effektiven Bedingungen bezieht, entgegenstehen. Wenn man aber einmal eine perfekte „égalité des conditions" unterstellt, also eine Situation, in der das genetische Potential eines jeden Individuums auf optimale Weise angeregt und ausgeschöpft wird, dann kann das *angeborene Fähigkeitspotential* zu der entscheidenden Determinante sozialer Chancen und sozialer Ungleichheit werden.[57]
Die sich jetzt ergebende Begabungsdifferenzierung ist unter den Bedingungen optimierter Umweltanregungen viel weitgespannter und nuancierter, wie etwa Schulversuche mit einem hochindustrialisierten

Mathematikunterricht gezeigt haben. Die Streuung der individuellen Unterschiede an intellektueller Tüchtigkeit waren hier viel größer als im Falle nur grob standardisierter Umweltanregungen.[58]
Nun ist es allerdings vom Zufall abhängig, mit gefragten Fähigkeiten geboren zu werden. Wer also auf Grund seiner angeborenen Möglichkeiten trotz ihrer weitestgehenden Förderung und Entwicklung nur geringe nachgefragte Fähigkeiten entwickelt, der wird automatisch der neuen Schicht der Unterprivilegierten angehören.[59] Hinter der von *Michael Young* in seiner abschreckenden Sozialutopie „Es lebe die Ungleichheit"[60] beschriebenen Meritokratie, d. h. der Herrschaft der Eigentümer von Berechtigungsscheinen, verbirgt sich also in einer solchen Gesellschaft Chancengleicher gewissermaßen eine *„Genokratie"*. Die Bemerkung *Tumins:* „Die Abstammungsaristokratie durch eine Begabungsaristokratie zu ersetzen, ist als Muster demokratischer Gesellschaften kaum gutzuheißen"[61], ist wohl mehr moralischer Appell zu verstehen. Denn wir sehen keinerlei Möglichkeit, bei dem systemimmanenten Bedürfnis industrieller Gesellschaften nach Leistung unter den angenommenen Bedingungen totaler Chancengleichheit der Entdeckung, Förderung und Verwendung angeborener Begabungen diese nicht als zentrale Determinante bei der Besetzung sozialer Positionen zu berücksichtigen. Ernsthaft zu prüfen aber wäre *erstens,* ob angesichts der in Richtung *kooperativer* Planung und Entscheidung in verschiedenen Bereichen industrieller Gesellschaften sich verändernden Formen der Arbeit die Kategorie *kompetitiv* offenbarten, *individuellen* Leistungsvermögens zunehmend irrelevant und vor allem dysfunktional wird. Denn die hochgezüchtete Konkurrenz individueller Leistung zersört ja gerade die Basis der solidarischen Kooperation. Und *zweitens* wäre zu fragen, ob nicht das nach der Ideologie der Leistungsgesellschaft unmittelbare Ergebnis unterschiedlicher Leistungsfähigkeit und -bereitschaft, *differentielle Belohnungen* in Form von Einkommen, Macht und Prestige, wegen ihrer weitreichenden sozialen Konsequenzen verändert werden könnte.
Denn die die Kategorie der differentiellen Entschädigung stützende Hypothese, die ökonomischen und sozialen Fortschritt bedingende Motivation für die Besetzung ungleich schwieriger und ungleich attraktiver Positionen sei nur über ungleiche Anreize zu erreichen, ist theoretisch problematisch und empirisch ungesichert.
Das Argument der Funktionalität differentieller Entschädigung für die adäquate Besetzung sozialer Positionen, das vor allem von *Davis* und *Moore* in der amerikanischen Schichtungsdiskussion vertreten wurde[62], wird von ihrem schärfsten Kritiker, *M. M. Tumin,* energisch bestritten: „Das Beweismaterial für die Möglichkeiten sozialen Wachs-

tums . . . unter eher gleichen Belohnungsbedingungen ist so aufschlußreich, daß die Erforschung von Alternativen außerordentlich sinnvoll zu sein scheint."[63] So zeigt z. B. eine Untersuchung von *Schwartz* in zwei israelitischen Gemeinden, daß die adäquate Besetzung von Positionen auch mit anderen Mitteln als der Ungleichheit sozialer Entschädigung möglich ist.[64] Generell läßt sich vermuten, daß die Befolgung regulativer Normen (hier ein bestimmtes Leistungsverhalten) nicht als schlichte Reaktion auf erwartete Sanktionen, sondern auch als Ergebnis spezifischer Sozialisationsprozesse verstanden werden muß.[65]

Eine Gesellschaft, die die Planung einer humanen Zukunft zu ihrem vorrangigen Ziel erklärt, sollte daher die Berechtigung vor allem des Zusammenhangs von bewerteter individueller Leistung und *Entschädigung* immer mehr infrage stellen. Denn „das Maß des gesellschaftlichen Reichtums, den ein industriell entfalteter Kapitalismus hervorbringt, und die technischen wie organisatorischen Bedingungen, unter denen dieser Reichtum produziert wird, machen es immer schwieriger, die Statuszuweisungen auch nur subjektiv überzeugend an den Mechanismus der Bewertung individueller Leistung zu binden".[66] Vor allem der Verzicht auf *Einkommensverteilung* über die individuelle Leistung könnte wegen der überragenden sozialen Bedeutung des Eigentums weitreichende Konsequenzen haben.[67]

Damit würde soziale Ungleichheit unter Menschen zwar nicht aufgehoben, nur die Folgen unterschiedlicher Leistungsfähigkeit könnten für das einzelne Individuum weniger folgenreich und bedrückend werden.[68]

Menschliche Gesellschaften sind per definitionem um gemeinsame Werte und Normen gruppierte Handlungssysteme. Da die jeweils institutionalisierten Werte und Normen aber nur im Sinne der *Geltung* gemeinsam, in Wirklichkeit aber *herrschend* sind[69], darf eine Gesellschaft nie ihre eigene Unzulänglichkeit aus dem Auge verlieren: Die Werte der Freiheit des Individuums und der Gerechtigkeit seiner Behandlung sind ständig neu auf eine bessere — wenn auch stets unvollkommen bleibende — Realisierung ihres Anspruchs hin zu überprüfen.

1) Vgl. *H. Daheim:* Der Beruf in der modernen Gesellschaft, Köln/Berlin 1967, S. 24 ff.
2) Vgl. *T. Parsons:* An Outline of the Social System. In: *T. Parsons, E. Shils, K. D. Naegele* und *J. R. Pitts* (Hrsg.): Theories of Societies. Foundation of Modern Sociological Theory, Vol. 1, Glencoe (Ill.) 1961, und *H. Daheim:* a.a.O., S. 28 ff.
3) Diese beiden Prozesse sind aufs engste miteinander verknüpft, denn die Festlegung der Sozialisationsinhalte impliziert bereits die Kriterien der Selektion.
4) Leistung erfordert nicht nur eine bestimmte Qualifikation, sondern auch die Motivation, diese Qualifikation im Sinne der geforderten Leistung einzusetzen. (Vgl. *W. Lempert:* Berufserziehung als Sozialisation: Hypothesen über die Aneignung von beruflichen Rollen. In: Vierteljahresschrift für wissenschaftliche Pädagogik, XLIV [1968], H. 2, S. 85 ff.) Qualifikation und Motivation sind dabei keine unabhängigen Variablen, sondern es besteht ein interdependenter Zusammenhang zwischen ihnen: Die Entwicklung von bestimmten Qualifikationen setzt ein bestimmtes Maß an Impulsen voraus und umgekehrt wird erst ein bestimmter Leistungserfolg neue Motivationen setzen.
5) „Leistung" muß zunächst als rein formale Kategorie verstanden werden. Sie kann außerordentlich viele Bedeutungsinhalte haben, je nach dem funktionalen Zusammenhang, in dem sie erbracht wird. Immer aber impliziert die Feststellung von Leistung in einem konkreten Funktionszusammenhang die *Bewertung* bestimmter Handlungen an den in ihm gültigen Normen, ist also — wie später noch zu zeigen sein wird — nur herrschaftssoziologisch zu begreifen.
6) *M. Weber:* Wirtschaft und Gesellschaft, 4. Aufl. (Hrsg. *J. Winkelmann*), 2. Bd., Tübingen 1956, S. 552.
7) Vgl. *R. Dahrendorf:* Gesellschaft und Freiheit, München 1962, S. 384 f.
8) *Chr. von Krockow:* Der Wetteifer in der modernen Gesellschaft und im Sport. In: Neue Sammlung, 2. Jg. (1962), S. 301.
9) Vgl. ebenda.
10) Vgl. *K. Mannheim:* Über das Wesen und die Bedeutung des wirtschaftlichen Erfolgsstrebens. In: *K. H. Wolff* (Hrsg.): Wissenssoziologie, Berlin/Neuwied 1964, S. 644.
11) Vgl. *T. Parsons:* Sozialstruktur und Persönlichkeit, Frankfurt 1968, S. 258 ff.
12) Ebenda, S. 260.
13) *Max Weber* bemerkt zu dieser Entwicklung: „Statt des durch persönliche Anteilnahme, Gunst, Gnade, Dankbarkeit, bewegten Herrn der älteren Ordnung verlange eben die moderne Kultur für den äußeren Apparat, der sie stützt, je komplizierter und spezialisierter sie wird, desto mehr den menschlich unbeteiligten, daher streng sachlichen *Fachmann.*" (a.a.O., S. 571).

14) Vgl. *R. Dahrendorf:* a.a.O., S. 371.

15) *T. Pansons:* a.a.O., S. 265.

16) Vgl. *D. C. MacClelland, J. W. Atkinson, R. A. Clark* und *E. L. Lowell:* The achievement motive, New York 1953 (dtsch. Fassung: Die Leistungsgesellschaft, Stuttgart/Berlin/Köln/Mainz 1966).

17) Die Ideologie eines formalen Primats der Leistung als sozialem Bewertungsprinzip geht — wie wir noch zeigen werden — sogar so weit, daß selbst differentielle Chancen auf Grund zugeschriebener Kriterien wie Herkunft, Alter, mit unterschiedlicher Leistungsfähigkeit begründet werden, indem man von der geringen Begabung des Nachwuchses unterer sozialer Schichten, von der geringeren Leistungsfähigkeit von Frauen oder älteren Menschen spricht. (Vgl. *R. Dahrendorf*, Soziale Klassen und Klassenkonflikt in der industriellen Gesellschaft, Stuttgart 1953, S. 65.)

18) Vgl. *G. Steinkamp:* Die Rolle des Volksschullehrers im schulischen Selektionsprozeß. Ergebnisse einer empirisch-soziologischen Untersuchung. In diesem Jahrbuch, 12. Jahr (1967), S. 302—324, und *O. Preuß:* Soziale Herkunft und die Ungleichheit der Bildungschancen. Eine Untersuchung über das Eignungsurteil des Grundschullehrers, Weinheim 1970.

19) Vgl. *G. Steinkamp:* a.a.O., S. 317.

20) Vgl. *O. Preuß:* a.a.O.

21) *E. Goffman:* Stigma. Über Techniken der Bewältigung beschädigter Identität, Frankfurt 1967, S. 13.

22) *E. H. Erikson:* Identität und Lebenszyklus, Frankfurt 1966, S. 106.

23) Vgl. *W. M. Sprondel:* Elemente des Zuweisungsprozesses sozialer Positionen. Die Professionalisierung der Lehrer Höherer Schulen, Dissertation München 1968, und *G. Schefer:* Das Gesellschaftsbild des Gymnasiallehrers, Frankfurt 1969.

24) *W. M. Sprondel:* a.a.O., S. 153.

25) Es wäre aber in höchstem Maße ungerechtfertigt, die Lehrer zur einzigen Zielscheibe der Kritik zu machen. Sie sind ja selbst in Sozialisationsprozesse involviert gewesen, in denen die Einstellungen und Verhaltenswesen von ihnen internalisiert wurden, die sie bei den Schülern wiederum reproduzieren.

26) *Dahrendorf* kennzeichnet diese Schule als „distanzierte Leistungsschule", die bei ihren Schülern Begabung, Motivation und Fleiß voraussetze, statt sie selbst zu entwickeln. Vgl. *R. Dahrendorf:* Ursachen des vorzeitigen Abgangs vom Gymnasium. In: *R. Dahrendorf* und *H. Peisert* (Hrsg.): Der vorzeitige Abgang vom Gymnasium, Villingen 1967.

27) Diese letzten Bemerkungen bedürfen einer etwas eingehenderen Begründung:
Die Gebundenheit des frühkindlichen Sozialisationsprozesses im familialen Kontext an die soziale Schichtzugehörigkeit der Familie ist in zahlreichen soziologischen Untersuchungen eindeutig nachgewiesen worden.
Die in diesem Zusammenhang interessierenden Unterschiede zwischen dem Erziehungsmilieu der Unter- und dem der Mittelschicht betreffen-

den Aspekte der *Wertorientierung*, der *Leistungsmotivation*, der *Erziehungstechniken* und der *Kommunikationsstruktur*. Zu einer zusammenfassenden Darstellung des schichtspezifischen Erziehungsmilieus und seinen Konsequenzen siehe die Arbeiten von *U. Oevermann:* Soziale Schichtung und Begabung. In: Zeitschrift für Pädagogik, 6. Beiheft, 1966, S. 166 ff., und *ders.*: Schichtenspezifische Formen des Sprachverhaltens und ihr Einfluß auf die kognitiven Prozesse. In: *H. Roth* (Hrsg.): Begabung und Lernen (Deutscher Bildungsrat, Gutachten und Studien der Bildungskommission, Bd. 4), Stuttgart 1968, S. 297 ff., und *H. G. Rolff:* Sozialisation und Auslese durch die Schule, Heidelberg 1967.
Die Wirkung dieser — hier aus Raumgründen nicht näher zu charakterisierenden — Variablen vermindern kumulativ die Chancen des Unterschichten-Kindes, den Anforderungen des Schulsystems zu entsprechen.
Der schichtenspezifisch differenzierte familiale Sozialisationsprozeß erscheint somit als *die* entscheidende intervenierende Variable zwischen formeller Gleichheit der Ausbildungschancen und der faktischen Möglichkeit ihrer Realisierung. Unabhängig von Unterschieden angeborener Begabung werden Leistungsfähigkeit und -bereitschaft in der Familie derart beeinflußt, daß hier die eigentliche Prädisposition für den Schul- resp. Berufserfolg sich ereignet.
Trotz dieser Einschränkung bleibt für die Schule und ihre Agenten die — wenn auch begrenzte — Chance, „*auch* solche kulturellen Muster anzubieten, von denen (sich) eine frühzeitige Fixierung der Lebensgeschichte womöglich ausschließen würde". (*J. Habermas:* Pädagogischer „Optimismus" vor Gericht einer pessimistischen Anthropologie. In: Neue Sammlung, H. 4, 1961, S. 265.)
Eine radikalere Angleichung der Sozialchancen kann im Licht der genannten Ergebnisse nur durch eine Verlängerung der allgemeinen Schulpflicht nach unten bei gleichzeitiger Veränderung des familialen Erziehungsmilieus erreicht werden. Letzteres stößt auf besondere Schwierigkeiten, weil die Stellung im Produktionsprozeß bzw. in der Berufshierarchie eine gewichtige Determinante vor allem für die elterlichen Wertorientierungen darstellt. (Vgl. *L. J. Pearlin* und *M. L. Kohn:* Social class, occupation, and parental values: A cross-national study. In: American Sociological Review, Bd. 31 [1966], S. 466 ff.) Die Notwendigkeit gesamtgesellschaftlicher Strukturveränderungen wird aus dieser Perspektive besonders deutlich.

28) *M. Weber:* Wirtschaft und Gesellschaft, 4. Aufl. (Hrsg. *J. Winkelmann*), Tübingen 1956, 2. Bd., S. 575.

29) *H. Hartmann:* Funktionale Autorität, Stuttgart 1964, S. 131.

30) Ebenda.

31) Hinweise für die Berechtigung der Hartmannschen Vermutung liefert z. B. eine Recherche des Spiegels im Bundespresseamt z. Z. der CDU-Regierung in Bonn, wonach die Auswahl des Personals für die gehobe-

nen Positionen des Amtes nach dem Grundsatz seines Personalchefs geschah: „Wer durch die Schule einer solchen Verbindung gegangen ist (gemeint ist der CV, der Cartellverband der katholischen deutschen Studentenverbindungen, G. St.), ist bei gleicher Eignung immer einem Nichtkorporierten überlegen.“ (Vgl. den Bericht: Zufall mit CV. In: Der Spiegel, Nr. 45, 22. Jg. [1968], S. 44 f.)

32) *W. Hofmann:* Universität, Ideologie, Gesellschaft. Beiträge zur Wissenschaftssoziologie, Frankfurt 1968, S. 21.

33) *C. Offe:* Leistungsprinzip und industrielle Arbeit. Mechanismen der Statusverteilung in Arbeitsorganisationen der industriellen „Leistungsgesellschaft“, Frankfurt 1970, S. 48.

34) Das von uns eingehender analysierte Merkmal sozialer Herkunft ist in diesem Zusammenhang nur ein — wenn auch besonders illustratives — Paradigma für die Wirkung askriptiver Kriterien. Die Untersuchungen von *H. Anger* (Probleme der deutschen Universität. Berichte über eine Erhebung unter Professoren und Dozenten, Tübingen 1960) und *H. Gerstein* (Studierende Mädchen. Zum Problem des vorzeitigen Abgangs von der Universität, München 1965) machen deutlich, daß z. B. das zugeschriebene Merkmal Geschlecht eine in gleiche Richtung zielende selektive Wirkung ausübt: Studentinnen stellen sich auf Grund traditioneller Vorurteile ihrer hauptsächlich männlichen Dozenten erhebliche Bildungsbarrieren entgegen.

35) *U. Oevermann:* Soziale Schichtung und Begabung, a.a.O., S. 167.

36) So sprechen z. B. die in einer Untersuchung der Kölner Forschungsstelle für empirische Sozialökonomik befragten Wirtschaftswissenschaftler in der BRD von einer erheblichen Diskrepanz zwischen den Inhalten der Ausbildung an den Universitäten und den Anforderungen der Berufspraxis. (Vgl. *G. Schmölders:* Die Berücksichtigung der Wirtschafts- und Arbeitswelt in der Universitätsausbildung. In diesem Jahrbuch, 15. Jahr [1970], S. 293—301.)

37) Vgl. *U. Oevermann:* Soziale Schichtung und Begabung, a.a.O., S. 181.

38) Vgl. *U. Oevermann:* Schichtenspezifische Formen des Sprachverhaltens und ihr Einfluß auf die kognitiven Prozesse, a.a.O., S. 300.

39) *C. Offe:* a.a.O., S. 10.

40) *U. Oevermann:* Schichtenspezifische Formen des Sprachverhaltens und ihr Einfluß auf die kognitiven Prozesse, a.a.O., S. 300.

41) *Ch. Lütkens:* Die Schule als Mittelklassen-Institution. In: Kölner Zeitschrift für Soziologie und Sozialpsychologie, Sonderheft 4: Soziologie der Schule (Hrsg. *P. Heintz*), 1959, S. 28.

42) *J. Habermas:* Protestbewegung und Hochschulreform, Frankfurt 1969, S. 71.

42a) Das häufig vorgebrachte Argument, daß viele subjektive Beurteilungen im Endeffekt sich irgendwann ausgleichen, gewissermaßen objektivieren, tröstet — selbst wenn es richtig wäre — nicht über die Tatsache hinweg, daß schon oft *eine* subjektiver Willkür entsprungene Entscheidung die Weichen des sozialen Schicksals eines Individuums auf die Abstellgleise der Gesellschaft richten kann.

43) *R. Lautmann:* Das Examen. Notizen für eine soziologische Interpretation, unveröffentlichtes Manuskript, S. 20.

44) Diese Terminologie ist für *Parsons* nur zu bezeichnend. Von den Interessen des Individuums ist bei ihm nicht die Rede; er fragt nicht, ob es die Art von „Persönlichkeit" werden will, die das System braucht.

45) *U. Bronfenbrenner:* Wandel der amerikanischen Kindererziehung. In: *H. v. Friedeburg* (Hrsg.): Jugend in der modernen Gesellschaft, Köln/Berlin 1965, S. 331.

46) *U. Bronfenbrenner:* a.a.O., S. 331.

47) Vgl. *T. Parsons:* Beiträge zur soziologischen Theorie, herausgegeben und eingeleitet von *Dietrich Rüschemeyer,* Neuwied/Berlin 1964, S. 240 ff.

48) *D. Claessens:* Rolle und Macht, München 1968, S. 130.

49) *A. Mitscherlich:* Auf dem Wege zur vaterlosen Gesellschaft, München 1963, S. 200 (Hervorhebungen von G. St.).

50) *M. L. Moeller:* Die Prüfung als Kernmodell psychologischer Konflikte. In: Kölner Zeitschrift für Soziologie und Sozialpsychologie, 21. Jg. (1969), H. 2, S. 355 ff.

51) Ebenda, S. 360.

52) *A. Malewski:* Verhalten und Interaktion, Tübingen 1967, S. 63.

53) *M. L. Moeller:* a.a.O., S. 360.

54) In deutscher Fassung *B. F. Skinner:* Futurum Zwei, Hamburg 1970.

55) *T. Parsons:* Beiträge zur soziologischen Theorie, a.a.O., S. 241.

56) Anlage und Umwelt lassen sich dabei nicht als schlichte additive Faktorenkomplexe betrachten. Sie stehen vielmehr nach gegenwärtigem Forschungsstand in einer ständigen und nur schwer analysierbaren Interaktion. (Vgl. etwa *H. Heckhausen:* Förderung der Lernmotivierung und der intellektuellen Tüchtigkeit. In: *H. Roth* [Hrsg.]: Begabung und Lernen, a.a.O., S. 199.)

57) Das setzt allerdings voraus, daß unterschiedliche Begabung zum Ansatzpunkt *sozialer* Bewertungsprozesse wird, was keineswegs selbstverständlich sein muß.

58) Vgl. *H. Heckhausen:* a.a.O., S. 200. — Unter den angenommenen Bedingungen totaler Chancengleichheit der Entdeckung, Förderung und Verwendung angeborener Begabungspotenzen wird — und das ist ein bisher kaum diskutierter Aspekt — die Zahl derjenigen außerordentlich ansteigen, die auf Grund ihres besonderen Ausbildungsganges Ansprüche auf Eliteposten in der Gesellschaft stellen. Denn die akademische Ausbildung wird heute noch weitgehend als *Leistungsbeweis* verstanden, an den sich quasi automatisch ein Anspruch auf elitäre Positionen und die mit ihnen verbundenen Gratifikationen (hohes Einkommen, Prestige, Macht) knüpft.
Kurt Sontheimer vertritt die Ansicht, daß hier die Ansprüche des aus einer vordemokratischen Epoche stammenden Bildungsbürgertums in ein

demokratisches System hineingetragen werden, dessen elitäre Positionen (im traditionellen Verständnis) in deutlichem Mißverhältnis zu dem output an Hochschulabsolventen stehen. Den Ausweg aus diesem Dilemma sieht *Sontheimer* nicht etwa in der traditionellen Beschränkung höherer Bildung auf eine sozialprivilegierte kleine Schicht, sondern in dem Abbau der elitären Ideologie und der damit verbundenen Statuserwartung. (Vgl. *K. Sontheimer:* Massenbildung und Elitebewußtsein. In: Die Zeit, Nr. 43 [1970], S. 29.)

59) Eine vollkommene Verwirklichung des Leistungsprinzips hat in der Tat eine bisher wenig gesehene fatale Konsequenz. Die Verlierer des Wettbewerbsprozesses (der sich vor allem im Bildungssystem abspielt) werden das Gefühl entwickeln, unverdient zurückgesetzt oder ungerecht behandelt worden zu sein. Denn ihr Erwartungsanspruch verliert sich nicht mehr in Schicksalsdemut wie in einer auf Zuschreibung hin orientierten traditionalistischen Gesellschaft, in der der Erwartungshorizont des einzelnen im Durchschnitt von vornherein an den geringen Möglichkeiten sich orientierte, Hoffnung auf Veränderung der sozialen Lage durch Aufstieg strukturell limitiert war.

Unter den angenommenen Bedingungen werden strukturell bedingte individuelle Frustrationen zu einem Problem, das nach einer Lösung verlangt, weniger wegen der Gefahr möglicher kollektiver Abweichungen und der durch sie bedingten Gefährdung der Systemstabilität, sondern um das einzelne Individuum vor Repressionen zu bewahren.

In einem Aufsatz mit dem Titel „The ‚Cooling-Out‘ Function of Higher Education“ (in: American Journal of Sociology, Vol. 65 [1960], S. 569 ff.) macht *Burton R. Clark* den Vorschlag, das hohe berufliche Aspirationsniveau der in den verschiedenen Stufen des Bildungssystems auf Grund mangelnder Qualifikationen Gescheiterten wieder „hinunterzusozialisieren“. Die Chance eines solchen, durch ausgebildete Kräfte gelenkten Indoktrinationsprozesses sei, so meint *Clark,* den abgewiesenen Aspiranten das Gefühl gesellschaftlicher Bedeutung und Wertschätzung unabhängig vom jeweiligen sozialen Rang ihrer beruflichen Position zu vermitteln.

Die Problematik dieser Therapie liegt unserer Meinung nach weniger in der doch wohl naiven Hoffnung auf die Wirkung einer solchen „moral suasion“, sondern vielmehr in der völligen Ausklammerung der *strukturellen Ursachen* individueller Frustrationen. Im Hinblick auf diese wäre es *erstens* erforderlich zu überprüfen, welche Möglichkeiten das jeweilige Spektrum vorhandener beruflicher Positionen ihren Inhabern zur Verwirklichung ihrer spezifischen Talente und Neigungen bietet. *Zweitens* wäre festzustellen, ob ein zu eng an den fragwürdigen Maximen gesellschaftlichen Bedarfs orientiertes Positionsangebot nicht zum Gegenprinzip des gesellschaftlich garantierten Anspruchs auf Selbstverwirklichung wird. Und *drittens* wäre auf die weiter oben behandelte Frage des Zusammenhangs zwischen der gesellschaftlichen Bedeutung der Berufsposition und ihrer Entschädigung einzugehen.

60) *M. Young:* The Rise of Meritocracy 1870—2033, London 1958 (Deutsche Fassung: Es lebe die Ungleichheit, Köln 1961).
61) *M. M. Tumin:* Schichtung und Mobilität, München 1968, S. 152.
62) Vgl. u. a. *K. Davis* und *W. E. Moore:* Some Principles of Stratification. In: American Sociological Review, Vol. 10 (1945), S. 242 ff.
63) *M. M. Tumin,* a.a.O., S. 152.
64) Vgl. *R. D. Schwartz:* Functional Alternatives to Inequality. In: American Sociological Review, Vol. 20 (1955), S. 424 ff.
65) Vgl. *C. Offe:* a.a.O., S. 170.
66) *J. Habermas:* Technik und Wissenschaft als „Ideologie", Frankfurt 1968, S. 103.
67) Die auf nachträgliche Umverteilung zielende progressive Einkommensbesteuerung und andere Formen der Sozialisierung der Einkommenschancen sind nur wenig effektive Maßnahmen zur Korrektur eines im Grunde ungerechten und dem Stand industrieller Entwicklung inadäquaten Modells der Einkommensverteilung.
68) Diese letzten Bemerkungen beinhalten in allzu geraffter Form zwei Argumente: *Erstens,* daß soziale Ungleichheit unter Menschen kein historisches, sondern ein universales Phänomen sei. Auf der Grundlage der Universalitätsthese würden damit alle Fragen, die die *Existenz* von Ungleichheitsrelationen beträfen, müßig; statt ihrer träten dann aber die *Modalitäten* der Ungleichheit in den Vordergrund. *Zweitens,* daß Eigentum für das soziale Schicksal des Individuums ein folgenreicheres Differenzierungsmerkmal als z. B. die angeborene Begabung sei. Daß es sich hier weitgehend um eine Spekulation handelt, dürfte schon daraus hervorgehen, daß der genetisch vermittelte „I. Q." zum Ansatzpunkt sozialer Bewertung und damit Differenzierung werden kann, die für das einzelne Gesellschaftsmitglied ebenso frustrierende Folgen wie das heute so unterschiedlich verteilte Einkommen mit sich bringen kann.
69) Vgl. *R. Dahrendorf:* Über den Ursprung der Ungleichheit unter den Menschen, Tübingen 1961, S. 31 f.

Die Leistungsorientierten

Helmut Klages

1. *Identitätscharakteristik*

1.1. Die Leistungsdisposition

Es gibt Menschen, deren Aspirationsniveau hoch liegt, deren Aspirations-Rationalität groß ist, deren Aspirations-Zeithorizont weit in die Zukunft ausgreift und die, mit einer gewissen Wahrscheinlichkeit, eine hohe Fähigkeit zur Selbst-Instrumentalisierung, zur Rollendistanz und zur Ambiguitätstoleranz besitzen. Menschen, deren Identität so strukturiert ist, die also von Grund auf aktiv und expansiv handeln und hohe Grade der Selbststeuerungsfähigkeit besitzen, entsprechen den Anforderungen moderner westlich-demokratischer Industriegesellschaften in idealer Weise.

Verschiedene dieser Merkmale finden sich nun in der Beschreibung eines vielfältig untersuchten und getesteten Realtyps wieder, den seine Entdecker — David C. McClelland, John W. Atkinson und andere — durch ein hohes „Bedürfnis nach Leistung" („n-achievement", Abkürzung für „need for achievement")[1] gekennzeichnet sehen. Es handelt sich dabei, in der Definition von Atkinson, um ein „Motiv", d. h. um eine relativ stabile Disposition, nach Leistung oder Erfolg zu streben.[2] Man kann diese Disposition experimentell feststellen, indem man Menschen in eine entspannte Situation bringt und sie veranlaßt, die Phantasievorstellungen, die sie haben, festzuhalten. Menschen mit hoher Leistungsdisposition geben dann zu erkennen, daß ihre Phantasie bevorzugt um Themen kreist, die mit Leistungen, Leistungsbehinderungen, Mitteln und Wegen zur Bewältigung einer Aufgabe, wie auch mit Befriedigungs- oder Unzufriedenheitsgefühlen zu tun haben, welche auf Leistungserfolge oder -mißerfolge zurückgehen.[3]

Die Leistungsdisposition charakterisiert sich, wenn man sie in Testsituationen beobachtet, grundsätzlich durch eine stark ausgeprägte Bereitschaft ihrer Besitzer, Risiko zu übernehmen.[4] Handlungsweisen, die „von der Tradition vorgeschrieben" sind oder die Routine-Charakter haben, finden bei diesen Menschen dagegen kaum irgendwelches Interesse. Sie werden von ihnen nur durchschnittlich oder sogar unterdurchschnittlich gut bewältigt. Diese Menschen sind also, persönlichkeitsdynamisch gesehen, durch ein niedriges Niveau (oder auch durch die Abwesenheit) normativer Selbst-Eingrenzungen gekennzeichnet. Aber auch „vorsorglich" eingrenzende und abschirmende, auf Dissonanzvermeidung hin angelegte Erfahrungsregeln spielen für diese Menschen nur eine geringe Rolle. Im Gegenteil: Sie suchen Situationen auf, in denen sie Gelegenheit haben, „persönliche Initiative oder sogar Erfindungsgeist"[5] zu entfalten. Dabei schrecken sie allerdings vor unbestimmten Situationen, deren Ausgang unkalkulierbar ist (die also mit hoher „Ungewißheit" belastet oder zufallsbedingt sind) zurück. Sie bevorzugen vielmehr Situationen, die ihnen Gelegenheit geben, ihre Kräfte anzuspannen und — mit realer Aussicht auf Erfolg — zum Einsatz zu bringen, das heißt also Situationen, die sie unter Aktivierung ihrer Fähigkeiten und Wirkungsmöglichkeiten weitgehend beherrschen können. Entscheidendes Aspirationsobjekt ist für sie dabei ein Selbstbestätigungserlebnis, das an die Erfahrung des eigenen Leistungsvermögens gebunden ist („Leistungsbefriedigung").

Menschen mit hoher Leistungsdisposition sind bei alledem keinesfalls schlicht „fleißig". Im Gegenteil arbeiten sie nur dann hart, wenn persönliche Leistung im Spiel ist, oder, genauer, wenn die Chance besteht, daß durch persönliche Anstrengung das Ergebnis beeinfußt werden kann.[6] Eher sind Menschen mit hoher Leistungsdisposition „ehrgeizig" — dies allerdings nur in Verbindung mit der Erwartung einer Befriedigung, die durch attraktive Aufgaben entsteht.[7]

Menschen mit hoher Leistungsdisposition entwickeln, wie sich aus entsprechenden Untersuchungen ablesen läßt, eine höhere Aspirations-Rationalität als Menschen, bei denen diese Disposition niedrig ist. Ihre Aspirationen besitzen vorwiegend auch einen weiter ausgreifenden, tiefer in die Zukunft vorstoßenden Zeithorizont. James N. Morgan berichtet z. B. über eine Untersuchung, bei der alle Äußerungen über persönliche Lebensplanung und Voraussicht, die in vorangegangenen Interviews gemacht worden waren, systematisch gesammelt und für die Entwicklung eines Index verwertet wurden. Dabei stellte sich die Überlegenheit der Leistungsorientierten eindeutig heraus.[8]

Das Aspirationsniveau von Menschen mit hoher Leistungsdisposition wird, wie wir annehmen können, in starkem Maße durch Erwartungen von Leistungsbefriedigungen gesteuert. Solche Erwartungen werden nun allerdings auch auf das Rollenangebot der Gesellschaft (insbesondere auf deren Berufsrollenangebot) übertragen. Das berufliche Aspirationsniveau der Leistungsorientierten liegt verhältnismäßig hoch. Insbesondere in den mittleren und unteren Bevölkerungsschichten sind sie in viel stärkerem Maße als andere Menschen aufstiegsorientiert.[9]

Das Selbstbild der Menschen mit hoher Leistungsdisposition ist normalerweise nicht nur positiv ausgeprägt, sondern darüber hinaus von einem starken und optimistischen Selbstvertrauen beherrscht, das bei Erfolgserlebnissen weiter anwächst und ständig stabiler wird. Bei Menschen dieser Art entwickelt sich relativ frühzeitig eine „generalisierte Erwartungsstruktur hinsichtlich des Erfolgs von Handlungen überhaupt"[10], die gewöhnlich an der oberen Grenze dessen liegt, was als rational bezeichnet werden kann. Dabei mag es im Einzelfall durchaus zu Überschätzungen objektiv gegebener Erfolgswahrscheinlichkeiten und zu Fehlschlägen kommen.[11] In solchen Situationen ist die Leistungsdisposition auf die Bewährungsprobe gestellt. Wenn sie die Krise überdauert, wird der Mensch, der sie besitzt, gewisse taktisch-strategische Anpassungsoperationen vornehmen, mit denen er sich besser auf seine Umwelt einpegelt, ohne allerdings an seiner Identität irgendwelche Abstriche vorzunehmen.

Das Umweltbild der Menschen, bei denen die Leistungsdisposition vorherrscht, ist positiv und von Zugänglichkeits-Vorstellungen geprägt. Wie Walter F. Neubauer bei einer Untersuchung junger oberösterreichischer Angestellter feststellen konnte, waren 90,5% von ihnen davon überzeugt, „daß man in unserer Gesellschaft durch die individuelle Leistung aufzusteigen vermag".[12] Typischerweise werden dabei soziale Unterschiede deutlich gesehen und — als notwendige Bestandteile gesellschaftlicher Ordnung — bejaht. Menschen mit hoher Leistungsdisposition sind auch dazu fähig, ohne Dissonanzfolgen zu erkennen, daß sehr viele andere über ihnen stehen. Sie interpretieren die soziale Schichtung im Sinne einer Leiter, auf deren Sprossen jeder, der die Mühe des Kletterns nicht scheut, nach oben kommen kann. „Das legitimiert die gegebenen Verhältnisse, insbesondere weil dann klar wird: wer unten ist, hat selbst Schuld."[13]

1.2. Varianten: Kreative und Bürokraten; Innen- und Außengeleitete

David C. McClelland stellt fest, daß Menschen mit hoher Leistungsdisposition häufig Berufe wie „Forschungsreisender, Politiker, Wissenschaftler, Börsenmakler" bevorzugen, die bei hoher Erfolgschance risikohaltig sind und ein „unternehmerisches" Element enthalten.[14] Allerdings gibt es nun eben solchen Menschen auch Erfolgsorientierte anderer Art, deren Bevorzugungen mehr in die Richtung von Berufen mit geregelter Karriere und klar definiertem, kontinuierlichen Aufgaben- und Verantwortungsbereich laufen. Das Identitätsprofil dieser Menschen weist insgesamt eine Reihe von feinen Abweichungen auf, die dazu berechtigen, von unterschiedlichen Varianten des leistungsorientierten Typs zu sprechen.

Bei den zuletzt erwähnten Menschen ist die Bereitschaft zur Leistung nicht von der Attraktivität einzelner Aufgabenstellungen abhängig. Vielmehr wird diesen Menschen die Leistungsbefriedigung, auf die auch sie fixiert sind, durch die Erfahrung individueller „Tüchtigkeit", „Gewissenhaftigkeit" und „Verantwortungsfähigkeit" vermittelt. Ihr Selbstbild und ihre Aspirationen machen es ihnen somit möglich, „mehr oder weniger unterschiedslos schwer und tüchtig an jeder Aufgabe" zu arbeiten und insbesondere Tätigkeiten wahrzunehmen, die sich durch einen ständigen Fluß von Aufgabenbewältigungen unterschiedlicher Art charakterisieren. Natürlich trägt auch bei diesen Menschen das hochliegende Aspirationsniveau dazu bei, daß sie nicht unterschiedslos jeglichen Beruf akzeptieren, sondern diesbezüglich wählerisch und, falls die Schichtlage ihrer Herkunftsfamilie dies nahelegt, aufstiegsorientiert sind. Die Berufe, die sie bevorzugen, gehören zu Bürokratie bzw. Management oder sind, allgemeiner gesagt, administrativer Natur.

McClelland deutet an, daß diejenigen Leistungsorientierten, deren Tätigkeitsmotivation von der Attraktivität einzelner Aufgabenstellungen abhängt, im Unterschied zu der zweiten Gruppe nur eine verhältnismäßig geringe Kontaktmotivation („n-affiliation" [need of affiliation]) haben.[15] Von daher liegt es nahe, die beiden Varianten mit der Riesmanschen Unterscheidung zwischen „innengeleiteten" und „außengeleiteten" Charaktertypen in Verbindung zu bringen. Die „Innengeleiteten" sind für Riesman diejenigen innovativen Menschen, die ein hohes Maß von Fähigkeiten zur Bewältigung neuartiger und unvorhergesehener Situationen besitzen und die gleichzeitig auch denjenigen inneren „Kreiselkompaß" haben, der es ihnen möglich macht, sich unter Ablösung von sozialen Traditionen und Konventionen, schlimmstenfalls auch im Gegensatz zu ihnen, auf ein Ziel zu orientieren.[16] Demgegenüber sind die „Außengeleiteten" durch ein starkes Bedürfnis nach „Anerkennung und Lenkung" durch ihre mitmenschlich-soziale Umgebung, wie auch durch eine gute „Antenne" für deren Erwartungen gekennzeichnet.[17] Sie sind, persönlichkeitsdynamisch gesehen, in besonders hohem Maße auf Selbst-Darstellung in der Umwelt und auf die daraus abziehbare Selbstbestätigung eingestellt, und entwickeln ein entsprechendes „social skill".[18] Riesman glaubt feststellen zu können, daß die gesellschaftliche Entwicklung aufgrund der fortschreitenden Bürokratisierung und Zentralisierung den außengeleiteten Typ, der sich vorwiegend bei „Bürokraten, kaufmännischen Angestellten usw.", oder allgemeiner in Berufen des „tertiären" Sektors findet, begünstigt.[19] Die innovativen und kreativen Innengeleiteten geraten seiner Ansicht nach immer mehr in Sonderpositionen und sind auf Freiräume angewiesen. Sie sind, wie man hinzufügen kann, heute selbst schon im Wissenschaftsbereich, der doch ursprünglich zur Gänze von diesen Menschen lebte, auf dem Rückzug, da sie in Großforschungsinstituten und -schwerpunkten, wie sie zunehmend dominieren, leicht als Störfaktoren empfunden werden.[20]

2. *Gesellschaftliche Entstehungsbedingungen*

McClelland bringt die Entstehung der Leistungsdisposition eng mit den Bedingungen der primären Sozialisation in Verbindung und stellt innerhalb dieses Bereichs wiederum den familialen Erziehungsstil (einschließlich des Stils der elterlichen Autoritätsausübung) in den Vordergrund. Er kann sich dabei auf eine Fülle von empirischen Studien, insbesondere auf die Untersuchungen von Mariam R. Winterbottom, stützen. Die Ergebnisse Winterbottoms faßt er wie folgt zusammen: „Die Mütter von Söhnen mit hoher Leistung neigten dazu, Selbständigkeit in einem früheren Alter zu erwarten als Mütter von Söhnen mit niedriger Leistung. Sie legten ihren Söhnen weniger Beschränkungen auf als die Mütter der ‚Geringmotivierten', aber die Beschränkungen, auf denen sie bestanden, mußten von einem früheren Alter an befolgt werden. Trotzdem lag der Beginn der Erziehung zur Selbständigkeit noch zeitlich davor. Die Jungen wurden zuerst dazu angehalten, etwas beherrschen zu lernen, und danach wurden sie durch Auferlegung von Beschränkungen vor ‚regressivem' Verhalten bewahrt. Die Mütter der ‚Geringmotivierten' dagegen legten a) ihren Söhnen insgesamt mehr Beschränkungen auf und erwarten b) nicht so früh Selbständigkeit von ihnen. Ihre Söhne bleiben also in zweifacher Beziehung länger von den Erwachsenen abhängig."[21] Die hieraus abzuleitende Regel lautet: „Frühe Erziehung zu eigenständigem Leistungsvermögen fördert hohe Leistung, vorausgesetzt, daß sie nicht Beschränkungsauferlegung, Autoritätsausübung oder Zurückweisung durch die Eltern spiegelt."[22]

Wie uns z. B. die Adoleszentenstudie von Douvan und Adelson zeigt, spielen daneben noch andere Sozialisationsvariablen eine Rolle. Insbesondere hat die Familienstruktur Bedeutung, wobei im einzelnen die Intaktheit des Elternpaares (negativer Einfluß der Scheidung!), die Familiengröße, die Stellung des einzelnen Kindes in der Ge-

schwisterreihe und der Zeithaushalt der Eltern erwähnenswert sind.[23]
Selbstverständlich kommt aber auch noch der Einfluß hinzu, den die Eltern durch die Übertragung eigener Lebenserfahrungen, Selbst- und Umweltinterpretationen auf das Kind ausüben. Dieser Faktor ist — ebenso wie die vorerwähnten oder noch stärker als sie — durch die Schichtzugehörigkeit der Eltern geprägt. Hier spielen schichtenspezifische „Wertsysteme" und Attitüden[24] eine Rolle. In der Einflußwirkung der Eltern spiegeln sich darüber hinaus auch Besonderheiten ihrer beruflichen Situation und Stellung wider.[25] Der Einfluß der Eltern wird durch den der außerfamilialen Sozialisationsinstanzen, insbesondere durch den der gleichaltrigen Spiel- und Freizeitpartner (peer groups) ergänzt.[26] Dazu treten noch die Einflußwirkungen von Schule, Kirche, Fernsehen, Radio, Presse und Werbung, deren Stärke allerdings in hohem Maße vom Erziehungsstil der Eltern, von der Beschaffenheit der Familienstruktur, von der Intensität und Richtung des elterlichen Einflusses und von der Wirkung der gleichaltrigen Spiel- und Freizeitpartner abhängt.

3. *Gesellschaftliche Wirkungen und Reaktions-Dispositionen der Leistungsorientierung*

Die gesellschaftlichen Wirkungen der Leistungsorientierten werden von McClelland mit dem größten Nachdruck betont. Diese Menschen sind, wie er ausführt, für die Entstehung und Durchhaltung von gesellschaftlichen (besonders wirtschaftlichen) Entwicklungen maßgeblich. Die industrielle Revolution wäre ohne sie nicht denkbar gewesen. Wie die historische Analyse zeigt, genügt, umgekehrt betrachtet, schon ein gehäuftes Auftreten dieses Typs, um in einer Gesellschaft gesteigerte sozioökonomische Dynamik hervorzurufen.[27]
Aus der unmittelbaren Verhaltensbeobachtung und -analyse läßt sich ergänzend hinzufügen, daß die Verbindung von Aktivität, Selbstvertrauen und optimistischer Umweltinterpretation, wie sie sich bei den Leistungsorientierten findet, zu einer von Zufriedenheit, Vertrauen und Mitwirkungsbereitschaft geprägten Einstellung auch gegenüber denjenigen Teilen der Umwelt führt, die nicht der eigenen Einflußnahme und Gestaltung unterliegt.
Dies läßt sich z. B. recht deutlich für die Einstellungen zur Politik und für die Bereitschaft zum politischen Engagement nachweisen, wenngleich die Forschung dadurch sehr erschwert wird, daß Persönlichkeitsmerkmale bei den Datenerhebungen bisher kaum direkt er-

tätstypus zu entwickeln, mit dem sich die Leistungsdisposition verknüpft. Wir finden, wenn wir genauer zusehen und den Bevölkerungsquerschnitt ins Auge fassen, daß die Leistungsdisposition in den primären Sozialisationsvorgängen nur unvollkommen ausgebildet wird, daß sie im Personalisationsprozeß nur mit mehr oder weniger großen Einschränkungen angeeignet wird und daß die Gesellschaft kaum irgendwelche Hilfestellungen anbietet, welche diese Schwächen kompensieren und die Menschen zu geeigneten Erfolgserlebnissen hinführen könnten. Wir können, einen Schritt weitergehend, daran die weitere These anknüpfen, daß das anomieverursachende Identitätsdefizit, dem wir auf der Spur sind, zum großen Teil darauf zurückgeht, daß im Hinblick auf das Leistungsprinzip nur eine „partielle Modernisierung"[31] stattgefunden hat. Die Menschen in den westlich-demokratischen Industriegesellschaften sind, so können wir ergänzen, zwar von derjenigen normativ-institutionellen Struktur, welche in den traditionalen Gesellschaften auf ihnen lastete und ihnen eine passiv-eingegrenzte Identität abzwang, befreit worden, ohne daß sie allerdings zum Erwerb einer neuen, den veränderten Verhältnissen angemessenen Identität befähigt worden wären.

Angesichts der bisherigen Entwicklung, welche die westlich-demokratischen Industriegesellschaften genommen haben, sind in ihnen insbesondere die breiteren Schichten der Bevölkerung durch Identitätsgefährdungen aufgrund unrealisierbarer Leistungs- und Erfolgsaspirationen betroffen. Wir wollen, um dies deutlich werden zu lassen, zunächst die Ergebnisse einer amerikanischen Untersuchung zur Kenntnis nehmen, aus denen sich ablesen läßt daß das „Motiv" der Leistung und die Orientierung am Leistungserfolg auch in der unteren Mittelschicht und in der Unterschicht der USA verhältnismäßig stark verbreitet sind.[32] Der Anteil der Leistungsorientierten lag — im Rahmen der Studie — in der Oberschicht bei 65%, in der oberen Mittelschicht bei 54%, in der unteren Mittelschicht bei 55% und in der Unterschicht bei 48%. Wie wir nun aus einer anderen — ebenfalls in den USA ungefähr zur gleichen Zeit durchgeführten — Untersuchung wissen, verbindet sich die Leistungsorientierung um so deutlicher und stärker mit Motiven des sozialen Aufstiegs, je tiefer die Stellung der Menschen in der sozialen Schichtung ist. Jedenfalls zeigt sich dies ganz deutlich bei den Einkommenserwartungen. Diese liegen zwar, in absoluten Zahlen gemessen, bei den unteren Schichten niedriger als bei den höheren, überschreiten dort jedoch das aktuell verfügbare Einkommen wesentlich stärker als hier.[33]

Wir sehen, daß in einer der führenden westlich-demokratischen Industriegesellschaften der komplizierte Mechanismus der Leistungsorientierung unvollständig funktioniert. Sehr viele Menschen konzentrieren ihre Aspirationen auf ein Niveau, das mit den Realitäten ihrer sozialen Lage unvereinbar ist. Die Logik, die in der Freigabe der individuellen Aspirationen und in ihrer nachfolgenden Anpassung an die jeweiligen Möglichkeiten und Gegebenheiten steckt, offenbart hier ihre persönlichkeitsdynamische Schwierigkeit und Problematik. In einer geschichteten Gesellschaft bedarf es, wie man sieht, insbesondere „unten" ganz besonders „sicher" und „kräftig" funktionierender Kombinationen zwischen der aktiven Selbstdurchsetzungsfähigkeit und einer enttäuschungsabsorbierenden Fähigkeit der Selbst-Instrumentalisierung und -Stabilisierung, wenn nicht Frustrationen und Anomieneigungen eintreten sollen. Die Anforderungen, die an die persönlichkeitsdynamische Verankerung der Leistungsdisposition zu stellen sind, steigen in einer geschichteten Gesellschaft also mit sinkender sozialer Ausgangslage der Menschen an. Sie liegen um so höher, je eingeengter der persönliche Lebens- und Chancenraum eines Individuum ist. Eine solche Gegenläufigkeit der Bedingungen überfordert aber ganz offenbar das, was in Wirklichkeit realisiert werden kann.

Anmerkungen

1) Vgl. David C. McClelland: Die Leistungsgesellschaft. Psychologische Analyse der Voraussetzungen wirtschaftlicher Entwicklung, Stuttgart 1966, S. 87.
2) John W. Atkinson: Motivational Determinants of Risk-Taking Behavior, in: John W. Atkinson & Norman T. Feather (eds): A Theory of Achievement Motivation, New York 1966, S. 12.
3) David C. McClelland: Die Leistungsgesellschaft, a.a.O., S. 87.
4) Ebenda, S. 206 ff.
5) Ebenda, S. 211.
6) Ebenda, S. 217.
7) Ebenda, S. 219.
8) Vgl. dazu James N. Morgan: The Achievement Motive and Economic Behavior, in: John W. Atkinson & Feather: a.a.O., S. 219.
9) Vgl. hierzu Harry J. Crockett, Jr.: The Achievement Motive and Differential Occupational Mobility in the United States, in: John W. Atkinson & T. Feather: a.a.O., S. 185 f.; ähnlich E. Douvan & J. Adelson: a.a.O., S. 26 ff.
10) F.-X. Kaufmann: Sicherheit als soziologisches und sozialpolitisches Problem, a.a.O., S. 185.
11) David C. McClelland: Die Leistungsgesellschaft, a.a.O., S. 213 ff.
12) Sozialpsychologie junger Angestellter, Wien-New York: Springer-Verlag, 1972, S. 60.

13) Siegfried Braun u. Jochen Fuhrmann: Angestelltenmentalität. Berufliche Position und gesellschaftliches Denken der Industrieangestellten, Neuwied 1970, S. 464.
14) David McClelland: Die Leistungsgesellschaft, a.a.O., S. 233 ff.
15) Ebenda, S. 198 ff.
16) David Riesman: Die einsame Masse. Eine Untersuchung der Wandlungen des amerikanischen Charakters, Hamburg 1958, S. 30 ff.
17) Ebenda, S. 33 ff.
18) Vgl. zur kulturkritischen Interpretation dieses Phänomens auch W. H. Whyte: The Organization Man (1956).
19) David Riesman: Die einsame Masse, a.a.O., S. 36 ff.; vgl. auch Jean Fourastié: Die große Hoffnung des zwanzigsten Jahrhunderts, a.a.O., passim.
20) Vgl. z. B. Jürgen Fischer: Kein Platz für Gelehrte, in: Mitteilungen des Hochschulverbandes, Jg. 18, Heft 6, Nov. 1970, S. 286 ff.
21) David C. McClelland: Die Leistungsgesellschaft, a.a.O., S. 291.
22) Ebenda, S. 394.
23) A.a.O., S. 262.
24) Vgl. dazu Herbert H. Hyman: The Value System of Different Classes: A Social Psychological Contribution to the Analysis of Stratification, in: R. Bendix and S. M. Lipset (eds.): Class, Status and Power, Glencoe 1953, S. 496.
25) Vgl. dazu M. L. Kohn and L. I. Pearlin: Social Class, Occupation and Parental Values. A Cross-National Study, in: American Sociological Review, 1966, S. 466—479.
26) Vgl. hierzu Henrik Kreutz: Soziologie der Jugend, München 1974, S. 185 ff. u. passim.
27) Siehe David C. McClelland: a.a.O., S. 80 ff. u. passim.
28) Lester W. Milbrath: Political Participation, Chicago 1965, S. 59.
29) Ebenda, S. 76 ff.
30) Vgl. dazu verschiedenartige Untersuchungen über „dominant american value orientations." Eine kurze vergleichende Resümierung der bis zum Ende der 50er Jahre vorliegenden Ergebnisse findet sich in: William F. Ogburn and Meyer F. Nimkoff: Sociology, Boston: Houghton Mifflin Company, 1964 (Fourth Edition), S. 275 f.
31) Vgl. D. Rüschemeyer: Partielle Modernisierung, in: Wolfgang Zapf (Hrsg.): Theorien des sozialen Wandels, Köln, Berlin 1969, S. 382 ff.
32) Vgl. dazu die Darstellung und Kommentierung der Ergebnisse der vom National Opinion Research Center der USA durchgeführten „NORC study" bei Harry J. Crockett, Jr., in: J. W. Atkinson & N. T. Feather: a.a.O., S. 188 ff.
33) Vgl. R. C. Centers: Social Class, Occupation, and Imputed Belief, in: Amer. J. Sociol., 58, S. 543—555.

Amtsgedanke und Pflichtethos in der Industriegesellschaft

Heinz Kluth

I.

Nach der Einführung der Postleitzahlen fand sich in der Wochenzeitung „Die Zeit" folgender Ausspruch eines Berliner Postkunden: „Die Postbeamten scheinen über den neuen Leitzahlen das Leitbild ihres Berufes vergessen zu haben."[1] Was sich in diesem Wortspiel abzeichnet, betrifft zwar nicht nur den öffentlichen Dienst, tritt jedoch im Bereich des öffentlichen Dienstes am deutlichsten zutage und läßt sich daher am Beispiel des öffentlichen Dienstes am besten untersuchen. Das ist der Grund, warum hier so gut wie ausschließlich von den für das öffentliche Bewußtsein wesentlichsten Repräsentanten des öffentlichen Dienstes, von den Beamten, die Rede sein wird. Es soll aber auch von Anfang an ausdrücklich hervorgehoben werden, daß die zu untersuchenden Probleme nicht nur in der Beamtenschaft, sondern in allen Bereichen der heutigen Berufs- und Arbeitswelt anzutreffen sind.

Man registriert und kritisiert zudem auch nicht nur „vor dem Schalter" den Wandel des Berufsleitbildes, sondern auch hinter dem Schalter wächst die Zahl derjenigen, die mit Besorgnis auf die Veränderungen in der Berufsauffassung bei den Angehörigen des öffentlichen Dienstes hinweisen. Sie sehen allerdings unter Umständen allein schon in der Tatsache, daß sie selbst und die Öffentlichkeit sich so ausführlich mit Rolle und Stellung des Beamtentums in der heutigen Gesellschaft beschäftigen, ein Zeichen der Krise des Beamtentums, deren wesentlichste Wurzel in der Abkehr vom Dienst am Staat und in der Hinwendung zur Arbeit für den Staat liege. Was sich in dieser Auffassung ausdrückt, ist die Krise des Selbstverständnisses einer Berufsgruppe, der die moderne gesellschaftliche Entwicklung immer mehr den Boden für die traditionelle Motivierung und für die traditionelle Orientierung ihres Handelns entzieht.

Diesem Krisenbewußtsein liegt der vielfach beschriebene und gedeutete Pluralismus von Beruf und Dienst zugrunde, wie er aus der Ineinssetzung von Beruf und Arbeit, also der christlichen, insbesondere der lutherischen Lehre vom „Amts"-Charakter bzw. „Auftrags"-Charakter aller irdischen Tätigkeit des Menschen erwachsen ist. Der Beruf, der Dienst, das Amt umfassen und prägen den Menschen ganz. Die Arbeit ergreift ihn dagegen nur teilhaft; sie bildet nur die materielle Basis seines Lebens; sie dient in diesem Sinne dem notwendigen, aber auch dem zum Selbstzweck gewordenen Erwerb. Die Arbeit wird nicht wie der Beruf als ein die ganze Person betreffender Auftrag angenommen. Es bleibt daher auch letztlich gleichgültig, welche Arbeit man tut, sofern sie nur zu dem erstrebten Erwerb führt. Das „Leben" beginnt erst nach bzw. außerhalb der Arbeit. In diesem Sinne hat z. B. *Eugen Rosenstock* Anfang der zwanziger Jahre noch vom Industriearbeiter behauptet: „Er arbeitet, um zu leben; und dort, wo er arbeitet, lebt er nicht."[2]

Den Pflichten des Berufes unterzieht man sich dagegen nicht um des Erwerbes, sondern um des Auftrags willen, den man als Person erhalten hat. Und dieser Auftrag fügt einen in eine als sinnvoll empfundene Gesamtordnung ein. Was man ist und was man bedeutet, läßt sich daher nicht an der Höhe des materiellen Gewinns ablesen, sondern an der Stelle, die man aufgrund des übertragenen Amtes in dieser Gesamtordnung einnimmt. Die Arbeit teilt den Menschen einer an materiellen Größen orientierten Klassenschichtung zu; der aus einer Gesamtordnung als Amt ausgegliederte Beruf verleiht dagegen einen Stand. Und der Wert dieses Standes wird nicht an seinem materiellen Ertrag, sondern an der Stelle gemessen, die er in der Gesamtordnung einnimmt.[3]

Die Stelle in der Gesamtordnung und nicht irgendeine materielle Erwägung kann daher auch allein die Größe des Anteils bestimmen, der dem Einzelnen an den materiellen und kulturellen Gütern und Chancen seiner Gesellschaft zugestanden wird. Er erhält also keinen Lohn für eine bestimmte Leistung, sondern er wird alimentiert um der Möglichkeit des Dienstes willen und entsprechend dem gesellschaftlichen Wert seines Dienstes. Motiv des „Dienens" kann daher auch nicht ein irgendwie gearteter materieller Gewinn sein. Der Mensch unterzieht sich vielmehr den Pflichten seines Dienstes, weil ihm dieser Dienst von einer wie auch immer im einzelnen verstandenen ihm übergeordneten Instanz aufgetragen worden ist. Motiv seines Handelns, also auch seines „Arbeitens", ist, anders ausgedrückt, das Pflichtethos.

Die Verbindung von Pflichtethos und Alimentierung im Amts- und Dienstgedanken ist von *Max Weber* mit aller Deutlichkeit bei seinen Untersuchungen der Bürokratie formuliert worden: „. . . Der Eintritt in das Amt gilt auch in der Privatwirtschaft als Übernahme einer spezifischen Amtstreuepflicht gegen Gewährung einer gesicherten Existenz."[4] Es sind die gleichen Vorstellungen, die auch noch den Paragraphen 54 des Bundesbeamtengesetzes geprägt haben: „Der Beamte hat sich voller Hingabe seinem Beruf zu widmen." Aus diesem Imperativ folgt dann mit Recht, daß wir es bei der Besoldung des Beamten nicht mit einer Entlohnung, sondern mit einer „ständischen" Alimentierung des Beamten durch den Dienstherrn zu tun haben.

Die wesentlichsten Elemente des Berufsbegriffs, der für das Selbstverständnis der Beamtenschaft entscheidend geworden ist, sind also: der nicht erwerbsorientierte Amtscharakter des Berufes, das Pflichtethos als Motivierung beruflichen Tuns, die Sinngebung des beruflichen Tuns aus der Einfügung des Amtes in eine als verbindlich empfundene wertbezogene Gesamtordnung, die ständische Ausgliederung der Berufe als „Ämter" aus dieser Gesamtordnung, der alle Lebensbezüge umgreifende, also eine Trennung von Arbeits- und Privatsphäre nicht kennende Charakter des Berufes als „Dienst", der nicht auf eine rational abgegrenzte Arbeitsleistung, sondern auf den umfassenden Dienstcharakter des Berufes begründete Anspruch auf eine standesgemäße Alimentierung.

II.

Für die Verwirklichung eines derartigen „Leitbildes" bedarf es aber einer Reihe gesellschaftlicher Voraussetzungen, von denen hier nur die wichtigsten genannt werden können:

a) Ein Wertbewußtsein, das die große Mehrzahl der Mitglieder einer Gesellschaft auf eine gemeinsame Auffassung der Berufsziele und der Art und Weise der Berufserfüllung verpflichtet.

b) Die zumindest in ihrem Kern noch nicht angetastete Überzeugung aller, daß es ein den Einzelmenschen und die Einzelgruppen übergreifendes und zugleich einschließendes höheres Ganzes gibt und daß sich der Lebenssinn des Einzelnen und der Einzelgruppe in der Übernahme der aus dem übergeordneten Ganzen und durch es ausgegliederten Berufs- und Amtspflichten erfüllt.

c) Eine Gesellschaft, die aus relativ kleinräumigen und kleingruppenhaften Sozialbeziehungen aufgebaut ist, so daß das hierarchische System der „Ämter" und ihre wechselseitige Zuordnung zumindest der Idee nach noch als überschau- und verstehbar erscheinen.

d) Eine personale und in der Regel kontinuierliche Repräsentanz des die Amtspflicht begründenden übergeordneten Ganzen.

e) Die jeweils als Einheit gedachten Gruppen von Berufen bzw. Ämtern weisen keine allzu großen Verschiedenheiten hinsichtlich ihrer Struktur, ihres Personals, ihrer Bedeutung usw. auf.
f) Der Nachwuchs für eine Berufsgruppe entstammt in der Regel zumindest „sozial verwandten" Bevölkerungsschichten, so daß eine für den Zusammenhalt der Gruppe ausreichende Homogenität der sozialen Orientierung und der Handlungsorientierung gewahrt bleibt.
Die Industriegesellschaften der Gegenwart bieten nun kaum noch eine dieser Voraussetzungen. Eine Berufsauffassung, die ein dem Dienstgedanken verpflichtetes Berufsethos zu tradieren versucht, muß daher in diesen Gesellschaften mit Gegebenheiten kollidieren, die ihre Verwirklichung nicht nur in zunehmendem Maße erschweren, sondern in mancher Hinsicht sogar schon unmöglich zu machen scheinen. Es können allerdings wiederum nur einige der wesentlichsten Probleme skizziert werden, die sich daraus für die Verwirklichung eines an das Pflichtethos gebundenen Berufsgedankens ergeben bzw. ergeben können.

III.

Die Identität von Fürst, Staat und Gesellschaft, die dem „Fürstendienst" des absolutistischen Staates, der als personales Treue- und Fürsorgeverhältnis gestaltet war, den Charakter einer rein privatistischen Sozialbeziehung nahm, war bereits im aufgeklärten Absolutismus gelockert worden.[5] Sie zerbrach endgültig unter dem Zugriff des an die Macht strebenden revolutionären Bürgertums. Die nachabsolutistische Epoche ist daher zunächst auch durch die ideologische Trennung von Staat und Gesellschaft charakterisiert worden, so daß aus den „Fürstendienern" des Absolutismus die Träger „entpersonalisierter" staatlicher Funktionen oder, anders ausgedrückt: die „Diener" eines Staates wurden, der nicht nur den Konflikten der gesellschaftlichen Kräfte und Mächte enthoben ist, sondern im Interesse des Wohles aller als neutraler Schiedsrichter über diesen Kräften und Mächten waltet. Es ist die Geburtsstunde der modernen Beamtenschaft, die in ihrem Selbstverständnis und im Verständnis der Öffentlichkeit als Repräsentant dieses neutralen Schiedsrichters und zugleich als Mittler zwischen dem neutralen Staat und den Menschen als Angehörigen der von sozialen Kämpfen zerrissenen Gesellschaft erscheint. Der „Wert" des Dienstes eines Beamten konnte daher auf keinen Fall mit den Maßen gemessen werden, an denen sich die gesellschaftlichen Konflikte und Kämpfe orientierten. Der Beamte stand diesen Konflikten ja nicht nur als Schiedsrichter, sondern auch als

Bewahrer des durch die gesellschaftlichen Kämpfe immer erneut bedrohten Gemeinwohls gegenüber.
Diesem Selbst- und Fremdverständnis der Beamtenschaft mußte jedoch in dem Maße der Boden entzogen werden, wie sich in der modernen Industriegesellschaft ein Prozeß durchsetzte, den man vielleicht mit der Formel „Vergesellschaftung des Staates" kennzeichnen könnte. Der Staat verliert seine Stellung als „neutraler Schiedsrichter" und wird mehr und mehr selbst zu einem Herrschaftselement innerhalb des gesellschaftlichen Lebens. Das heißt, der Staat büßt seinen Charakter als autonome, von den gesellschaftlichen Kräften unabhängige Instanz ein und wird in zunehmendem Maße als ein Handlungsinstrument gesellschaftlicher Kräfte verstanden.
Damit mußte aber auch die Deutung der Beamtenschaft im gesellschaftlichen Selbst- und Fremdverständnis eine entscheidende Veränderung erfahren. Ist nämlich der Staat Handlungsinstrument gesellschaftlicher Kräfte, so kann die Beamtenschaft entweder nur Instrument des Instrumentes, also Vollzugsorgan partikularer gesellschaftlicher Kräfte sein, oder die Beamtenschaft erscheint selbst als eine partikulare gesellschaftliche Macht, die unter der ideologischen Decke des Dienstes am Gemeinwohl selbstsüchtige Interessen verfolgt. Das hat ja dann zur Folge gehabt, daß die Beamten häufig genug in der Öffentlichkeit verdächtigt werden, entweder als „Parteibuchbeamte" nur Vertreter von Partikularinteressen oder aber nur Vertreter engstirniger beruflicher oder materieller Eigeninteressen zu sein.
Die Herrschaft, von der sich der Beamte als „Diener des Staates" abhängig fühlt, läßt sich im „vergesellschafteten Staat" nur noch schwer sozial lokalisieren. In den parlamentarisch-demokratischen Staatswesen der Gegenwart kommt überdies noch hinzu, daß diese Herrschaft, deren Vollzugs- und Durchsetzungsorgan die Beamtenschaft im eigenen Selbstverständnis und im Verständnis der Öffentlichkeit ist, von unter Umständen schnell wechselnden sozialen und politischen Machtgruppen mit zum Teil sehr heterogenen Zielen und Erwartungen beansprucht wird. Der Staat bzw. das von ihm zu vertretende „Gemeinwohl", an dem sich allein das Dienst- und Pflichtethos orientieren könnte, verblaßt dann angesichts der Notwendigkeit, als Handlungsorgan der jeweiligen politischen Mächte nicht nur wechselnde, sondern unter Umständen sogar gegensätzliche politische Zielsetzungen realisieren zu müssen, sehr leicht zu einem abstrakten, die Ansprüche eines Pflichtethos nicht mehr tragenden Schemen.
Das Dienstverhältnis büßt auf diese Weise allmählich auch die letzten Reste personaler Orientierung ein und wird mehr und mehr zu einem reinen Funktionsverhältnis oder, anders ausgedrückt, zu einem

rein sachorientierten Vertragsverhältnis. Vertragsverhältnis und Dienstgesinnung nebst Pflichtethos schließen sich aber gegenseitig aus. Das kann man bereits bei *Gustav Schmoller* und *Lujo Brentano* nachlesen, die diese Einsicht gegen die scharfe Polemik *Richard Ehrenbergs* verteidigen und durch die weitere Entwicklung mehr als bestätigt worden sind.[6] Der Begriff „Dienst" bzw. „Amt" bezieht, wie gesagt, die ganze Person, und zwar letztlich in allen ihren Lebenszügen mit ein. Das wesentlichste Charakteristikum des Sachvertrages, in diesem Zusammenhang also des Arbeitsvertrages, ist aber gerade, daß er sich immer nur auf genau umgrenzte Teilbereiche beschränkt und innerhalb dieser Teilbereiche möglichst genau fixierte, immer nur partikulare und wechselseitige Verpflichtungen festlegt. Das Motiv des Handelns ist nicht der „Auftrag des Amtes", sondern die für die Erfüllung einer zeitlich und sachlich begrenzten Aufgabe vertraglich zugesicherte Gegenleistung.

IV.

Ein zweiter, für den allmählichen Abbau des Amtsgedankens und die allmähliche Aushöhlung des Pflichtethos verantwortlicher Prozeß ist bereits von *Max Weber* bezeichnet und beschrieben worden. Die notwendigen Konsequenzen dieses Prozesses aber hat weder er selbst in vollem Umfange gesehen, noch hat man sie bis heute recht sehen wollen. Es heißt bei *Max Weber:* „Bürokratische Herrschaft bedeutet sozial im allgemeinen: die Tendenz zur Nivellierung im Interesse der universellen Rekrutierbarkeit aus den fachlich Qualifiziertesten."[7]

Der Nivellierungsprozeß ist jedoch nach *Max Weber* insofern doppelseitig, als bürokratische Herrschaft die Tendenz zur Nivellierung mit sich bringt, jede soziale Nivellierung zugleich aber auch die Bürokratisierung fördert. Hier interessiert nur der erste Aspekt. Wo sich nämlich eine Bürokratie im modernen Sinne ausbildet, die ihre „Dienstfähigkeit" auf der Fachqualifikation begründen muß, zerstört die Bürokratie zwangsläufig selbst das Prinzip, aus dem sie ihren Anspruch auch ständische Alimentierung ableitet, nämlich das Prinzip einer ständischen Hierarchisierung der Gesellschaft. Sie muß dieses Prinzip zerstören, weil die Auslese des Nachwuchses für den bürokratischen Dienst nicht mehr unter ständischen Gesichtspunkten, sondern allein unter dem Gesichtspunkt der Fachqualifikation erfolgen darf; sie muß, anders ausgedrückt, jeden als des Dienstes fähig ansehen, der — aus welcher sozialen Schicht er auch immer kommen mag — sich die notwendige Fachqualifikation erworben hat bzw.

erwerben kann. Das Rekrutierungsfeld einer an der Fachqualifikation orientierten Bürokratie stellt daher gleichsam eine Verwirklichung des antiständischen Prinzips der sozialen Gleichheit dar. Die moderne Bürokratie treibt so, ob sie es will oder nicht, die soziale Nivellierung voran und entzieht sich auf diese Weise selbst den Boden, aus dem allein ein ständischer, nicht am Leistungsprinzip orientierter Dienstgedanke erwachsen kann.

Dieser Vorgang wäre jedoch wohl weitgehend im Bereich des Ideologischen verblieben, d. h. bei der Praxis der Nachwuchsgewinnung kaum zum Zuge gekommen, wenn nicht andere Momente eine ständige Ausweitung des Rekrutierungsfeldes erzwungen hätten. Selbstverständlich soll damit die Bedeutung des „ideologischen Faktors“ als eines Datums der Gesamtsituation nicht unterschätzt werden. Bei den anderen Momenten handelt es sich vor allem um die viel diskutierte sprunghafte Vergrößerung aller Bürokratien in den Industriestaaten, also auch und nicht zuletzt der staatlichen Bürokratien. Dieser Wachstumsprozeß führte zu einem Personalbedarf, der auf die Dauer nicht mehr allein aus den sozialen Schichten gedeckt werden konnte, aus denen sich einstmals zumindest die für Mentalität und Verhalten des „Staatsbeamtentums“ entscheidenden Gruppen rekrutierten.

So kam denn im Verlaufe der Entwicklung der modernen Gesellschaft ein immer größerer Teil des Nachwuchses der Beamtenschaft aus sozialen Gruppen, die durch die Bedingungen der erwerbsorientierten, der „wirtschaftlichen“ Arbeit geprägt worden sind. Die Beamtenschaft ist zwar einmal in dem Sinne eine geschlossene Gruppe gewesen, daß sich ihre Mitglieder durch die Homogenität ihrer Anschauungen, ihrer Verhaltensweisen und ihres Lebensstiles auszeichneten. Derart geschlossene Gruppen besitzen in der Regel die Fähigkeit, andersartige Lebensformen zu assimilieren. Übersteigt jedoch die Zahl der „Fremdelemente“ ein bestimmtes Maß, so versagt auch die geschlossenste Gruppe bei der Aufgabe, sich unter Wahrung ihrer hergebrachten Gestalt das Neue einzuverleiben. *René König* hat im Hinblick auf derartige Vorgänge von einem Gesetz gesprochen, nach dem sich der Nomade nicht mehr an die Umwelt anpaßt, sondern die Umwelt an den Nomaden, wenn die Migrationen erst einmal ein bestimmtes Ausmaß überschritten haben.[8] Und dieses Ausmaß ist mit Rücksicht auf den Amtsgedanken und das Pflichtethos in der Beamtenschaft der modernen Industriegesellschaften offenbar schon seit langem überschritten. Man braucht dabei noch nicht einmal daran zu denken, daß die Assimilationskraft im Sinne des Berufs- und Dienstethos schon durch das unvermittelte Nebeneinander von Beamten und Angestellten im öffentlichen Dienst geschwächt wird, weil man die Angestellten, die auch im öffentlichen Dienst nur in einem „Arbeitsvertragsverhältnis“ stehen, wohl kaum auf das dem Amtsgedanken entlehnte Dienstethos verpflichten kann.

V.

Während diese Zusammenhänge in der bisherigen Diskussion verhältnismäßig wenig beachtet worden sind, ist immer wieder auf die folgenschweren Wirkungen des sogenannten Wertpluralismus in der modernen Gesellschaft hingewiesen worden. Wertpluralismus meint in diesem Zusammenhang, daß die Angehörigen einer Gesellschaft bzw. eines Kulturbereiches nicht mehr durch allen gemeinsame Werte verbunden werden, sondern daß sich die sozialen Gruppen der Gesellschaft jeweils gruppenspezifischen Werten verpflichtet fühlen. Ein Dienstethos kann aber, wie gesagt, auf die Dauer nur Bestand haben, wenn es sich aus der Überzeugung zu speisen vermag, daß das Dienstverhältnis in einen Wertzusammenhang eingebunden ist, der dem „Dienen“, der „selbstlosen Pflichterfüllung“ einen höheren Wert verleiht, als die Dinge besitzen, auf die der Mensch um des Dienstes willen verzichtet bzw. verzichten muß. Es dürfte dabei wohl keinen Streit darüber geben, daß die Unterwerfung unter ein Dienstethos in vieler Hinsicht einen Verzicht einschließt oder doch einschließen kann.

Nun könnte die Überzeugung von dem höheren Wert des Dienens an sich sogar in einer wertpluralistischen Gesellschaft fortbestehen, dann nämlich, wenn zumindest die „dienende“ Gruppe in dem vorhin gemeinten Sinne geschlossen bliebe. Diese Geschlossenheit läßt sich aber im Falle der Beamtenschaft nicht mehr aufrechterhalten. Es wäre ferner notwendig, daß das, worauf das Dienstethos wertend bezogen ist, insofern als eine ausschließliche Sache der Gruppe angesehen werden könnte, als es von den Schätzungen und Wertungen der übrigen gesellschaftlichen Gruppen unabhängig ist. Das ist jedoch bei der „Sache“, auf die sich das Dienstethos der Beamten allein beziehen kann, nicht der Fall: beim „Gemeinwohl“. Im Selbstverständnis der Beamten ist der Staat zwar auch, ja gerade in einem demokratischen Gemeinwesen, mit der Vertretung und Wahrung des Gemeinwohls beauftragt. Nur muß das Gemeinwohl in der demokratischen Gesellschaft als eine „Sache“ aller gesellschaftlichen Gruppen verstanden werden; es kann nicht mehr eine ausschließlich den „Staatsdienern“ aufgegebene Angelegenheit sein. Ohne diese Allbezüglichkeit des Begriffs Gemeinwohl würde er entweder zu einer inhaltsleeren Floskel oder zu einer Formel werden, die lediglich die partikularen Interessen gesellschaftlicher Teilgruppen verschleierte. Das Gemeinwohl ist daher in demokratischen Gesellschaften nicht nur nicht dem Wertpluralismus entzogen, sondern geradezu ein hervorragendes Objekt wertbesetzter und wertgesättigter Antagonismen und Konflikte.

Und damit hat der Bezugspunkt des Wertsystems, aus dem das Dienstethos des Beamten allein noch leben könnte, den Charakter eines absoluten Wertes verloren; er ist dem Streit und Wandel der Werte unterworfen worden, so daß er als Integrationskern eines das Dienstethos der Beamtenschaft tragenden Wertsystems immer untauglicher wird. Und die Beamtenschaft kann diesen Kern eines Amts- und Dienstgedankens nicht dadurch retten, daß sie die Vorstellung vom Gemeinwohl gleichsam oberhalb der pluralistischen gesellschaftlichen Dynamik zu fixieren versucht, indem sie von jedem konkreten, nämlich politischen Inhalt abstrahiert. Ein so verstandenes Gemeinwohl müßte in einer Gesellschaft, die den Staat und alles, was ihm entsprechen könnte, „vergesellschaftet" hat, jedes Sinnes und jeder Bedeutung entbehren.

VI.

Die These von der wertpluralistischen Gesellschaft stand bisher so im Vordergrund der Diskussion, daß man darüber fast die Anzeichen einer neuen Art von Wertmonismus übersehen hat, die sich in den Industriegesellschaften unter der Decke des Wertpluralismus durchzusetzen beginnt. Es scheint zumindest so, als ob in den Industriegesellschaften die „Leistung" keineswegs mehr nur noch Regulator und Verteilungsnorm der wirtschaftlichen Arbeit ist, sondern mehr und mehr zum regulierenden Prinzip und Wert aller Lebensbereiche wird. Man könnte, sicher etwas überspitzt, sagen, daß die Leistung auf dem besten Wege ist, zur einzigen allgemeinverbindlichen Wertkategorie der Industriegesellschaften zu werden. Quantum und Qualität der Arbeit werden als Leistungsgrößen begriffen; das Tun und Lassen in Freizeit und Urlaub unterwirft sich in zunehmendem Maße spezifischen Freizeit-Leistungsnormen; und die materiellen und sozialen Chancen der Gesellschaft sollen ebenso nach dem Maß der individuellen Leistung verteilt werden wie die Anerkennung und die Wertschätzung, die jemand beanspruchen und erwarten darf.

Der antiständische Akzent der bürgerlich-industriellen Welt ließ von Anfang an jeden Sozialanspruch als verdächtig und ungerechtfertigt erscheinen, der nicht durch eine zumindest dem Prinzip nach quantifizierbare Leistung zu begründen ist. Leistung gilt, anders ausgedrückt, als der einzig legitime Maßstab gesellschaftlicher Honorierung jeglicher Art. Das setzt zunächst einmal die Überzeugung voraus, daß alles menschliche Tun meßbar und damit auch objektiv überprüfbar ist. Dem entsprechen z. B. die vielfältigen Bemühungen, zumindest alle menschlichen Arbeitstätigkeiten in irgendeiner Weise meßbar und als „quantitative Größen" objektiv vergleichbar zu machen. Führten diese Bemühungen zum Erfolg, so wäre eine entscheidende Voraussetzung für die Verwirklichung des industriegesellschaftlichen Ideals geschaffen, dem alle Leistung der genaue Ausdruck einer Gegenleistung ist und umgekehrt.

Daß ein so verstandenes Leistungsprinzip einer im Dienstethos gründenden Berufsgesinnung grundsätzlich widerspricht, liegt so unmittelbar auf der Hand, daß es immer wieder betont wurde. Für viele andere soll hier eine Stelle aus *Karl Dunkmanns* Soziologie der Arbeit zitiert werden. Bei dem Versuch zu erklären, was er unter „Berufsarbeit" verstanden wissen will, führt *Dunkmann* u. a. aus:

„In erster Linie wird . . . die Persönlichkeit des Berufenen verpflichtet, in zweiter Linie folgt die Verpflichtung auf seine Tätigkeit. Diese kann als ‚Leistung' kaum gedeutet werden, da es sich um keine konkrete Gegenleistung mehr handelt, sondern um eine persönliche Gesamtleistung im Geiste der Hingabe des Dienstes. Daher erfolgt die etwaige Besoldung im ganzen als ‚Gehalt', nicht nach einzelnen Leistungen, falls sie überhaupt erfolgt[9]."

In einem ähnlichen Sinne heißt es auch bei *Max Weber:*

„. . . die Innehabung eines Amts wird rechtlich und faktisch nicht als Besitz einer gegen Erfüllung bestimmter Leistungen ausbeutbaren Renten- oder Sportelquelle . . . und auch nicht als ein gewöhnlicher entgeltlicher Austausch von Leistungen, wie im freien Arbeitsvertrag, behandelt[10]."

Die Beamtenschaft kann aber nun wie der gesamte öffentliche Dienst in einer „leistungsorientierten Gesellschaft" nur eine gewisse Zeit ein „Amtsverständnis" bewahren, das allen Beziehungen zwischen Entgelt und Leistung ausdrücklich widerspricht. Von einem bestimmten Zeitpunkt an läuft sie nämlich sonst Gefahr, von der Gesellschaft als ein nicht assimilierbarer Fremdkörper ausgestoßen zu werden. Wenn sich die Beamtenschaft auf die Dauer weigern wollte, ihr eigenes Tun der ansonsten in unserer Gesellschaft anerkannten, wenn auch keineswegs immer wirksamen Beziehung von Aufwand und Leistung zu unterwerfen, würde sie sich kaum noch der Verdächtigung erwehren können, daß sie sich nur um eigener Vorteile und Vorranganspüche willen dem für die übrigen Angehörigen der Industriegesellschaft gültigen rationalen Prinzip von Leistung und Gegenleistung entziehen wolle. Was dieses Prinzip betrifft, sind die Industriegesellschaften schon längst keine wertpluralistischen Gesellschaften mehr. Das Leistungsprinzip gilt daher auch heute innerhalb des öffentlichen Dienstes zumindest der Thoerie nach unangefochten bei der Auslese des Nachwuchses, bei der Verwirklichung von Karrierechancen usw. Es ist ja auch nicht zuletzt die staatliche Bürokratie gewesen, die als Mittel des Angriffs auf die Ausleseprinzipien der feudalen Gesellschaften über die Fachqualifikation als Kriterium dem Leistungsprinzip der modernen Gesellschaft den Weg geebnet hat. Auf die Dauer mußte sich dann das dynamische Leistungsprinzip gegen den Versuch durchsetzen, es mit dem Dienstethos zu verbinden, und zwar in dem Sinne durchsetzen, daß sich zu der Verpflichtung auf eine bestimmte Leistung der Anspruch auf eine genaue Gegenleistung gesellte.

Das Verhältnis der Öffentlichkeit zum öffentlichen Dienst ist allerdings in dieser Hinsicht zur Zeit von einer eigentümlichen ambivalenten Natur. Auf der einen Seite ist die These, daß auch der öffentliche Dienst der Leistungskontrolle zu unterwerfen sei, zu einer selbstverständlichen Norm geworden. Der öffentliche Dienst soll wie jede andere „produktive" Tätigkeit anhand von Leistungszahlen überprüft und kontrolliert werden. Auf der anderen Seite messen wir jedoch nach wie vor, wie *Hennis* das richtig formuliert hat, „tagtäglich jeden Abgeordneten, jeden Minister, jeden Beamten, jeden Hochschullehrer, jeden Polizisten an einem uns vorschwebenden Modell des guten, seiner Aufgaben und Pflichten bewußten Inhabers eines ... Amtes"[11]. Damit kann nämlich die Öffentlichkeit Verhaltenserwartungen begründen, die sich an den hohen Normen des ehemaligen Pflichtethos orientierten und zugleich jeglichen Anspruch der „Amtsinhaber" auf eine „genaue Gegenleistung" als eine dem Dienstethos widersprechende Haltung zurückweisen. Es ist daher auch richtig, wenn *Hennis* meint, daß es bisher nirgendwo gelungen sei, „das Amtsdenken völlig in reines Funktionsdenken aufzulösen"[12]. Aber das gilt eben doch nur für die Seite der Medaille, die das Verhältnis von Leistung und Gegenleistung darstellt. Auf die Dauer läßt sich nämlich die Umwandlung des ursprünglichen Dienstverhältnisses in ein reines Funktionsverhältnis, d. h. in ein leistungsorientiertes und leistungsgebundenes Arbeitsvertragsverhältnis kaum verhindern. Das „Dienstverhältnis" wird zu einem Arbeitsvertragsverhältnis beliebiger Art werden. Wenn man Arbeit und Werdegang des Beamten der rationalen Leistungskontrolle unterwirft und unter den Auspizien der Industriegesellschaft auch unterwerfen muß, so kann man nicht erwarten, daß er seinen Dienst auch weiterhin ausschließlich oder auch nur noch vorrangig unter dem Anspruch der Pflichterfüllung, also unter grundsätzlicher Vernachlässigung des sonst gültigen Verhältnisses von Leistung und Gegenleistung tut. Wer fordert, daß auch der „Dienst" des Beamten den regulierenden und kontrollierenden Prinzipien der rationalen Leistung zu folgen habe, sollte zugleich verstehen, daß der Beamte dann auch seine Tätigkeit und seine Ansprüche nach dem rationalen oder ökonomischen Prinzip von Leistung und Gegenleistung einzurichten beginnt.

VII.

Der Wandel von Dienst- und Pflichtethos zu einem am Prinzip der genauen Gegenleistung orientierten Arbeitsverhalten wäre allerdings, wenn auch langsamer, so doch wohl auch ohne die ausdrückliche Übernahme des Leistungsgedankens in den öffentlichen Dienst vor sich gegangen. Die Beamtenschaft ist ja, wie gesagt, ihrer sozialen Herkunft und ihrer sozialen Orientierung nach schon seit langem keine homogene Gruppe mehr. Sie umfaßt vielmehr eine wachsende Zahl von Personen, deren Verhalten und deren Erwartungen sich nach den Arbeits- und Lebensbedingungen richten, die außerhalb des öffentlichen Dienstes bereits selbstverständlich geworden sind. Ein Symptom dieser Entwicklung ist die so häufig zitierte und kritisierte „Vergewerkschaftung" des Beamtentums. Die dem Amtsgedanken entlehnte besondere Verpflichtung des öffentlichen Dienstes eignet sich aus den dargestellten Gründen immer weniger für die Rechtfertigung eines Verzichts auf materielle und soziale Ansprüche, die ansonsten in der Industriegesellschaft als normal angesehen werden. Da man diese Ansprüche aber nur mit der Behauptung einer angemessenen Leistung und mit Hilfe moderner Großorganisationen durchsetzen kann, verhalten sich auch die Beamten häufig nicht viel anders als andere Berufsgruppen, deren Selbstverständnis sich noch gegen die Anerkennung der Tatsache wehrt, daß aus dem einstigen „Amte" ein Arbeitsvertragsverhältnis geworden ist, das sich zwar noch graduell, aber nicht mehr prinzipiell von den übrigen Arbeitsvertragsverhältnissen unterscheidet. Allerdings beweisen eine ganze Reihe von zwiespältigen und widersprüchlichen Reaktionen, in welche prekäre und labile Situation ein großer Teil der Beamtenschaft auf diese Weise geraten ist. So droht man z. B. auf der einen Seite, sich alle Methoden eines modernen Arbeitskampfes zu eigen zu machen, und beschließt zur gleichen Zeit, gegen seinen „Dienstherrn" Klage wegen Nichterfüllung seiner Fürsorgeverpflichtung zu erheben, weil er mit der standesgemäßen Alimentierung der Beamten arg in Verzug geraten sei. Dieses Beispiel läßt sich mit entsprechenden Variationen nicht nur auf so gut wie alle Gruppen der Beamtenschaft, sondern auch auf so gut wie alle Gruppen von freien Berufen mit einer im Dienstethos gründenden Berufsideologie übertragen.

Dennoch sollte man sich hüten, aus alledem vorschnelle Schlüsse zu ziehen. So bestechend und vor allem einleuchtend das Leistungsprinzip heute auch erscheinen mag, so wenig sollte es uns darüber täuschen, daß es in der sozialen Wirklichkeit weithin nicht mehr als eine Fiktion ist, vor allen Dingen nicht mehr als eine Fiktion sein kann. Der größte Teil menschlicher Arbeitstätigkeiten entzieht sich nämlich der rationalen Leistungskontrolle. Selbst die vermeintlich objektiven Leistungsmaßstäbe, die bisher in unserer Gesellschaft entwickelt wurden, sind häufig nichts anderes als schlecht kaschierte Zugeständnisse, daß die der menschlichen Arbeit innewohnende Leistung in der Regel nur auf dem Wege der subjektiven Zurechnung und des wertgesättigten, niemals im objektiven Sinne beweisbaren Vergleichs festgestellt werden kann. Erhöbe man daher das dem quantitativen Denken verhaftete Leistungsprinzip tatsächlich in den Rang des einzelnen Maßstabs unseres Tuns, so würde man wohl bald erfahren, daß jener Teil unserer Kultur, der aus der Produktivität der menschlichen Arbeit erwächst, im höchsten Maße bedroht ist. Wir wären nämlich dann in weiten und entscheidenden Bereichen unseres Lebens gegenüber fast allen subjektiven Argumenten für eine Leistungsreduzierung machtlos. Das heißt mit anderen Worten und sehr viel deutlicher formuliert: So sehr auch die Entwicklungsprozesse der Industriegesellschaft das Dienst- und Pflichtethos ausgehöhlt und ihm den Boden entzogen haben mögen, so sehr leben die modernen Gesellschaften, so sehr hängt ihr derzeitiger kultureller und sozialer Standard von der Tatsache ab, daß sich in der Motivationsschicht menschlicher Arbeit noch Überreste des Amtsgedankens und des mit ihm verbundenen Pflichtethos erhalten haben.

Wir werden auf diese Überreste daher auch erst dann endgültig verzichten können, ohne die weitere Entwicklung unserer Gesellschaft zu gefährden, wenn das rationalistische oder ökonomische Leistungsprinzip in etwas umgeformt worden ist, was man vielleicht, ohne die Parallele überzustrapazieren, als ein den Bedingungen der modernen Industriegesellschaft angemessenes Leistungsethos bezeichnen könnte. Die Frage, wie ein derartiges Leistungsethos aussehen muß und wie es zu erreichen wäre, ist im Augenblick ebensowenig zu beantworten, wie es sicher ist, daß jeder Versuch einer Rückgewinnung des alten Amtsgedankens und Pflichtethos unter den Bedingungen der modernen Industriegesellschaft von vornherein zum Scheitern verurteilt wäre. Der Stolz auf das eigene Können oder die Freude an der eigenen Leistungsfähigkeit, die heute in den Arbeits- und Leistungsmotiven von Facharbeitern und Technikern, aber auch von Sportlern aufzufinden sind, könnten vielleicht erste Ansätze für ein derartiges Leistungsethos sein. Damit ist jedoch auch das Prinzip der genauen Gegenleistung verbunden, unabhängig davon, welche Formen die Gegenleistung im Einzelfall annimmt, sei sie materieller oder immaterieller Natur. Das Alimentierungsprinzip wird dagegen wie der Amtsgedanke mit den Überresten ständischer Strukturen, die in den Industriegesellschaften noch vorhanden sind, mehr und mehr verdrängt und zerstört werden.

Anmerkungen

1) Die Zeit, 1962, Nr. 28.
2) *Eugen Rosenstock, Eugen May, Martin Grünberg:* Werkstattaussiedlung. Untersuchungen über den Lebensraum des Industriearbeiters, Berlin 1922.
3) Einen guten Überblick über die Entwicklung des Amts- und Dienstverhältnisses sowie des Amts- und Dienstbegriffes des Beamtentums hat *Otto Hintze* in seinem 1911 gehaltenen Vortrag über den Beamtenstand gegeben. In: *Otto Hintze:* Gesammelte Abhandlungen, Hrsg. *G. Oestreich,* Band II, 2. Aufl., Göttingen 1964, S. 66 ff. Ein Hinweis auf die „ständische Herkunft" des Amtsgedankens findet sich u. a. bei *Wilhelm Hennis:* Amtsgedanke und Demokratiebegriff. In: Staatsverfassung und Kirchenordnung. Festgabe für Rudolf Smend, Hrsg. *K. Hesse, S. Reicke, U. Scheuner,* Tübingen 1962.
4) *Max Weber:* Wirtschaft und Gesellschaft. Grundriß der verstehenden Soziologie, 4. Aufl., Tübingen 1956, S. 561.
5) Vgl. hierzu *Otto Hintze:* a.a.O.
6) Das schließt nicht aus, daß man dann doch den Beamten durch die Behauptung eines „singulären Charakters des Beamtenverhältnisses" (*Hintze:* a.a.O.) oder mit ähnlichen Wendungen eine Sonderstellung zu retten versucht.
7) *Max Weber:* a.a.O., S. 129.
8) Vgl. *René König:* Soziologie heute, Zürich 1949, S. 104.
9) *Karl Dunkmann:* Soziologie der Arbeit. In: Handbuch der Arbeitswissenschaft, Bd. VIII/IX, Teil 1, Halle a. S. 1933, S. 58.
10) *Max Weber:* a.a.O., S. 561.
11) *Wilhelm Hennis:* a.a.O.
12) Ebenda.

Ist Leistung unanständig?

Helmut Schoeck

Welche Leistung ist gemeint?

Bei der Kritik an der Leistungsgesellschaft bleibt oft auch unklar, wer eigentlich zuviel leistet, sei es, weil er sich dazu gezwungen sieht oder aus Übermut. Ist es die Gesamtgesellschaft, deren Soll oder Übersoll an Leistung dann in der Regel am Bruttosozialprodukt einer Nation, eventuell aufs Pro-Kopf-Einkommen umgerechnet, gemessen werden kann? Oder meint man eher die Leistungen einzelner Sektoren ihrer Wirtschaft? Dann wäre etwa eine Nation denkbar, mit einer leistungsarmen Landwirtschaft, daneben aber einer sehr leistungsfähigen Industrie. Meistens hat aber die Kritik der Leistungsgesellschaft einzelne Menschen im Auge, die angeblich zu viele Leistungen der falschen Art erbringen müssen. Um nämlich die „falschen" Bedürfnisse anderer und ihrer selbst zu befriedigen.

Jedes Land, das auf eine gesunde Außenhandelsbilanz angewiesen ist, muß auf dem Weltmarkt etwas anzubieten haben, das wettbewerbsfähig ist. Das ist um so schwieriger, je mehr ein Land — wie kommunistische Staaten — auf die Ansprüche der eigenen Verbraucher, die Bedürfnisse der Binnenbevölkerung *keine* Rücksicht nehmen zu müssen glaubt. Kein Land kann deshalb, wie sich dies linke Schwärmer vorstellen, der Leistungsgesellschaft einfach dadurch entfliehen, daß seine Bewohner sich in spartanischer Konsumherabstufung üben. Ihr Land würde dadurch auf dem Weltmarkt an die Wand gedrückt. Der Rückzug aus der Leistungsgesellschaft könnte also nur weltweit und simultan vorgenommen werden: ein Plan, der selbst dann nicht vollziehbar wäre, wenn sich auch alle Industrienationen heute darauf einigen könnten, weil zumindest viele der sogenannten Entwicklungsländer erst einmal erproben wollen, wie es sich in einer modernen Leistungsgesellschaft lebt, ehe sie auf diese verzichten.

Wenn also kein Land es riskieren kann, sich dem Weltmarkt zu versagen, ist es auch nicht möglich, der Binnenbevölkerung eine Entdifferenzierung, eine Senkung ihrer Ansprüche als neue Verbrauchertugend zu predigen. Das bedeutet aber: Selbst wenn man die These von den angeblichen „falschen Bedürfnissen" der Verbraucher gelten ließe, müßte eben jeder Binnenmarkt einer Gesellschaft, die sich nicht vom Außenhandel abschließen will, diese „falschen" Bedürfnisse seiner Konsumenten hegen, um zu wissen, was und wie für den Export produziert werden soll.

Leistung und Belastung

Wer Kritik an der Leistungsgesellschaft üben will, müßte zunächst erklären, von welchem Teil des Phänomens „Leistung" er spricht. Das Ergebnis, für den einzelnen und für die Gesellschaft, von Leistungen sowie das vorhergehende auf Leistung gerichtete Verhalten und auch das Erfolgserlebnis aufgrund von Leistungen: All diese verschiedenen Aspekte des Komplexes *„Leistung"* werden aus verschiedenen Gründen und Motiven *in Frage gestellt.* Ein Pädagoge kann zwar die „Leistungsgesellschaft" im ganzen bejahen, für unerläßlich betrachten, aber entschiedene Einwände und Besorgnisse haben, daß entweder bestimmte Leistungsanforderungen in der Schule — vielleicht nur in manchen Fächern — oder auch nur die Kriterien für die Leistungsmessung der kindlichen Entwicklung schaden. Das heißt: Der *Grund für eine Kritik* an bestimmten Leistungsforderungen kann allein im *vermuteten Schaden* liegen, den der die Leistung erbringende Mensch erleidet, er kann aber auch überwiegend oder allein *in den Motiven des Kritikers* verborgen sein, der eine ihm verhaßte Gesellschaftsform (solange sie von einer bestimmten politischen Verfassung ist) oder die Zivilisation der Moderne überhaupt durch Abbau der die Leistung ermöglichenden Normen zerstören will.

Ich fürchte nun, daß heute — im deutschen Sprachraum vor allem — manche Leistungskritiker weder bei anderen noch bei sich selbst die verschiedenen Motive und Ziele ihrer Kritik genau unterscheiden und beurteilen können. Seit etwa zehn Jahren findet eine Verquickung, eine Verschlingung und *Verschleierung von Motiven und Ansatzpunkten für die Kritik* an Leistung statt, von der, wie es scheint, in erster Linie linksradikale „System"-Gegner profitieren: Zunehmend schirmen sie sich ab, begründen sie ihre Forderungen mit Begriffen — positiven und negativen — aus dem pädagogischen Bereich, die ursprünglich, vor der Inbesitznahme durch die Spätmarxisten, oft durchaus einen guten, einen echten erzieherischen und „emanzipatorischen" Sinn gehabt haben.

Man kann z. B. an den *Bedingungen,* unter denen eine Leistung erbracht wird, Anstoß nehmen. Das wären etwa die Verhältnisse, unter denen Industriearbeit vor hundert Jahren geleistet werden mußte. Wenn heute für eine bestimmte Industrie überwiegend klimatisierte Arbeitsräume üblich sind, dann wären die restlichen Betriebe ohne Klimaanlage vielleicht kritikwürdig, wenn dieselben Leistungen abverlangt werden wie bei den anderen.

Bei jeder Leistungskritik müssen aber auch der kurz- und der langfristige Zeitraum der Leistung berücksichtigt werden, über die hinweg sie erbracht wird. In der gesamten Wirtschaft wie auch im Leben eines jeden Menschen überlagern sich Dauerleistungen mit vorübergehenden kurzen Anstrengungen. Die tägliche Pünktlichkeit beim Arbeitsantritt, die z. B. ein deutschsprachiger Europäer jahrzehntelang gewohnheitsmäßig einhält, ist ein Teil seiner Leistung. Dies unterscheidet ihn sehr deutlich von den Berufstätigen anderer Länder, vor allem der sogenannten Entwicklungsländer. Und selbst im Rahmen einer gleitenden Arbeitszeit kann der einzelne durchaus zu einer Pünktlichkeit innerhalb der von ihm wählbaren Spanne kommen.

Nun kann aber dieses so charakteristische und wesentliche Element der „Leistungsfähigkeit", die Pünktlichkeit — wenn überhaupt —, nicht aus denselben Gründen kritisiert werden wie Leistungsanforderungen, die „spurt"artig, für ganz kurze Zeitabschnitte, manchmal auch nur für Teile eines ganzen Arbeitslebens, verlangt werden. Gerade hier ist es jedoch eher so, daß in der Industrie und beispielsweise auf dem öffentlichen Transportsektor das Heben schwerer Lasten durch eine Person zunehmend durch Geräte mit Kraftantrieb ersetzt wird. Die Technisierung, als Ganzes gesehen, verringert — u. a. auch dank der „Profitmaximierung" — die Situationen, in denen ein Arbeitnehmer durch seine Tätigkeit zu disproportionalen körperlichen Leistungen gezwungen wird. Man sehe sich vergleichsweise auf einer Baustelle in der Sowjetunion um. Das durch die Technisierung möglich Gewordene hat aber die *psychische* spurtartige Belastung in vielen Berufen sprunghaft vergrößert: z. B. bestimmte Operationstechniken oder das Landemanöver eines riesigen Düsenverkehrsflugzeuges. Die Einkommensspanne zwischen dem Chirurgen und dem Piloten auf der einen Seite und dem Arbeiter, dem es zunehmend erspart wird, mehr als 10 kg hochzuheben, ist u. a. auch dadurch begründbar, daß im Technisierungsprozeß in den letzten zwei Jahrzehnten mit besonderer Beschleunigung die kurzfristig zu enormen *psychischen* Belastungen führenden Leistungssituationen zugenommen haben, während die körperliche Belastung der nur oder überwiegend *physisch* Arbeitenden in gleichem Maße durch technische Vorrichtungen abgelöst wird. Man beobachte doch einmal in einer deutschen Großstadt, wie die schweren Mülltonnen durch Knopfdruck von der

Straße hochgehoben und in den Tank hinein leergerüttelt werden. Ehe man sich in sentimentale Rhetorik über den mitleiderregenden Müllarbeiter aus der Türkei oder Nordafrika versteigt, sollte gefragt werden, ob dieser nicht so manche Unbill seines Gastarbeiterdaseins gern in Kauf nimmt, wenn er an die alternative Tätigkeit in seiner Heimat denkt, bei der er täglich hundert- oder zweihundertmal einen Zentner 1,50 m heben muß?
Tatsächlich ist beispielsweise in Hamburg der Beruf des Mülltonnenentleerers längst keine Domäne der Gastarbeiter mehr. Zu ihm drängen sich, wie *Die Zeit* im September 1971 berichtete, bereits vielfach deutsche Facharbeiter.
Die neueste Technisierung durch elektronische Rechenanlagen und -geräte jeder Größenordnung hat allerdings das tägliche Berufsleben vieler Geistesarbeiter entkrampft, entspannt, von Sorgen und Mühen befreit: Man denke nur an die verantwortungsvollen, oft monatelangen Rechenarbeiten der Vermessungsingenieure, Statiker oder der Mathematiker z. B. in der optischen Industrie, die früher sich um Fehler sorgen mußten, die wochenlange Mühen vergeblich werden ließen. Aber auch dort, wo es auf rasche Diagnosen ankommt, beim Arzt, Nautiker, Meteorologen, haben die neuen technischen Mittel wesentliche Teile der Entscheidungs- und Erkenntnisprozesse übernommen.
Ebenso fragwürdig wie die Klage über manche Monotonien in der Arbeitswelt ist die Behauptung, es sei allein der Sachzwang der Industriegesellschaft, der die Erbringung großer Leistungen unter enormem Zeitdruck von Menschen verlange. Zum einen gestattet gerade die Technik von Tag zu Tag in mehr Gebieten eine die Nerven anspannende Dehnung der Fristen, innerhalb derer die entscheidende Leistung erbracht werden muß. Man denke an den Unterschied einer *Live*-Sendung im Hörfunk oder Fernsehen und einer geruhsamen, korrekturfähigen Aufzeichnung Monate oder wenigstens Tage vor der Sendung. Aber auch für manche ärztliche Verrichtungen haben medizinisch-technische Erfindungen den Zeitdruck verringert. In verschiedenen westlichen Ländern experimentiert man zur Zeit mit Modifikationen der Fließbandarbeit, die den Zeitdruck und die Monotonie weitgehend beseitigen.[1]

Nischen für Leistungsmüde

Es gibt zu jeder Zeit, in jeder Gesellschaft, in der eines kleinen Naturvolkes ebenso wie in einer modernen industrialisierten Gesellschaft,

Mitglieder mit verschiedener Leistungsmotivation. Man sehe sich doch nur um: in einer Schulklasse, einem Betrieb, selbst in einer Partnerschaft Freiberuflicher. Berichte von Völkerkundlern aus früheren Zeiten und von Ethnologen aus der Gegenwart belegen, wie unterschiedlich die Leistungsbereitschaft selbst bei den Mitgliedern recht homogener Stämme und Dorfgemeinschaften ist. Der Mensch muß zwar schon sehr früh in seiner biologischen Stammesgeschichte als Leistungswesen programmiert worden sein, aber in welchem Grad er zu leisten gewillt ist, hängt von vielen inneren und äußeren Faktoren ab. Was aber den Eindruck von sogenannten Leistungsgesellschaften und Nichtleistungsgesellschaften erzeugt hat, dürften großenteils Unterschiede in den jeweiligen sozialen Kontrollsystemen der einzelnen Gesellschaften (bzw. ihren Kulturen) gewesen sein. Wenn sich in einer sozialen Gruppe ein gegenseitiges Kontrollsystem eingependelt hat, das individuelle Leistungen, zumindest auf bestimmten Gebieten, entmutigt, ihrer Früchte beraubt, Risikobereitschaft bestraft, dann wird es kaum zu einer „Leistungsgesellschaft" kommen.

Jede bisher bekannt gewordene Gesellschaft hat aber auch Nischen oder Lücken für ihre Mitglieder mit verschieden starker Leistungsmotivation eingerichtet. Irgendeine Leistung, sei sie nur körperlich, sei sie körperlich und geistig oder nur geistig, hat allerdings auch jede Gesellschaft bisher beim einzelnen Mitglied oder einer Teilgruppe verlangt, *ehe diese* in den Genuß eines allgemeinen Ansehens, eines „Sozialprestiges", kommen können. Daran wird sich mit größter Wahrscheinlichkeit nichts ändern. Läßt man die berühmten Zeitgenossen im Gedächtnis Revue passieren, so fällt doch auf, wie breit das Spektrum der Leistungen ist, mit denen Ruhm und meist auch finanzieller Gewinn gewonnen werden können: Das Spektrum reicht von der bloßen rohen Kraft des Boxers über die vergeistigteren Sportarten bis hin zum Menschen, der als Schachspieler, als Dichter, als Philosoph oder als Mathematiker etwas Außerordentliches leistet. Irgend etwas ist also fast jedem in die Wiege mitgegeben, mit dem er es zu einiger Anerkennung bringen könnte, wenn er nur will — und ein Quentchen Glück hat.

Es ist deshalb eine irreführende These, *der* Leistungsdruck *der* Leistungsgesellschaft reibe *die* Menschen *heute* auf. Es gibt keinen einheitlichen Leistungsdruck, keine Leistungserwartung für alle, sondern sehr verschieden ansetzende, verschieden sich auswirkende Leistungsnormen auf verschiedenen Gebieten, denen man sich recht gut ganz oder teilweise entziehen kann. Und es ist natürlich auch nicht eine heute erst zu voller Härte ausgeprägte monolithische „Leistungsgesellschaft", die solchen, die sich für ihre Fähigkeiten zu sehr anstrengen, im Nacken sitzt, sondern höchstens eine Vielfalt von zahllosen zwischenmenschlichen Beziehungen. Es sind fast immer ganz bestimmte, einzelne Personen oder Kleinstgruppen, deren Billigung oder Anerkennung zuliebe sich jemand bei einem Leistungsversuch *übernimmt.*

Ob sich ein junger Mann physisch ruiniert, weil er als Handelsvertreter Tag und Nacht unterwegs ist, um der „Größte" zu werden, oder ob es sein Vorfahr als Jäger eines Naturvolkes tat, in beiden Fällen kann der Wunsch dahintergestanden haben, dem Schwiegervater, dem Klan der Gattin, zu imponieren.

Es ist kein Einwand, nun zu sagen, diese Ärmsten, die Opfer eines Leistungsdrucks, würden nur deshalb irgendwelcher bedeutsamer Personen in ihrem Umkreis halber sich anstrengen, weil eben beide, der Leistende und der ihn Beurteilende, abhängig von einer Gesellschaft seien, in der — unanständigerweise — der relative Wert eines Menschen an seiner Leistungshöhe gemessen wird. Dieser Einwand ist aus mindestens zwei Gründen nicht stichhaltig:

Erstens sprechen zahlreiche Beobachtungen, vom Verhalten der höheren Tierarten bis zum kindlichen Spielen bei Völkern aller Zeiten, dafür, daß die Neigung, sich gegenseitig an Leistungen einzuschätzen, auch entstünde, wenn es keine Gesellschaft gäbe, die danach ihre soziale Rangskala einrichtet. Es gibt tatsächlich Naturvölker, wie die Hopi-Indianer in Nordamerika zum Beispiel, die Leistung auch schon für so unanständig gehalten haben, daß sie ihre Kinder zur Unfähigkeit, mit irgend jemandem zu konkurrieren, erziehen. Aber sie müssen jede Generation, getrieben von ihrer leistungsfeindlichen Kultur, erneut dazu erziehen. Und wenn solche Kinder, bei denen die Leistungsmotivation durch einen ausgeklügelten Sozialisationsprozeß fürs Leben ausgetrieben schien, mit acht oder zwölf Jahren in eine amerikanische Schule kamen, waren sie innerhalb von wenigen Stunden oder Tagen wieder fähig und begierig, sich an Leistungswettbewerben zu beteiligen.

Zweitens muß jede auf ihr Überleben (als Gemeinschaft mehrerer gleichzeitig lebender Generationen) durch Verhaltensmuster programmierte Gesellschaft Sozialprestige und materielle Belohnung in ausreichender Deutlichkeit für die Beisteuerung bestimmter Leistungen anbieten. Natürlich tut dies nicht *die* Gesellschaft, sondern dies ergibt sich im Lauf sehr langer Zeitabschnitte (wohl auch im biologischen Selektionsprozeß): Eine menschliche Gruppe, deren Vorräte, deren fruchtbarste junge Weiber, deren sicherste Unterkünfte grundstäzlich für diejenigen bereitstünden, die sich jeder Art von Leistung enthalten und dafür lieber vor sich hinträumen oder Schmetterlinge fangen, würde am Ende zugrunde gehen.

Leistung und Anpassung

Der Begriff, der Tatbestand Leistung ist ohne Maßstäbe nicht denkbar. Das Verhalten eines Lebewesens — auch Tiere erbringen Leistungen — wird erst in *dem* Augenblick als Leistung benennbar, wenn es außerhalb des Lebewesens liegende Maßstäbe gibt, um die betreffende Leistung und ihren Grad erkennen zu können. Nur was sich mit zum gleichen Zweck von anderen Lebewesen derselben Art erzielten Ergebnissen irgendeines Verhaltens vergleichen läßt, kann zur Leistung werden. Leistung gehört zum numerischen, zum zähl- und meßbaren Weltinhalt intelligenter Wesen, die sich in einer raumzeitlichen Wirklichkeit erleben.

Das zeigt die Etymologie des Wortes: Das Zeitwort *leisten* bedeutet schon im Alt- und Mittelhochdeutschen „ein Gebot befolgen und ausführen, einer Pflicht nachkommen". Im Altsächsischen (*lestian*), im Gotischen (*laistjan*) = folgen lassen sich auf das germanische *laistian* = *nachfolgen* zurückführen. Letztlich gehen diese Zeitwörter auf den Begriff *leist, laest, leistr* für Fußspur, Fußabdruck zurück; diesem folgte man entweder auf einem Pfad oder bei der Herstellung von Fußbekleidung (die anfänglich eben ohne Leisten, nur nach dem Fußabdruck angefertigt wurde). Die übertragene Bedeutung von Leistung kam wohl auch dank einer sehr frühen Wurzel *lis* = gehen zustande, aus der dann in Lehre gehen, lernen und der Begriff List für geistige Verhaltensformen entstanden sind.

Als ich kürzlich dem Ausbildungsleiter eines Betriebes in der Schweiz erzählte, daß der Begriff Lehre mit all seinen Verbindungen aus dem deutschen Berufsbildungsgesetz verbannt worden sei, hielt er das zunächst für einen besonders einfallsreichen Witz. Und das ist es ja auch im Grunde. Wenn Lehrling, Lehre, Lehrherr so entwürdigende Worte sein sollen, müßte man eigentlich auch aufhören, von Lehrern und von Gelehrten zu sprechen.

Fast 700 Jahre lang, nämlich vom Beginn des 14. Jahrhunderts an, hatte man im Deutschen den Begriff Lehrling, den es bezeichnenderweise zuerst im Kunsthandwerk gab. Es war zweifellos die in jeder Hinsicht billigste Reform, dieses Wort durch das Wortungetüm „der Auszubildende" zu ersetzen. Die beiden Wörter sind aber in ihrer grammatikalischen Struktur und Bedeutung sehr verschieden. Die Bezeichnung Lehrling und das Selbstverständnis als Lehrling ließen noch erkennen, daß der Lehrling auch eine Verantwortung, eine Pflicht zur Leistung während der Ausbildung hat und nicht sich sozusagen ganz passiv als der Auszubildende betrachten kann. Lehre bedeutet nämlich ursprünglich Kenntnis und rechter Weg. Daß es sich um einen *Weg* handelt, den der Lehrling selbst gehen muß, auf dem er nicht gefahren wird, zeigt auch das Wort *Lehr*gang, das man merkwürdigerweise noch nicht verpönt und ausgemerzt hat.

Sprachgeschichtlich noch viel interessanter und bedeutsamer wird aber diese Verbannung der Wörter Lehre und Lehrling, wenn wir feststellen, daß die Wörter Lehren und Leistung ursprünglich eine gemeinsame Wurzel, einen gemeinsamen Ursprung haben. Lehren geht nämlich auf ein gotisches Wort zurück, *lais,* mit der Bedeutung: „Ich weiß etwas, weil ich es erwandert und somit erfahren habe." Dieses Erwandern im Vorgang der Lehre kommt nicht von ungefähr, sondern dieses Wortvorform für Lehren, *læis,* ist eng verwandt mit dem Wort Gleis — der vorgegebene richtige Weg und mit dem Wort leisten und Leistung.

Wir sehen also, daß schon Jahrtausende, ehe das Wehklagen über die mitleidlose Leistungsgesellschaft Mode wurde, die Menschen im indogermanischen Sprachbereich in der sinnlichen Begriffsschöpfung das Phänomen der Leistung mit einer objektiven und moralischen Normierung erfaßten: die Fußspur als Fabrikationsnorm, aber auch als Pflicht, jemandem nachzufolgen. Das bedeutet: Von Anfang an unter äußeren Verhältnissen, die unserer heutigen Industriegesellschaft in keiner Weise vergleichbar sind, war mit dem Leisten auch die Anpassung verknüpft. Leistung ist nur möglich, wenn eine Anpassung stattfindet. Es kommt natürlich im Einzelfall darauf an, an welche Norm und welche Personen man sich anpaßt, aber es ist grundsätzlich absurd, unlogisch und widersinnig, Leistung damit diffamieren zu wollen, daß man anklagend auf die mit ihr einhergehende Anpassung deutet. Ein Verhalten und sein Ergebnis werden nur dadurch zur Leistung, daß sie sich an irgend etwas anpassen. Wer dies aus der menschlichen Existenz herausnehmen wollte, müßte sich eine Gesellschaft ersinnen, in der grundsätzlich aus der Tätigkeit von zwei oder mehr Personen *nie* ein Ergebnis kommen dürfte, das einer dritten Person etwas nützt, von dieser Person erwünscht oder gefordert und vergütet wird. Es ist kaum eine Leistung denkbar, die nicht für einen anderen etwas bedeutet oder erbringt. In dieser Bezugnahme auf den anderen ist schon die Anpassung begründet. Da die Kritiker der Leistungsgesellschaft sich einer gespielten oder echten Wehleidigkeit befleißigen, wären sie die letzten, die es in einer Gesellschaft aushielten, in der jede Leistung unterbleibt, die zur Anpassung führt. Einen Vorgeschmack würden diese Leistungsverächter bekommen, wenn sie z. B. ihren gesamten Bekleidungsbedarf einige Jahre lang nur aus dem Angebot einer sozialistischen Staatswirtschaft decken könnten.[2]

Und weshalb konnte der Begriff, der Vorgang der *Anpassung* bei uns zu etwas Unwürdigem, ja Verdammenswertem werden? Bezeichnenderweise unterscheidet die englische Sprache und Gesellschaftskritik stets *adjustment* (Anpassung) und *conformity* (Konformismus). Behält man diesen Unterschied im Auge, lassen sich die Einwände gegen „Anpassung" zurechtrücken.

Man hält heute doch sehr viel von *Team-*, von *Gruppenarbeit,* von Kooperation — all dies setzt aber regelmäßig Anpassung zwischen Personen voraus. Der Arzt, der sich einem Patienten, der Lehrer, der sich seinen Schülern anpaßt, wird damit keineswegs notwendigerweise konform. Ebensowenig die Ehepartner, die sich gegenseitig anpassen. Niemand findet offenbar etwas dabei, wenn Anpassung in einem hierarchischen Verhältnis *von oben nach unten* stattfindet: Der Lehrer, der sich an Viertkläßler anpaßt, Eltern, die sich an Kinder anpassen, würden heute vermutlich sogar gelobt. Nur die *umgekehrte Anpassung* des jeweils Jüngeren, des Heranwachsenden an die Erwachsenenwelt wird *diffamiert,* wobei dann zu fragen ist, wie sich Erziehungsvorgänge überhaupt noch abspielen sollen. Die Normen der Gesellschaft stehen uns fast immer in Form von Mitmenschen gegenüber. Und die *Verwechslung von Rücksichtslosigkeit mit Emanzipation* fällt manchen nur zu leicht.

Ist Leistung immer „Fremdbestimmung"?

Leistungsverhalten in Schule und Beruf wird heute meist als „Fremdbestimmung" bezeichnet und aus diesem Grunde als etwas mehr oder minder *Unwürdiges,* Anrüchiges empfunden. In dem Begriff „Fremdbestimmung" klingt der Begriff „Entfremdung" an, ein Diffamierungs-, ein Anklagebegriff, ohne den der Marxismus nicht auskommt. An sich aber müßte „Fremdbestimmung" keine marxistischen Nebenbedeutungen haben, denn der Begriff ließe sich z. B. auch aus David Riesmans „other-directedness", der *Außengeleitetheit* des Menschen, ableiten.

Das Wort *„fremd"*, *„Fremder"* ist aber in allen Sprachen ein *unheimliches,* ein pejoratives. Der Soziologe Simmel schrieb einen Essay über das Phänomen des Fremden, in dem dies deutlich wird. Es ist nur ein Trick der Neuen Linken, vor allem in der Erziehung, sich dieser bösen Aura des Wortes „fremd" zu bedienen, um dann z. B. selbst die Erziehung des Kindes durch seine Eltern als Fremdbestimmung verdächtigen zu können. Das Eigenartige dabei ist aber, daß dieselben Ideologen, die den legitimen Einfluß unserer allernächsten Mitmenschen als „Fremdbestimmung" verteufeln, uns eine tatsächliche *Fremd*bestimmung unseres Handelns — etwa durch Politiker der „Dritten Welt" oder des Ostblocks — als etwas höchst Normales und Wünschenswertes suggerieren.

Müssen eigentlich Selbstverwirklichung und Fremdbestimmung immer *Gegensätze* sein? Das eine schließt nicht das andere aus: Ein Mensch kann sich beispielsweise durch die hingebungsvolle Pflege eines leidenden Familienmitgliedes, eines Ehegatten oder Kindes über Jahrzehnte hinweg selbst verwirklichen, obwohl er in seinem Leben durch die Gegebenheiten, die Begrenzung des Leidens des anderen weitgehend fremdbestimmt ist. Selbstverwirklichung hängt auch von *Wertpräferenzen* ab: Wer verwirklicht sich denn mehr selbst, der Tatmensch, der sichtbare Werke, Eindrücke zurückläßt, oder der ostasiatische Mönch, der sich in totaler Passivität zurückzieht, der sich im Vermeiden jeglicher Einwirkung auf die Umwelt selbstverwirklicht? Und weshalb schuldet die *Umwelt,* die sogenannte Gesellschaft, eine Möglichkeit zur dauernden, ausnahmslosen Selbstverwirklichung, in jedem Augenblick der Arbeit, der Freizeit? Das beanspruchen vielleicht manche Künstler hin und wieder, aber diese sind dann ja auch in der Regel die rücksichtslosesten, für die Mitmenschen unerträglichsten Persönlichkeiten.

In der englischen Sprache — teils im Jargon der Jugendrebellion der 60er Jahre, teils in der Fachterminologie angelsächsischer Psychologen — finden wir zwei Begriffe, an denen sich zeigen läßt, wie *unklar und verkürzt* der *deutsche Begriff* „Selbstverwirklichung" ist. Im Englischen kann man sowohl von *self-expression* als auch von *self-realization* sprechen. Vermutlich kommt es zur Beliebigkeit im Gebrauch des Begriffes Selbstverwirklichung im Deutschen auch deshalb, weil man im Deutschen kaum von *Selbst-Ausdruck* oder vom Sich-selbst-Ausdrücken spricht. So glauben manche offenbar, ihre Selbstverwirklichung bestünde darin, sich bei jeder und vor allem der unpassendsten Gelegenheit so schockierend und egozentrisch auszudrücken wie nur möglich. Volle, ernsthafte Selbstverwirklichung ist aber nicht notwendigerweise an ungehemmten Selbstausdruck gebunden. Der Mönch in einem Trappistenkloster verwirklicht sich, so wie er es sieht, zweifellos über sein Mönchtum, seine schweigsame Arbeit; aber auf eines der fundamentalsten Ausdrucksvermögen und Ausdruckserlebnisse des Menschen, das Sprechen, hat er verzichtet. *Selbst-*

verwirklichung (self-realization) ist ein langwieriger Vorgang, der keineswegs die Summe von möglichst vielen, möglichst hemmungslosen Selbstexpressionisten ist.

Was die Begriffe *„Selbstverwirklichung"* und *„Selbstentfremdung"* bestenfalls bezeichnen, was sie für bestimmte Menschen bedeuten können, sind *subjektive Erlebnisse,* also private seelische Vorgänge, die ihren eigentümlichen existentiellen Rang doch eigentlich gerade dadurch, ja überhaupt erst dann erhalten, wenn sie eben *nicht durch andere beliebig nachvollziehbar* sind. Aber wenn das so ist, wie können wir dann noch ausschließen, daß nicht in manchen Fällen — ich halte diese keineswegs für selten — die Prozesse der Selbstverwirklichung und Selbstentfremdung *sich gegenseitig bedingen,* ja am Ende eins werden?

Jeder kann sich heute in seinem persönlichsten, in seinem für ihn als Individuum am meisten *spezifischen Ausdrucksverhalten* in einer Weise *selbst erleben,* wie es noch vor wenigen Jahrzehnten unmöglich war. Ich meine die elektronische Aufzeichnung von Stimme und körperlichem Verhalten eines Menschen. Seit einigen Jahren ist gerade das *Tonbandgerät* für junge Leute eine Selbstverständlichkeit geworden. Ist die Aufzeichnung meiner Sprache nicht eine Art von Selbstentfremdung?

Gehen wir jetzt einen Schritt weiter. Ein Mensch benutzt ein Tonbandgerät über lange Zeit hinweg, um sich eine *Fremdsprache* so anzueignen, daß man sie am Ende fast für seine Muttersprache hält. Ist dieses Wechselspiel zwischen ihm, der eigenen geäußerten und aufgezeichneten Sprache, der Vergleich mit einem perfekten Sprecher der Fremdsprache, die bis ins Emotionale gehende Anpassung an die fremde Sprache und ihre Regeln, ihre Idiomatik und die dahinter stehende fremde Kultur, ihren Rhythmus, ihre andere Zeitstruktur, ist all das nun Selbstverwirklichung? Schließlich haben manche Denker zum vollen Menschsein die Beherrschung wenigstens einer zweiten Sprache gezählt. Oder ist es eine unwürdige Unterwerfung unter eine extreme Fremdbestimmung? Nämlich durch die Regeln, die Normen, die Konventionen und Eigentümlichkeiten einer fremden Sprache, einer fremden Kultur? Ist es also *Fremdbestimmung und Selbstentfremdung?* Oder sehen wir vielleicht an diesem doch keineswegs belanglosen und keineswegs seltenen Vorgang, wie die *Begriffe* Selbstverwirklichung, Selbstbestimmung, Fremdbestimmung und Selbstentfremdung entweder *leer* sind oder aber tatsächliche Vorgänge bezeichnen, dann aber *Teilaspekte eines komplexen Vorganges* sind, den wir als eine wichtige, vielleicht die wichtigste Form der *Emanzipation* eines Menschen ansehen dürfen? Gibt es eine weitgehendere, eine uns mit größerem Ungebundenheitsgefühl erfüllende Emanzipation als die von unserer ursprünglichen einzigen Sprache? Das Gefühl, das Erlebnis, daß wir — wenn es sein muß — dem eigenen Sprachvolk, dem eigenen Kulturgebiet abrupt den Rücken kehren und in einer anderen Sprache als Individuum weiterleben und geistig tätig sein können? Eine Emanzipation aber, die durch zahllose Prozesse der Selbstentfremdung, der Anpassung an fremde Normen erreicht wird.

Der Mensch kann aber auch völlig aus sich selbst heraus, ohne Vorbild oder Ansporn eines anderen, also ohne jede „Fremdbestimmung", zu quantifizierendem Leistungsverhalten kommen, als Homo ludens, und diese Einstellung zum Leisten am Ende in die Arbeitswelt mitnehmen. Jeder kann sich wohl einen kleinen Buben vorstellen, wenn er nicht selbst ein solcher gewesen ist, der ganz allein, vielleicht gerade aus Langeweile, da kein Spielkamerad weit und breit zu sehen ist, zu erproben beginnt, wie weit er etwas werfen kann, wie weit oder wie hoch er springen kann, wie genau er etwas treffen kann. Danach probiert er Tag für Tag, Woche um Woche, wie sehr er seine Leistung gegenüber vorher verbessern kann, und freut sich daran. Ohne irgendeine Fremdbestimmung, irgendeine Vergleichsmöglichkeit mit anderen, die er ausstechen, beschämen, übertrumpfen möchte. Seine Leistung, ihre „Maximierung", seine Freude daran, sein physischer Lustgewinn am Erfolg und schon im Vollzug sind völlig in seine private Existenz hineingebunden, erfüllen sich in ihr und aus ihr. Kein einziger Mitmensch wird von dieser Leistung berührt oder betroffen.

Läßt sich aber die Selbstbestimmung *einiger* Leistungen in Freizeit oder Arbeit nachweisen, ist es unmöglich, *allgemein* die der Selbstverwirklichung des Menschen entgegenstehende Fremdbestimmtheit des Leistungsverhaltens weiterhin zu behaupten.

Anmerkungen

1) Das immer noch so beliebte „Aufhängen" der Leistungskritik an der Fließbandarbeit ist auch deshalb so unhaltbar und irreführend, weil nur ein winziger Prozentsatz aller Werktätigen heute an Fließbändern arbeitet. In den USA sind es nur noch rund ein Prozent (1,2%). Und innerhalb der herstellenden Industrie sind es auch nur mehr 5%, die am Fließband arbeiten (*Newsweek*, 26. März 1973, S. 39). — Eine Erhebung des Instituts für Demoskopie Allensbach hat 1973 ebenfalls ergeben, daß von allen berufstätigen Arbeitern und Arbeiterinnen nur rund 5% am Fließband arbeiten.
2) Vgl. z. B. Roger Bernheim, Die sozialistischen Errungenschaften der Sowjetunion, Buchverlag der Neuen Zürcher Zeitung, Zürich, 1971.

Die überflüssige Leistung

Christian Graf von Krockow

Bloße Selbstbestätigung oder gar Selbstgefälligkeit als einziges Ergebnis des Kulturvergleichs könnte schwerwiegende Fehldeutungen zur Folge haben. Denn die Gruppenbindung, die in vielen außereuropäischen Kulturen so stark betont wird, hat ja keineswegs nur den negativen Aspekt einer Kontrolle oder gar Gängelung individuellen Verhaltens, sondern sie meint zugleich: Fürsorge, Schutz, Orientierung, Anerkennung, Bestätigung. Daß viele, zumal junge Menschen in der westlichen Zivilisation sich voller Überdruß, ja mit Verachtung und Ekel vom konkurrenzorientierten Leistungsprinzip abwenden, nach neuen Formen der Bindung im Gruppenleben und dabei oft nach Vorbildern in fernen Ländern suchen, dürfte anzeigen, daß die Gruppenzugehörigkeit elementaren menschlichen Bedürfnissen entspricht. Jedenfalls wäre es allzu bequem und überdies gefährlich, herablassend von bloßen Modeerscheinungen zu reden; der Tatbestand bedarf der Erklärung. Und auch wenn die Kritik am Leistungsprinzip, die seiner vereinzelnden Wirkung gilt, in der Regel nur gefühlsbestimmt vorgetragen wird, wenn die meisten Experimente mit neuen Formen des Gruppenlebens kaum überzeugen und sich leicht als romantische Irrungen durchschauen lassen, darf es mit solchen negativen Einsichten doch nicht sein Bewenden haben. Kurz gesagt: Die selbst nur gefühlsbestimmte und pauschale Verteidigung einer dem Leistungsprinzip verpflichteten Gesellschaftsordnung erweist sich als ebenso problematisch wie die pauschale Leistungskritik.

Von der Bedeutung der Gruppenzugehörigkeit im Sinne der Anerkennung und Bestätigung des einzelnen durch andere wird gesondert zu reden sein. Der Überdruß an der leistungsorientierten Gesellschaft wird jedoch aus verschiedenen Quellen gespeist. Er wird wesentlich bestimmt von dem Gefühl, einem Zwang zu unterliegen, dessen Sinn nicht einsichtig ist — oder dessen Widersinn als offenkundig erscheint. Es geht also um den Zusammenhang des Leistungsprinzips mit Fremd- oder Selbstbestimmung, mit Herrschaft und Freiheit. Davon soll zunächst gesprochen werden.

Was gemeint ist, läßt sich mit einem Zitat anschaulich machen, auf das Hans Lenk hingewiesen hat:[1] Mark Twain stellte einmal die listige Frage, warum eigentlich Tütenkleben „Arbeit" sei und die Montblanc-Besteigung „Sport". Beides sind Leistungen, und die sportliche dürfte sogar besonders hohe Anforderungen stellen. Aber die Arbeit wird als Last empfunden, die Bergbesteigung dagegen als Lust, als eine Könnenserfahrung und Selbstbestätigung, die tiefe Befriedigung nach sich zieht. Fragt man weiter, worauf solch gegensätzliche Erlebnisgehalte beruhen, so stößt man — jenseits der psychologischen Momente — auf das Verhältnis der Leistung zur Herrschaft. Wenn vom „Tütenkleben" die Rede ist, denken wir unwillkürlich an die stumpfsinnige Arbeit des Strafgefangenen; es handelt sich um eine ausgeprägte, ja extreme Form der erzwungenen, fremdbestimmten Leistung. Die Bergbesteigung stellt dagegen eine freiwillige, selbstbestimmte Leistung dar, und sie gewährt Befriedigung in der Könnenserfahrung und -Bestätigung durch die selbstgewählte und bewältigte Herausforderung.

Wenn dies zutrifft, dann könnte zum mindesten ein Teil der Kritik der „Neuen Linken" und die Rebellion von Studenten und Schülern gegen Leistungszumutungen in einem neuen Lichte erscheinen. Vielleicht handelt es sich um den Zusammenbruch traditioneller und traditionell fremdbestimmter Leistungszumutungen, um ein Aufbegehren gegen die blinde Unterwerfung unter Leistungsforderungen, die sich nicht einsehbar mit eigenen Wünschen und Interessen verbinden lassen. Ältere sollten zum mindesten zögern, dies leichthin abzutun, nur weil sie — in anderer realer Situation und häufig unter dem überwältigenden Druck materieller Not — es anders erlebt, mindestens hingenommen haben. Und es bleibt kritisch zu fragen, ob denn nicht wirklich vieles an den überlieferten Lernmethoden, Lehrinhalten und Leistungsanforderungen in Schule und Hochschule sozusagen einer Pädagogik des Tütenklebens entspricht, die schon vor mehr als einem halben Jahrhundert John Dewey mit dem sarkastischen Satz charakterisiert hat: „Es ist gänzlich gleichgültig, was in der Schule gelernt wird, solange es den Schülern nur zuwider ist."[2] Dem fragwürdigen Zwang pflegt eine nicht minder fragwürdige „Bonbon-Pädagogik" zu entsprechen.[3] Dies zugegeben, wird ein durchaus rationaler Kern der leistungskritischen Argumentation und der praktischen Leistungsverweigerung sichtbar; die Argumentation wird lediglich überdehnt und im Kampfeseifer um ihre Berechtigung gebracht, wo sie auf das Leistungsprinzip schlechthin sich bezieht.

Der berechtigte Argumentationskern läßt sich in historischer Perspektive verdeutlichen: Seit Anbeginn stand die große Mehrheit der Menschen unter vorgegebenem, fremdbestimmtem Leistungszwang, der diktiert wurde von der Not bloßer Lebenserhaltung. Soziale Fremdbestimmung und autoritäre Herrschaft stellten allenfalls zusätzliche Momente dar, und kein Herrschaftswechsel konnte eine grundlegende Veränderung herbeiführen. Gesteigerte Formen sozialer Fremdbestimmung — bis hin zur Sklaverei — konnten daher als in der *Natur* der Lebensumstände angelegt erscheinen und hingenommen werden. Wenn Aristoteles die Existenzbedingungen freiheitlicher Gemeinwesen untersuchte und dabei die Sklaverei für „natürlich" erklärte[4], dann sprach er keineswegs als Ideologe im negativen Sinne dieses Begriffs, sondern er zeigte nur, was nach den gegebenen Lebensbedingungen unabwendbar in der „Natur der Sache" lag.

Doch der Sachverhalt ändert sich mit der Revolutionierung der Produktivkräfte, welche in der frühen Neuzeit einsetzt und schließlich zur Industriegesellschaft hinführt. Als Voraussetzung wie als Konsequenz dieses Prozesses ergibt sich die Notwendigkeit, zunächst die krassesten Formen der Fremdbestimmung abzubauen und den Umkreis der eigenverantwortlichen Leistungen zu erweitern. Wie bereits gezeigt, liegt die Herstellung formeller Gleichheit und damit bürgerlicher Freiheit, die Sprengung aller rechtlich sanktionierten Privilegien und Diskriminierungen, in der Logik der Entfaltung wirtschaftlicher Leistungsrationalität. Je mehr sich die Arbeitsverhältnisse differenzieren, desto mehr muß der Eigenverantwortung der Arbeitenden überlassen werden. Dabei erweist sich — Geheimnis dessen, was Marx als revolutionäre Kraft der Bourgeoisie preist — die Überlegenheit der selbstbestimmten Leistungen gegenüber den fremdbestimmten. Im Bilde Mark Twains: Den Stumpfsinn des Tütenklebens kann man mit physischen Sanktionen, mit der Knute des Aufsehers erzwingen — die Montblanc-Besteigung nicht mehr.

In komprimierter Form wiederholt sich der Prozeß vielfach beim Bemühen um forciert *nachholende* Industrialisierung: Die stalinistische Gewaltherrschaft, die ein Millionenheer von Zwangsarbeitern entstehen ließ, mochte — was immer man über den humanen Aspekt denken mag — in den brachialen Frühphasen der sowjetischen Industrialisierung durchaus funktionsgerecht sein; im Maße des erzielten Entwicklungsfortschritts aber erwies sie sich zunehmend als funktionswidrig und *mußte* daher schrittweise zurückgedrängt werden, um weiteren Fortschritt möglich zu machen.[5]

Insgesamt handelt es sich natürlich um eine komplizierte, höchst langwierige, von Widersprüchen und Rückschlägen begleitete, überdies keineswegs abgeschlossene geschichtliche Entwicklung; für die Mehrheit der Bevölkerung wird zunächst einmal der direkte Zwang nur durch den indirekten — die Lohnabhängigkeit — ersetzt. Und was die jungen Rebellen der Gegenwart angeht, so mögen sie andere und sich selbst täuschen und sich gleichsam vor sich selbst schamhaft maskieren, wenn sie sich als Avantgarde der Notleidenden und Unterdrückten deuten; objektiv handelt es sich gerade um die Vorhut derjenigen, die, dem Zwang der Not entkommen und insofern privilegiert, dabei kaum zufällig meist Erben luxurierter Bürgerlichkeit, in die Gefilde einer allenfalls in ersten, vagen Konturen sich abzeichnenden nachindustriellen Gesellschaft aufbrechen.

Aber sogar in solcher Selbsttäuschung steckt noch ein rationaler Kern: Es wächst offenbar in der entfalteten Industriegesellschaft ein Aktionsraum der Freiheit, des Überschusses und des Überflüssigen, gemessen an dem, was als Produkt der Arbeit zur elementaren, sogar zur komfortablen Bedürfnisbefriedigung objektiv notwendig ist. Dabei trifft — wie es bereits einmal an den Begriffen der „natürlichen Künstlichkeit" und der „vermittelten Unmittelbarkeit" und am Verhältnis von Umweltgebundenheit und Weltoffenheit zu zeigen war — die historische Entwicklung mit einem eigentümlichen anthropologischen Potential zusammen. Zwar treibt in gewissem Sinne bereits die Natur zum Überflüssigen, so daß man versucht ist, mit Buytendijk zu formulieren: „Die Vögel singen viel mehr, als ihnen nach Darwin erlaubt ist."[6] Aber erst der Mensch ist das seltsame Wesen, das immerfort und mit Inbrunst Überflüssiges tut: Gedichte, Opern, Operetten, Ideologien produziert und konsumiert, sich schmückt und schminkt, maskiert, Eiswüsten durchwandert, den Montblanc besteigt, auf waghalsige Wetten und Wettkämpfe sich einläßt, spielt — und sich bei alledem sogar noch wohl fühlt, obgleich doch nichts naturhaft Notwendiges und zumeist auch nicht einmal geschichtlich Mögliches dabei herausspringt. Andererseits kann der Mensch in der Fülle des Notwendigen, bei der Sättigung aller biologisch definierbaren Bedürfnisse, vollgestopft mit „Futter" in jedem Sinne, völlig verzweifeln und — ein menschliches Privileg — Selbstmord begehen. Bekanntlich *steigen* die Selbstmordraten mit dem Wohlstandsniveau in der städtisch-industriellen Zivilisation.

„Daher", heißt es bei Ortega y Gasset, „ist für den Menschen nur das objektiv Überflüssige notwendig. Dies wird man für paradox halten, aber es ist die pure Wahrheit. Die biologisch objektiven Notwendigkeiten an sich sind nicht notwendig für ihn. Findet er, daß er sich ganz auf sie beschränken muß, so weigert er sich, sie zu befriedigen, und zieht es vor, zu unterliegen. Sie verwandeln sich in Notwendigkeiten nur, wenn sie als Bedingungen des ‚In-der-Welt-Seins' erscheinen, das seinerseits in subjektiver Form notwendig ist, das heißt, weil es das Sich-wohl-Befinden und das objektiv Überflüssige notwendig macht. Daraus geht hervor, daß selbst das objektiv Notwendige nur im Hinblick auf das Überflüssige notwendig ist."[7]

Das Problem kann und muß indessen noch schärfer gefaßt werden: Das Sich-wohl-Befinden im Überflüssigen gelingt nur, wenn es in Freiheit, *als* Freiheit Möglichkeiten der Selbst-Bestätigung des Menschen im Verhältnis zu sich und zu anderen Menschen eröffnet. So gesehen erweist sich die generöse, oftmals ruinöse „Verschwendung", die Gastlichkeit gerade armer, durch die Erfahrung der Not geprägter Menschen — man denke an alte Bauernvölker und an die „Bauernhochzeiten", gegen die die Behörden im Zuge der modernen Entwicklung so lange anzukämpfen hatten — anthropologisch gesehen keineswegs als „sinnlos", sondern im Gegenteil als Mittel, Würde und Selbstachtung zu wahren.[8] Ähnliches gilt oft auch noch für den — vom Standpunkt der Sozialfürsorge aus höchst „unvernünftigen" — demonstrativen Aufwand bei Angehörigen von Randgruppen der modernen Gesellschaft.[9] Und es gilt noch für Aufsteiger, für die „Neureichen", die sich ihres neuen Reichtums noch so wenig sicher sind wie ihres Ansehens in den Schichten, in die sie aufstiegen. In der Gegenrichtung und pointiert ausgedrückt: Nur wer im Wohlstand lebt — dazu gehört auch, wer auf Zeit vom Zwang der Reproduktion seiner Lebensnotdurft freigesetzt ist und dabei, auf Zeit, nur über geringes Einkommen verfügt, zum Beispiel der Student —, kann sich als *Luxus* den modischen Armuts-Look leisten.

Wenn die Lust des Handelns, die Befriedigung, die aus überschüssigen, überflüssigen Leistungen erwächst, nur in Freiheit und als Selbstbestimmung zu haben ist, dann gerät unausweichlich jede Fremdbestimmung, jede Herrschaft, die Leistungen *erzwingt*, in eben dem Maße, in dem der Spiel-Raum des Überflüssigen wächst, in das Zwielicht der Verworfenheit, um nicht zu sagen der Obszönität. Die pure Not hingegen verlangt nach Zwang, ja, sie *ist* Zwang; Mangel muß — eine drastische Erfahrung, die die heute ältere der jüngeren Generation voraus hat — verwaltet werden. Mit der Verwaltung von Sachen in einer Situation des Mangels aber wird Herrschaft über Menschen nicht abgeschafft, sondern im Gegenteil angeeignet.[10] „Verwaltung von Sachen" ist jedoch stets eine Verwaltung des Mangels, Disposition über knappe Güter — sonst braucht man die Verwaltung gar nicht; gute Luft und klares Wasser brauchte man nicht zu verwalten, solange sie im Überfluß vorhanden waren. Die Erwartung, man könne die Herrschaft über Menschen durch die Verwaltung von Sachen *ersetzen*, stellt deshalb einen höchst folgenschweren marxistisch-leninistischen Trugschluß dar, der sich schließlich als verhüllende Herrschaftsideologie gegen den eigenen, materialistischen Ansatz abriegelt. In der Situation des Mangels kann es zwar zu erbitterten Kämpfen darum kommen, *wer* die Macht, die Verfügungsgewalt über Sachen und Menschen in Händen hält, aber die Herrschaft selbst wird nicht in Zweifel gezogen, weil man ihr ohnehin auf keine Weise entrinnen, sondern allenfalls sich bemühen kann, zu den Herrschenden und Verfügungsberechtigten statt zu den Beherrschten zu gehören.

Dies hat sich geändert: Herrschaft weckt zunehmend Zweifel — zum Beispiel den Zweifel, ob nicht Herrschaft, um sich weiterhin zu rechtfertigen, *künstlich* Mangel durch Bedürfnisanheizung schafft. Der Faschismus zum mindesten hatte darin seine mörderische Logik: Ein Mythos vom „Volk ohne Raum“ machte es alsbald zur patriotischen Pflicht, mehr Kinder zu zeugen.

Mit dem Zweifel an der Herrschaft zerfällt hergebrachte Autorität, gleich, ob es sich um die Autorität des Staates oder um die des Familienvaters handelt. Eben damit vollzieht sich zugleich ein Wandel in den moralischen Wirkungen des Machtgebrauchs. Denn, in den Worten Tocquevilles, „nicht der Gebrauch der Macht oder die Gewohnheit zu gehorchen erniedrigt den Menschen, sondern der Gebrauch einer Macht, die er für illegitim, und der Gehorsam gegenüber einer Macht, die er für angemaßt und tyrannisch hält.“[11] Ehrwürdige Formen der Herrschaft und der Autorität erzeugen daher zunehmend entweder Gleichgültigkeit bis zur Apathie — oder Ablehnung bis zum Haß.

Man mag das beklagen und unter vielfältigen Vorzeichen „konservativer Revolution“, in der „linke“ und „rechte“ Positionen zweideutig verschwimmen und sich praktisch als austauschbar erweisen, auf Restauration sinnen. Doch die Verhältnisse selbst, die objektiven Bedingungen menschlicher Existenz haben sich im modernen Prozeß tendenziell umfassender Weltbemächtigung auf der Grundlage von Wissenschaft und Technik und der Entfaltung der Produktivkräfte geändert, und dieser Prozeß läßt sich nicht rückgängig machen. Bei allen Gefährdungen, die er mit sich führt, ist er längst zur Überlebensbedingung geworden. Die Rückkehr zum „einfachen Leben“ ist unmöglich — oder eben ein Luxus für Privilegierte. Banal ausgedrückt: Fabrikanten, Minister oder ehemals erfolgreiche Stars des Show-Geschäfts mögen Jagdrechte pachten und Jagdhütten bauen, aber wir können niemals mehr zu einem Volk von Jägern oder von Hirten werden.

Entsprechend dürfte die gratische wie die ideelle Restauration mißlingen; unversehens verkommt Herrschaft zur Tyrannei und Autorität zu bloßer Propaganda. Die Restauration gelangt über kurzfristige Scheinerfolge nicht hinaus; in Wahrheit staut sie bloß Spannungen auf, die nach aggressiver Abfuhr auf wahnhaft erfundene „Sündenböcke" verlangen. Die Konsequenz heißt Katastrophe. „Aber daran denken wir kaum; mitten in einem reißenden Strom treibend, richten wir den Blick hartnäckig auf einige Trümmer, die man noch am Ufer wahrnimmt, während die Strömung uns mit sich führt und rücklings dem Abgrund zuträgt."[12]

Was als Möglichkeit bleibt, bezeichnet ein ebenso aktuelles wie umstrittenes Stichwort: Demokratisierung. Das Pathos der Demokratie beruht darauf, daß überall dort, wo eine Verwaltung von Sachen die Herrschaft über Menschen nach sich zieht, diese Herrschaft um der Würde des Menschen willen keine andere Legitimationsgrundlage haben kann und haben soll, als die Zustimmung der Herrschaftsbetroffenen, welche in Wahl, Kontrolle und gegebenenfalls Abwahl der Entscheidungsträger ihren praktischen Ausdruck findet. Demokratie stellt das Herrschafts- und Entscheidungssystem größtmöglicher Selbstbestimmung aller Beteiligten dar, und der Kampf um „Demokratisierung" wird darum geführt, dieses System über die herkömmlichen Staatsgrenzen hinaus auf alle gesellschaftlichen Institutionen auszudehnen, in denen Herrschaft, welcher Gestalt immer, aus der Verwaltung von Sachen als Verfügung über Menschen hervorgeht.

Es ist im Rahmen dieser Untersuchungen weder möglich noch notwendig, auf das Für und Wider, auf die Chancen und Schwierigkeiten der Demokratisierung im einzelnen einzugehen.[13] Nur auf eines muß nachdrücklich hingewiesen werden: Der Bestand demokratischer Systeme und der Erfolg aller Demokratisierungsstrategien dürfte letztlich davon abhängen, ob mit Demokratie und Demokratisierung gegenüber nichtdemokratischen Verhältnissen ein Zuwachs und nicht etwa ein Verlust von Effizienz, von Leistungsbereitschaft und von Leistungsergebnissen im weitesten Sinne verbunden ist. Dies wird auch in der Gegenperspektive daran deutlich, daß alle Feinde der Demokratisierung ihre Argumente stets auf den angeblich drohenden Effizienzverlust und Leistungsabfall konzentrieren.

Die Geschichte der neuzeitlichen Leistungsrevolution beweist den Zusammenhang zwischen Leistungszuwachs und Freiheitsgewinn; was immer die ideellen Begründungen für die Niederreißung von Standesschranken und Privilegien und bei der Herstellung formeller Gleichheit gewesen sein mögen, der praktische Erfolg politischer Emanzipationsbestrebungen lag letztlich doch darin begründet, daß er sich handfest bezahlt machte. Daher gilt: „In der modernen Welt ist allenthalben das humane Interesse erst gesichert, wenn es zum ökonomischen geworden ist.“[14] Man mag das bedauern, aber man sollte zugleich den Schutz würdigen, der sich auf die Macht der Verhältnisse statt auf schwankende Emotionen gründet. Und man sollte nüchtern erkennen, daß beispielsweise jede „Humanisierung der Arbeitswelt“ — etwa die Ablösung monotoner Fließbandarbeit durch die selbstverantwortliche Arbeit in Gruppen — sich nur wird durchsetzen lassen, gleich in welchem sozio-ökonomischen „System“, wenn Leistungsgewinne und nicht etwa Leistungsverluste erzielt werden. Nicht anders steht es um demokratisierende Bildungsreformen, die nur zum Ziele führen werden, wenn sie die Eigeninitiative der Schüler und Studenten zu *erhöhter* Lern- und Leistungsbereitschaft anregen. In diesem Sinne ist der Erfolg oder Mißerfolg aller Demokratisierungs- und Emanzipationsbemühungen am Ende — um eine Wendung von Marx zu gebrauchen — „keine Frage der Theorie, sondern eine praktische Frage“. Daher helfen Klagen nicht weiter; es kommt darauf an, Leistungskrise und Leistungskritik nicht zu verteilen, sondern sie zu erkennen und zu verstehen als Krise und Kritik fremdbestimmter Leistungen, die sich einzig werden überwinden lassen, wenn ein Zuwachs an Freiheit, an selbstbestimmten Leistungen möglich gemacht wird.

Es müßten jedoch auch und gerade die Leistungskritiker differenziert argumentieren, wenn sie sich nicht unglaubwürdig machen und um alle Erfolgsaussichten bringen wollen. So sehr der leistungskritische Affekt gegenüber fremdbestimmten Leistungszumutungen in einer Epoche wachsenden Überflusses verständlich, sogar notwendig sein mag: Nicht auf den allgemeinen Leistungsabbau läßt sich die Hoffnung auf Emanzipation, auf menschliche Befreiung und Freiheit gründen, sondern einzig auf die Tatsache, daß von einem bestimmten Niveau an Leistungen nicht länger erzwungen, sondern nur noch als selbstbestimmte erbracht werden können. Wer wirklich — alle Sozialisationsprobleme ein- und abgerechnet — nur als Knecht etwas zu leisten vermag, wird immer Knecht bleiben, „und man wird uns nicht glauben machen, daß eine freiheitliche, tatkräftige und weise Regierung jemals aus den Wahlen eines Volkes von Knechten hervorgehen kann.“[15]

1) Sport, Arbeit, Leistungszwang, in: Leistungssport, 2/72, S. 66.
2) Demokratie und Erziehung, 2. deutsche Aufl. Braunschweig 1949, S. 180.
3) Dewey, a.a.O., S. 171.
4) Politik, Erstes Buch, Kap. 4—7.
5) Vgl. das Standardwerk v. W. Hofmann, Die Arbeitsverfassung der Sowjetunion, Berlin 1956.
6) Das Spielerische und der Spieler, in: Das Spiel, hrsg. v. Ausschuß Deutscher Leibeserzieher, 2. Aufl. Frankfurt 1959, S. 15.
7) Betrachtungen über die Technik, Stuttgart 1949, S. 31.
8) Eine eigenartig ritualisierte Form demonstrativer Verschwendung stellt das sogenannte Potlatch bei Indianerstämmen an der Nordwestküste Amerikas dar. Vgl. R. Benedict. Urformen der Kultur, Hamburg 1955; M. Mauss, Die Gabe — Form und Funktion des Austauschs in archaischen Gesellschaften, Frankfurt 1968.
9) Oscar Lewis, der wie kein anderer die „Kultur der Armut" untersuchte, führt drastische Beispiele an. Siehe etwa: A Study of Slum Culture, New York 1968, S. 71 ff. — Man erinnere sich auch an die scheinbar funktionswidrige „gute Stube", die „kalte Pracht" ausgerechnet unter armselig-beengten Wohnverhältnissen.
10) H. Popitz hat in „Prozesse der Machtbildung", Tübingen 1968, den Sachverhalt an einfachen Beispielen anschaulich dargestellt.
11) Über die Demokratie in Amerika, I, Stuttgart 1959, Einleitung.
12) Tocqueville, a.a.O.
13) Aus der kaum mehr übersehbaren Literatur seien drei Titel genannt: M. Greiffenhagen (Hrsg.), Demokratisierung in Staat und Gesellschaft, München 1973 (Sammelband mit umfangreicher Bibliographie); F. Vilmar, Strategien der Demokratisierung, 2 Bde., Darmstadt u. Neuwied 1973; F. Grube u. G. Richter (Hrsg.), Die Utopie der Konservativen, München 1974.
14) W. Hofmann, a.a.O., S. 73.
15) Tocqueville, Über die Demokratie in Amerika, II, Stuttgart 1962, Vierter Teil, Kap. 6.

Das Ende der Expansion fordert neue Leitbilder

Horst E. Richter

Die großen Industrienationen können ihre Probleme nicht mehr expansionistisch lösen, durch Erweiterung politischer Macht mittels imperialistischer „Siege“, durch bedenkenlose technische Ausbeutung der Hilfsquellen der Erde, durch permanentes wirtschaftliches Wachstum. Die Organisation der Völker in großen Machtblöcken hat zu einer nahezu definitiven Verteilung von Einflußzonen geführt. Nur an den Rändern kann sich noch etwas verschieben. Aber niemand kann sich mehr nennenswert ausdehnen, ohne die nukleare Selbstzerstörung auszulösen. Der Rüstungswettbewerb muß sich an seinem inneren Widerspruch totlaufen, da alle ein Ungleichgewicht fürchten müssen. Die technische Eroberung unseres Planeten ist an eine entscheidende Grenze gestoßen. Die seit der Renaissance erstrebte komplette Beherrschung der Natur droht sich in der makabren Form einer Naturzerstörung zu verwirklichen, die das Überleben gefährdet. Nicht wie man die Ausplünderung der Natur im Dienst der Technik weiter steigern kann ist noch die Frage, sondern wie man die Technik zur Erhaltung bzw. Wiederherstellung der Natur zähmen bzw. umpolen kann. Wie lebensbedrohlich eine kritiklose Fortsetzung der Wachstumswirtschaft ist, haben uns die Futurologen mit beängstigender Präzision vorgerechnet.

Davon, daß die klassischen imperialistischen und expansionistischen Ziele der Weltpolitik, der Technik, der Wirtschaft teils unerreichbar, teils sinnlos geworden sind, wird das individuelle Bewußtsein unmittelbar betroffen. Auch das Lebensgefühl und die Leitbilder des Individuums waren ja bislang maßgeblich durch diesen Expansionismus geprägt. Die Ausrichtung an dem Traumziel eines gottähnlich großen und omnipotenten Ichs verbirgt sich noch immer in gewissen Prinzipien der bürgerlichen Erziehung, in dem traditionellen Rollenstereotyp von „Männlichkeit“ und findet sich sogar noch in modernen metapsychologischen Utopien. Diese expansionistische Perspektive leistet noch heute fatale Beiträge zur Verteidigung unserer übersteigerten Rivalitäts-Ideologie, zur parasitären Deformierung des Geschlechter-Verhältnisses und zur Diskriminierung der Armen, Kranken und

Schwachen als den angsterregenden Gegentypen des expansionistischen Größenwahns.

In dem Maße aber nun, in dem imperialistische Machtpolitik, technische Naturzerstörung und Wirtschaftswachstum um jeden Preis ihre selbstzerstörerische Funktion immer deutlicher erkennbar werden lassen, werden zugleich jene alten Leitbilder in ihrer Untauglichkeit deutlich. Und es wird zur brennenden Frage, welche neue Werte und Ziele an die Stelle der unhaltbaren alten treten können. So machen sich zur Zeit Ansätze zu einer Umorientierung bemerkbar. Wenn der expansionistische Drang *nach außen* nicht weiterkommt, ist ein Umschlag *nach innen* eine automatische Konsequenz. In den kapitalistischen, aber auch in den staatssozialistischen (wenn hier auch noch verdeckter) Ländern regen sich verstärkte Bestrebungen, den eigenen inneren Zustand kritisch zu überprüfen. Und dabei ergibt sich die bestürzende Wahrnehmung, daß alle vorliegenden Gesellschaftsformen der Industrienationen praktisch unter dem Druck des bislang betriebenen Expansionismus eine Daueranspannung der Menschen erzwungen haben, die einer Art von Dauermobilmachung gleicht. Merkmale dieser Dauermobilmachung sind eine einseitige Dressur zu Hyperaktivität und maximaler Leistung, ausgerichtet auf expansionistische Ziele, wachgehalten durch hohen Konkurrenzdruck, und dazu eine antrainierte Vorurteils- und Kampfbereitschaft gegen systemspezifisch ausgesuchte Außenfeinde und innere Minderheiten. Die Instrumente dieser Dressur sind offenkundig in den kapitalistischen Ländern andere als in den staatssozialistischen. Das Kapital manipuliert aus schwer angreifbaren anonymen Machtzentralen heraus, während die staatssozialistischen Parteiapparate ihre Herrschaft sehr viel plumper ausüben. Aber hier wie dort ist letztlich der Druck der gleiche, der jeweils die Unangepaßten bzw. Andersdenkenden mit Ohnmacht oder gesellschaftlicher Randständigkeit bedroht. Und hier wie dort besteht ein hohes faktisches Machtgefälle zwischen einer kleinen Führungsgruppe, repräsentiert durch das Kapital bzw. durch die Zentrale der Staatspartei einerseits und die Massen der Abhängigen andererseits.

Die Unfreiheit und die einseitige Überanspannung der Menschen, die sich nun nicht mehr durch die alten expansionistischen Zielvorstellungen rechtfertigen lassen, bieten sich natürlicherweise als Hauptansatzpunkte für eine fundamentale Wertkritik an. Die Futurologen *Kahn* und *Wiener* erwarten für die amerikanische Gesellschaft einen langsamen Abbau der arbeits-, leistungs- und aufstiegsorientierten Einstellung (in der Mittelklasse), ferner einen Anstieg sensualistischer, humanistischer und möglicherweise auch „verweichlichender" Grundsätze. *H. Marcuse* glaubt, daß eine Stufe erreicht werde, „auf der die Befriedigung der Bedürfnisse Bedürfnisse schafft, welche die staatskapitalistische und die staatssozialistische Gesellschaft transzendieren". Diese „transzendierenden Bedürfnisse" sieht er bereits jetzt in Anfängen entstehen: „Es gibt in ideologischer Form bereits Ansätze zu dieser Veränderung, nämlich die Gegenbilder und Gegenwerte, mit denen die Neue Linke dem kapitalistischen Universum widerspricht. Die Bekundung eines nicht an Konkurrenz orientierten Verhaltens, die Ablehnung grobschlächtiger ‚Virilität', das Entlarven der kapitalistischen Arbeitsproduktivität, die Bejahung der Sensibilität und Sinnlichkeit des Körpers, der ökologische Protest, die Verachtung des falschen Heldentums der Weltraumeroberungen und Kolonialkriege, die Emanzipationsbewegung der Frauen (soweit sie unter einer befreiten Frau nicht nur eine versteht, die an den repressiven Zügen männlicher Vorrechte teilhat), die Ablehnung des antierotischen, puritanischen Kults steriler Schönheit und Gepflegtheit — alle diese Tendenzen tragen zum Abbau des Leistungsprinzips bei." *Marcuse* setzt auf diese „transzendierenden Bedürfnisse" besondere Hoffnungen. Er sieht sie als die radikalen neuen Impulse eines Prozesses an, der im Verlauf mehrerer Generationen zu einer neuen Moral, einer neuen Rationalität und einer neuen Sinnlichkeit führen könne. Das setze voraus, daß die neuen Bedürfnisse einem langfristigen und systematischen Erziehungsprozeß unterworfen würden.

Es deutet manches darauf hin, daß die von *Marcuse* 1971 genannten Tendenzen sich allmählich verdeutlichen und verstärken. Dem widerspricht keineswegs, daß die enthusiastische Protestbewegung der Studenten inzwischen komplett abgeklungen ist. Immerhin hat diese Bewegung allenthalben Zweifel an manchen der überkommenen Leitbilder hinterlassen. Und dazu war es offenbar sinnvoll, den alten Werten zunächst die totale Negation entgegenzusetzen, nämlich dem Autoritätsprinzip das pure Anti-Autoritätsprinzip, dem verabsolutierten Leistungsideal das reine Anti-Leistungsprinzip, den verlogenen Sexualtabus das konsequente Anti-Tabu. Diese totale Negation hat offensichtlich dazu verholfen, zunächst einmal Distanz zu schaffen, Raum für neue Einfälle und Experimente. Damit hat die antiautoritäre Bewegung mit ihren Einseitigkeiten und Übertreibungen durchaus einen nützlichen Zweck erfüllt. Dies verkennt, wer sie in manchen Parolen allzu ernst genommen und die Ausuferungen ödipaler Vaterproteste, die Diffamierung von Leistung schlechthin und die Glorifizierung totaler Sexualenthemmung als das letzte Wort dieser neuen Strömung verstanden hatte.

Gewiß kann man in der Abspaltung bestimmter apolitischer und nostalgisch entglittener Jugendkulturen schon wieder Zeichen von Resignation wahrnehmen. Aber es haben sich auch andere Kräfte gesammelt, die ihre Gegenimpulse heute in einer differenzierteren und politisch effizienteren Weise erkennen lassen. Das sind vor allem solche Gruppen auf der Seite der Linken, die nicht in eine neue Orthodoxie eingeschwenkt sind, sondern sich viel von der kritischen Eigenständigkeit jener Protestperiode bewahrt haben. In der BRD sieht man zum Beispiel, wie Teile der kritischen Jugend sich in der Organisation der Jungsozialisten zusammengefunden und das Establishment der führenden sozialistischen Partei zu einer bedeutungsvollen theoretischen Grundsatzdiskussion herausgefordert haben. Sie haben, wie *Habermas* ihnen bescheinigt, „eine taktisch erfolgreiche Opposition geschaffen, die zum erstenmal in der deutschen Nachkriegsgeschichte eine politisch folgenreiche Auseinandersetzung mit sozialistischen Gesellschaftsanalysen erzwungen hat". Und er nennt die Doppelstrategie der Jungsozialisten: „Erfolge innerhalb der bestehenden Institutionen werden nur dann bürokratisch nicht versickern, wenn eine gleichzeitige Politisierung des Bewußtseins großer Bevölkerungsteile jene neuen Bedürfnisse schafft, die veränderte gesellschaftliche Prioritäten allein rechtfertigen, durchsetzen und tragen können." Wichtig ist hierbei, daß der Begriff des Politischen hinübergezogen wird in die persönliche Lebenspraxis und in das individuelle Bewußtsein. Dadurch bleibt gewissermaßen die von den Antiautoritären geschaffene Brücke erhalten zwischen den Aufgaben einer Veränderung der gesellschaftlichen Ordnung einerseits und einer Veränderung der Menschen und ihrer persönlichen Beziehungen andererseits.

Direkt auf der Basis dieses Konzeptes oder zumindest in dessen Nähe operieren spontane Experimentiergruppen, deren Zahl sich in der BRD in den letzten Jahren vervielfacht hat. Wohngemeinschaften, Kinderläden und ähnliche Initiativkreise haben sich innerhalb weniger Jahre auf breiter Basis durchgesetzt. Neben solchen Wohngemeinschaften und Eltern-Kinder-Gruppen, die außer privaten Zielen der Kontaktförderung und der wechselseitigen Entlastung der einzelnen und der Familien keine nennenswerten weiteren Ansprüche verfolgen, haben sich viele spontane Gruppen konstelliert, die beharrlich um echt neue Formen der Kommunikation, der Geschlechter-Emanzipation, der Kindererziehung und der Verbindung von persönlicher Änderung und gesellschaftsbezogener Aktivität ringen. Viele dieser Initiativkreise demonstrieren deutlich das Fortwirken bzw. die weitere Entwicklung von Bedürfnissen, die in der Protestbewegung durchgebrochen waren. Jetzt geht es ihnen aber darum, diese Impulse ernsthaft auf eine konkrete Probe zu stellen und die Möglichkeit einer geduldigen Umerziehung in ihren Gruppen beharrlich zu verfolgen. Obwohl die Gruppen sich meist nicht mehr ausdrücklich auf *Marcuse* beziehen, den sie auf dem Altar der antiautoritären Bewegung geopfert haben, stehen doch viele dieser Experimentierkreise nach wie vor stillschweigend im Einklang mit manchen seiner Grundthesen: „Freilich ist keine qualitative gesellschaftliche Veränderung, kein Sozialismus ohne die Entwicklung einer neuen Rationalität und Sinnlichkeit bei den Individuen selbst möglich: Kein radikaler gesellschaftlicher Wandel ohne radikalen Wandel der Individuen, die seine Träger sind." Und: „. . . die individuelle Befreiung (Weigerung) muß im besonderen Protest die allgemeine Befreiung vorwegnehmen, und die Bilder und Werte einer künftigen freien Gesellschaft müssen in den persönlichen Beziehungen innerhalb der unfreien Gesellschaft bereits auftreten." In diesem Zusammenhang verweist er ausdrücklich auf das Beispiel der Wohnkommunen, die zwar von Gleichschaltung bedroht, nichtsdestoweniger potentielle Kerne und Laboratorien für die Erprobung autonomer und nicht entfremdeter Beziehungen seien.

Neben den Gruppen, deren Mitglieder sich vornehmlich selbst bzw. in ihren Beziehungen zueinander umerziehen wollen, entwickelt sich, von Amerika herkommend, eine breite Welle von Initiativen, denen es primär um eine soziale Hilfe für Benachteiligte geht. Auch dies ist ein zentral wichtiger Ausläufer jener Protestbewegung. Wie jene entspringt der Strom neuer sozialer Aktivitäten vornehmlich in den Universitäten und Schulen. Man schätzt, daß in den USA die freiwilligen sozialen Einsätze von Studenten seit 1963 um das Achtzigfache angestiegen sind. Man rechnet dort, daß zur Zeit mindestens 400 000 Studenten an 1800 verschiedenen sozialen Hilfsprojekten mitwirken und etwa im Werte von 80 Millionen Dollar unbezahlte Arbeitszeit investieren (*U.S. News & World Report,* 3. September 1973). Aber auch Berufstätige, vornehmlich aus sozialen Berufen, Hausfrauen und andere bekunden zunehmend Interesse für solche freiwilligen sozialen Initiativen, die sich überwiegend auf benachteiligte Gruppen beziehen, auf Behinderte, auf die Bewohnerschaft von Slums, auf rassische und fremdsprachliche Minderheiten. Gemeinwesenarbeit, Beratungsdienste, medizinische, psychologische und erzieherische Hilfen, Sprachunterricht und manche andere Formen von Unterstützung werden angeboten. Auch Mitteleuropa ist inzwischen von dieser Welle erfaßt worden. Hier schwillt die Zahl spontaner Initiativen von Studenten, Schülern und anderen Laienhelfern ebenfalls rasch an. Man kümmert sich um benachteiligte Randgruppen der verschiedensten

Arten, um Obdachlose, chronisch psychisch Kranke, Delinquente, Gastarbeiterfamilien, alte Leute usw.

Diese mächtige und unerwartete Bewegung, die sowohl in Amerika wie hier noch immer weiter anwächst, zeigt auf das allerdeutlichste eine Gegentendenz zu den überkommenen Leitbildern des Expansionismus an. Man könnte sogar sagen: Hier ist die Expansion direkt nach innen zurückgeschlagen. Gerade die amerikanische Jugend, noch in imperialistischer Mentalität erzogen und darauf vorbereitet, mit amerikanischem Geld, amerikanischer Technik, amerikanischem Way of Life, schließlich auch mit amerikanischen Bomben die Welt zu überziehen und zu vereinnahmen, ist nun statt zu einer weiteren Expansion nach außen zu einer solchen nach innen aufgebrochen. Und hier hat sie gewissermaßen ein neues Eroberungsfeld gefunden. Da geht es nicht mehr um die Entdeckung und Kolonisierung fremder Länder und Völker. Sondern nunmehr um die Erkundung vergessener Subkulturen und Gruppen im eigenen Land. Im Gegensatz zur expansiven imperialistischen Ausbeutung fremder Populationen besinnt man sich auf die Aufgabe, die Kolonien der Slums und Gettos auf dem eigenen Boden zu erschließen und zu befreien. In dem Moment also, in dem die Welle der Außenexpansion stagniert und der Blick sich auf die eigene innere Verfassung richtet, entdeckt die sensibilisierte Jugend als erste die bislang raffiniert ausgenützte Ablenkungs- und Vertuschungsfunktion der scheinheiligen Welterlösungskreuzzüge Amerikas. Die Unterdrückung und Gettoisierung der eigenen Minderheiten enthüllt dieser wachsam gewordenen Jugend die radikale Unglaubwürdigkeit der überkommenen Rolle als Missionar der armen und zurückgebliebenen Völker. Tiefer Ekel und Scham haben weite Teile dieser amerikanischen Jugend erfaßt, die gewissermaßen hinter dem Rücken der von den konservativen Kräften weiter betriebenen nationalistischen Selbstbeweihräucherung still an die Arbeit geht, um die verdrängte nationale Kehrseite der eklatanten sozialen Ungerechtigkeiten zu verändern. — Entsprechende Strömungen in der Jugend anderer hochzivilisierter westlicher Nationen haben einen ähnlichen Hintergrund. Amerika liefert nur das extremste und spektakulärste Beispiel für diese wichtigen Prozesse, die speziell in solchen Ländern besonders bemerkbar sind, in denen nationale Niederlagen eine kritische Revision expansionistischer Größenideen erleichtern.

Vieles spricht jedenfalls dafür, daß den diversen zitierten neuen Bewegungen ein gewisser repräsentativer Wert zukommt, auch wenn sie bislang noch nicht wesentlich über gewisse umschriebene soziale Gruppen der Mittelschicht, vor allem der kritischen Jugend, hinaus gediehen sind. In diesen Kreisen ist vermutlich die Sensibilisierung nur schon besonders weit fortgeschritten und die Fähigkeit gewissermaßen vorverlegt, wegweisende neue Bedürfnisse und Leitbilder deutlich auszudrücken und aktiv zu gestalten. An sich sind Ansätze solcher neuen Bedürfnisse bereits sehr viel mehr verbreitet, wenn auch oft sehr viel schwerer erkennbar als bei den mannigfachen Experimentiergruppen und sozialen Initiativen, die ihre Zielvorstellungen mehr oder minder klar nennen können.

Ein völlig anderes Feld, in dem die Krise der überkommenen Leitbilder und der ihnen angemessenen sozialen Strukturen ebenfalls ihre Spuren zeigt, ist die psychosomatische Medizin. Die Häufung bestimmter psychisch bedingter Krisen und Symptome weist vielfach mittelbar auf sozioökonomische und selbst politische Einflüsse hin, die psychisch überlastend wirken, weil sie den Bedürfnissen der Menschen widersprechen. Die in allen Statistiken registrierte Häufung der Neurosen erklärt sich gewiß nicht durch eine nur zufällige Ballung individueller Schicksalsbelastungen. Vielmehr muß man sie zumindest zu einem großen Teil als Zeichen vermehrten Leidens an einer Ordnung und an Lebensvorschriften verstehen, die den sich verändernden Bedürfnissen der Menschen unangemessen sind. Diese Neurosen sind die chiffrierten Signale der Unfähigkeit einer wachsenden Zahl von Individuen, mit den Zumutungen schädlicher sozialer Bedingungen fertig zu werden. Der Psychoanalytiker vermag sich darin zu üben, die Signale in diesem Sinne zu dechiffrieren und zu überprüfen, jeweils welche Bedürfnisse mit welchen Schädlichkeiten sozialer Rollenvorschriften oder bestimmter materieller Lebensbedingungen kollidieren. Und da zeigt sich eben, daß diese einzwängenden Bedingungen neuerdings vielfach auf solche Bedürfnisse stoßen, wie sie sich in den Bestrebungen der kritischen Jugend artikulieren. Auch viele andere Menschen sehnen sich nach einer Selbstbefreiung in einer solchen Richtung, können es aber nicht, weil ihnen dazu die relativ große Freizügigkeit von Studenten, Schülern und anderen sozial begünstigten Gruppen fehlt. Sie möchten auch mehr partnerschaftlich kommunizieren, sich in Gruppen verwirklichen und irgendwelche sinnvollen sozialen Aktivitäten unternehmen. Dann könnten sie innere Kräfte entfalten, die jetzt nur angestaut verkümmern in aufgezwungener Isolation, in entfremdeter Arbeit und in der Einschnürung durch den Zwang hierarchisch gegliederter Rollenvorschriften. Vielfach sind neurotische Symptombildungen in der mittleren und älteren Generation in der Tat nichts anderes als neurotisch maskierte Äquivalente derjenigen Tendenzen, die in den neuen Bewegungen der Jugend zur aktiven Gestaltung kommen.

Natürlich wäre es übertrieben, diesen Aspekt neurotischer Störungen generalisieren zu wollen. Aber er verdient eine sehr viel größere Beachtung, als man früher erkannte. Und so ergibt sich schließlich hier dem Psychoanalytiker eine außerordentlich wichtige Quelle der Information über den Wandel menschlicher Bedürfnisse und Leitbilder. Dies ist nachdrücklich gegen die überkommenen Vorurteile festzustellen, nach denen Neurotiker als untauglich für die repräsentative Bekundung sozialer Sachverhalte disqualifiziert worden waren. Immer wieder hieß es, der Neurotiker könne als „Kranker“ und „Versager“ die soziale Wirklichkeit nur verzerrt reflektieren, da er sie ja immer nur ressentimenthaft am Kriterium seines Gescheitertseins messen könne.

Dieses Vorurteil sollte doch noch einen Augenblick lang Aufmerksamkeit beanspruchen. Es enthüllt nämlich schlagend die Repressivität einer bestimmten Version des traditionellen Begriffs von seelischer Gesundheit bzw. Krankheit. Von vornherein wurde lange Zeit als bloße individuelle Niederlage, als ressentimentträchtiges persönliches Versagen erklärt, was ja statt dessen häufig genug als besonders feine seismographische Reaktion auf änderungsbedürftige soziale Verhältnisse verstanden werden kann. Es ist deutlich, daß die traditionelle vorurteilshafte Fassung des Gesundheitsbegriffes noch einseitig an den Werten der expansionistischen Periode festhaftet. Und so bietet auch ein kurzer Seitenblick auf die Wandlungen der Norm von psychischer Gesundheit einen bemerkenswerten Hinweis auf wichtige Veränderungen unserer Leitbilder binnen weniger Jahrzehnte. Dies sei am Beispiel einer bestimmten Theorie der Psychotherapie kurz erläutert, die noch unlängst im deutschen Sprachbereich einen erheblichen Einfluß auszuüben imstande war. Gemeint ist die Theorie des „Gehemmten Menschen“ von *H. Schultz-Hencke,* dem Schöpfer einer Schule der Neo-Psychoanalyse.

Dieser entwarf vor 35 Jahren in der Einführung zu seinem Hauptwerk die folgende Zukunftsperspektive für den Menschen, der seine Hemmungen zu durchschauen lerne: Wenn wir erst die Werkzeuge unserer Seele besser erkennen können, so lehrte er in etwa, werden wir in unserer Expansivität weniger Niederlagen erleiden: *„Das Leben und Erleben geht dann weiter seinen Gang, der erobernd ist gegenüber der Welt, durch Siege und Niederlagen hindurch. Aber es wird auch hin und wieder ein Blick jenen seelischen Mitteln gelten, mit denen wir erobern, mit denen wir siegen und deren Mangelhaftigkeit wir zum Teil unsere Niederlagen verdanken.“*

Siegen und Erobern „gegenüber der Welt“, diese Perspektive eines — durchaus antinazistisch gesonnenen — Schöpfers einer eigenen psychotherapeutischen Schule macht deutlich, wie sehr sich das Selbstverständnis der Menschen seither von jenem expansionistischen Egozentrismus entfernt hat, dem dieser Psychotherapeut eben noch regelmäßig im Lebensgefühl seiner damaligen Klientel begegnete. Fragwürdig geworden, wenn auch gewiß noch nicht verschwunden, sind diese traditionellen Leitvorstellungen von Siegenmüssen und Erobernmüssen — Inbegriff einer langen Denktradition, verdichtet im „*Faust*" und in Nietzsches „*Übermenschen*". Sie halten sich zählebig als Residuen der expansionistischen Wertwelt in Form eines bestimmten Rollenbildes, das nachfolgend noch einer näheren Analyse zu unterziehen sein wird. Und zwar ist dies das einseitige Rollenklischee von „Männlichkeit", das noch immer zur dissoziativen Fehlerziehung der Geschlechter in den Familien und Erziehungsinstitutionen maßgeblich beiträgt. Freilich wird sich zeigen, daß gerade dieses Rollenstereotyp von expansionistischer sieghafter Männlichkeit am allerwenigsten zur Beschreibung dessen taugt, was wir heute unter psychosomatischer Gesundheit verstehen würden. Denn gerade eine solche andressierte Lebenshaltung enthält, wie wir nunmehr wissen, ein besonderes psychosomatisches Risiko. Darüber hinaus fixiert dieses Leitbild ein bestimmtes parasitär kompensatorisches Verhältnis von Mann und Frau. Es präformiert eine Partnerbeziehung, bei der der eine Teil klein und schwach sein muß, damit der andere der große Sieger und Eroberer sein kann. — Gerade solche anerzogenen Rollenpolarisierungen indessen gehören für viele heute gerade zu den Quellen von psychischem Leiden, die sie überwinden wollen. Und so erweist sich, was noch vor relativ kurzer Zeit als psychotherapeutisches Heilungsziel erschien, neuerdings eher als dessen Gegenteil, nämlich als eine Variante von psychischer Verkümmerung, zugleich als ein psychosomatischer Risikofaktor ersten Ranges.

Was man als Psychoanalytiker neuerdings an den Hintergrundkonflikten vieler „seismographischer" Neurotiker ebenso ablesen kann wie an den zitierten neuartigen Aktivitäten der sensibilisierten Jugend ist dies: *Man sucht wieder einen Weg nach innen. Man sucht nach Befreiung vom Zwang zu hektischer Leistungsaktivität, zu permanenter Gefühlsunterdrückung, zu expansiver Rivalität als Prinzip. Man sehnt sich umgekehrt danach, seine verdrängten Gefühle wiederzuerwecken und in eine möglichst breite Kommunikation mit anderen einzubringen. Integration in Gruppen und Solidarität sind wesentlich neue Ziele. Man will Isolation überwinden, wo immer man dieser ausgesetzt ist: am Arbeitsplatz, innerhalb der Familie, aber zugleich zusammen mit der Arbeitsgruppe und der Familie gegenüber der übrigen Gesellschaft. Man sucht nach Selbstverwirklichung in klei-*

nen Gruppen, aber man will diese kleinen Gruppen wiederum nach außen geöffnet sehen. Und man will sich speziell mit denen solidarisieren, gegen die man sich unnatürlicherweise polarisiert fühlt, also mit dem anderen Geschlecht, mit abgegrenzten Minderheiten und Randgruppen. Statt immer nur expansiv konkurrierend vorwärts blickt man zurück und sucht an diejenigen wieder Anschluß zu finden, die von der Konkurrenzgesellschaft abgehängt sind: die Unterprivilegierten, die Armen, die Kranken, die Alten, die Schwachen.

Viele dieser neuartigen Wünsche brechen sich an der Rigidität unserer anachronistischen gesellschaftlichen Strukturen. Deren repressive Mechanismen werden denen am deutlichsten fühlbar, bei denen der Prozeß der Transformation der Bedürfnisse bereits weiter fortgeschritten ist. Aber vieles von diesen Mechanismen ist auch verinnerlicht und blockiert als eigener innerer Widerstand die Impulse der Selbstbefreiung oft bereits vor deren Zusammenprall mit den äußeren Zwängen. Man will sich solidarisieren und muß doch aus unbewußtem Drang rivalisieren. Man will sich den anderen Menschen öffnen — und kann es nicht. Man will auf die anderen zugehen und ertappt sich dabei, daß man diese statt dessen mißtrauisch belauert. Man wartet auf die Annäherung der anderen und stößt diese doch wieder aus einem Übermaß egozentrischer Kränkbarkeit heraus zurück.

Dies sind nun spezielle Schwierigkeiten, zu deren Aufschlüsselung der Psychoanalytiker sich als Partner anbieten kann. Und nicht nur als solcher, der bei der Klärung innerer Konflikte in der rein psychologischen Dimension Unterstützung zu liefern vermag. Die Psychoanalyse ermöglicht unter Umständen auch zu sehen und anderen sehen zu lernen, wie sich in innerseelischen Prozessen unmittelbar gewisse gesellschaftliche Tatbestände niederschlagen. Es gibt ein soziales Lernen, ein Aneignen von gesellschaftsbezogenen Erkenntnissen durch innerseelische Wahrnehmung. Überall da, wo in sozialen Situationen, die sich im psychischen Bereich abbilden, ein Moment der gesellschaftlichen Repräsentativität steckt, können seelische Prozesse als Schlüssel für gesellschaftsbezogene Erkenntnisse benutzt werden. In solchen Situationen können emotionelle Konflikte entstehen, die sich als direkter Ausdruck änderungsbedürftiger sozialer Bedingungen analysieren lassen, so daß die theoretische Interpretation wie die therapeutische Perspektive zu einer Überschreitung der innerseelischen Kategorien auffordert. Solche über die Selbstwahrnehmung von Affekten und emotionellen Konflikten erworbenen sozialen Erkenntnisse und Handlungsperspektiven können offensichtlich Menschen zur Klärung ihres Standpunktes in einer Phase helfen, die eine kritische Umorientierung notwendig macht.

Der Leistungsimperativ als Feind der Sitten

Bertrand de Jouvenel

Die Kolonisation ist nicht das Thema, das ich behandeln will. Wenn ich dennoch auf sie zu sprechen komme, dann nur um zu zeigen, welche Beziehung zwischen der Erschütterung der alten europäischen Gesellschaft und den noch dramatischeren Umwälzungen der traditionellen überseeischen Kulturen besteht. Eine solche Beziehung besteht auch zwischen den Reaktionen der Völker auf die Ansprüche des Leistungsimperativs. Auch in Europa bestand diese Reaktion zunächst in Mißtrauen und Abwehr; die Menschen fühlten sich von dem neuen Lebensrhythmus bedroht, von dem sie nicht wissen konnten, daß er ihnen auch Wohltaten verschaffen würde. Es fällt auf, daß der Widerstand in den Vereinigten Staaten am geringsten war: dort lebten Menschen, die im Akt der Emigration aus Europa ohnehin die alten Bande gelöst hatten. In Europa finden wir wenig später eine entwickelte Abwehrhaltung: die marxistische Theorie akzeptiert das Leistungsprinzip, glaubt aber, seine Träger und vermeintlich einzigen Nutznießer, die Kapitalisten, beseitigen zu müssen. Doch geht die ökonomische, soziale und politische Entwicklung so schnell voran, daß die Früchte der neuen Arbeitsweise allen zugute kommen. Die Reaktion der nichteuropäischen Völker entspricht also etwa der zweiten Phase des europäischen Verhältnisses zum Leistungsprinzip.

Dieses erscheint den außereuropäischen Völkern in jeder Hinsicht fremdartig: es wird von außen an sie herangebracht; Menschen außerhalb ihrer Gesellschaften sind die Nutznießer dieses Prinzips. Man kann das Prinzip als solches nicht mehr ablehnen, wohl aber seine Repräsentanten. Auch wenn sie keine Unterdrücker mehr sind, auch wenn sie die Früchte der erzwungenen Leistungen der Allgemeinheit zugute kommen lassen — allein die Überlegenheit dieser „Fremden“ wird als Beleidigung empfunden. Der Nichteuropäer will dem Europäer gleich sein — deshalb bemüht er sich um Effizienz. Es durchkreuzen sich zwei Abwehrbestrebungen: die eine richtet sich gegen Präsenz der Europäer und ihrer Ideen, die andere — inzwischen viel ausgeprägtere — bekämpft die eigene Tradition, die man für den Mangel an Effizienz verantwortlich macht.

Hierin liegt ein ganzes Drama: Glaube und Sitten sind nicht nur konstitutiv für ein gesellschaftliches Gefüge, sondern auch für die Haltung des Individuums. Es bedeutet viel, wenn man sich mit dem Glauben und den Traditionen seines Volkes identifizieren kann. Sie verwerfen zu müssen, gehört zu den bittersten Erfahrungen, die ein Individuum machen kann. Der Nichteuropäer ist dieser Erfahrung ständig ausgesetzt: im Schatz seiner Traditionen erkennt er den Grund für seine Demütigungen.

Der Nichteuropäer, der seinem Volk die Unabhängigkeit wünscht und ihm einen Platz in dieser Welt der Leistung erkämpfen will, wird zum Feind seiner eigenen Tradition, und zwar in einer völlig anderen Weise als dies beim Europäer der Fall ist. In den Ländern, die den Aufschwung des technischen Fortschritts bereits erlebt haben, ist dies im Zusammenhang mit einer fortschreitenden Entwicklung des Bezugsrahmens von Glaube und Sitte geschehen. Ich will hier nicht die kulturellen Grundlagen untersuchen, die dazu geführt haben, daß der Mensch im Westen die Leistung zu seinem Kriterium gemacht hat. Berdjajew hat die Ansicht vertreten, daß der Geist des Christentums, der den Menschen über die Natur stellt (die als eine Sache erscheint, die es sich anzueignen gilt), den technischen Fortschritt gefördert hat. Laberthonnière hat sich ihm angeschlossen. Antonio Labriola hat den technischen Herrschaftswillen auf die Stärke des Temperaments zurückgeführt, die den germanischen Völkerschaften eigne und den Völkern des Mittelmeeres fehle. Solche Mutmaßungen sollen uns nicht beschäftigen. Für uns ist die Tatsache von Bedeutung, daß sich der Leistungskult in Europa in einer ständigen Wechselbeziehung mit der kulturellen Entwicklung entfalten konnte. Es hat zwar stets Konflikte gegeben zwischen der Tradition und den aktuellen Erfordernissen des gesellschaftlichen Lebens, doch haben sich diese Widersprüche immer wieder ausgeglichen.

Die moralische Situation ist dagegen eine völlig andere, wenn es die an Leistung orientierte Zivilsation zu einer Zeit zu übernehmen gilt, in der sich die eigene kulturelle Entwicklung auf einem historisch zurückgebliebenen Stand befindet. Die Versuchung, die traditionelle Kultur völlig zu verwerfen, ist dann besonders stark. Doch wie soll der Mensch ohne Kultur leben? Ist das Leistungsprinzip in der Lage, eine neue Kultur zur Entfaltung zu bringen? Man kann es sich kaum vorstellen.

Der schwarze Dichter Richard Wright schreibt: „Die weiße Welt des Westens, die bis vor kurzem der freiste Teil der Erde war, hat — mit ihrer Säkularität und Freiheit, in der das Geheimnis ihrer Macht liegt (Wissenschaft und Industrie) — in unüberlegter Beharrlichkeit darauf hin gearbeitet, in Asien und Afrika einen noch stärker ausgeprägten ‚säkularen' Geist zu erzeugen, als er im ‚Abendland' lebendig ist." Und an anderer Stelle: „Heute kann ein farbiger Mensch, sei er nun schwarz, braun oder gelb, *völlig bewußt* sagen: Danke, weißer Herr, Ihr habt mich vom Moder unserer irrationalen Sitten und Gebräuche befreit, obgleich ihr Weißen selbst nach wie vor das Opfer eurer eigenen irrationalen Traditionen seid. Die weißen Europäer haben in Asien und Afrika eine viel brutalere und tiefgreifendere Revolution dekretiert, als je eine in der europäischen Geschichte stattgefunden hat."[1]

Ich will diesen Zitaten noch ein weiteres hinzufügen: „Die Aufgabe von Nkrumah umfaßte weit mehr als die Vertreibung der Briten. Er rief sein Volk auf, den Vorfahren die Huldigung zu versagen, die auf das Paradies zurückgeführt wurde. Stattdessen forderte er sie auf zum Glauben an ihre Fähigkeit, sich die Technik und die Ideen des 20. Jahrhunderts aneignen zu können. Er versuchte, jenen Bodensatz, der sich im Gewissen seiner Stammesbrüder angesetzt hatte, zu beseitigen, um stattdessen ihre Aufmerksamkeit auf die grausame, nackte Welt des Alltags hinzulenken, in der sie lebten; zugleich wollte er sie dazu anspornen, diese Welt bewußt zu verändern im Interesse der Menschen."

Diese Stellen machen uns mit aller Kraft deutlich, daß der Nichteuropäer sich zu einer Befreiung, zu einer Loslösung von seiner gesamten Kultur anschickt, die in Europa ihresgleichen sucht. Man könnte fragen: Befreiung? Wozu? Die Antwort lautet ganz einfach: Um die Fähigkeit zu vergrößern, etwas zu tun. Aber was soll getan werden? Wright hat die Antwort bereits gegeben: Die Welt bewußt verändern im Interesse des Menschen. Aber jede bewußte Veränderung setzt ein Urteil voraus. Wie gelangen wir nun nach Wright zu einem Urteil darüber, ob etwas im Interesse des Menschen geschieht? Ein circulus vitiosus scheint uns gefangen zu nehmen. Doch dies ist eine Täuschung! Denn was der Mensch für erstrebenswert hält, ist das, was mit einer Vorstellung vom Menschsein übereinstimmt. Was ist damit aber anderes bezeichnet als der Sachverhalt der Kultur? Das Bild des vollendeten Menschen liefert der Kultur eines Volkes ihren Inhalt, die im Fortschritt befindliche Kultur reinigt dieses Bild stets aufs neue.

Auf dieses Programm könnten sich die verschiedensten Richtungen einigen: Die Menschen sollen die Welt derart verändern, daß der Mensch seine Berufung vollenden kann. Doch worin besteht nun diese seine Berufung? Das Leistungsprinzip ist instrumentaler Natur: angesichts eines gegebenen Zieles organisiert man seine Mittel zur bestmöglichen Realisierung dieses Ziels. Wie aber sollen wir das Ziel bestimmen? Kann man das Leistungsprinzip zu einem transzendentalen Prinzip erheben? Verwirft man alle Kulturwerte, bleibt uns kein Bewertungskriterium zur Verfügung. Das einzige wonach wir dann streben können, ist die Entfaltung von Macht. Im allgemeinen versteht man unter Macht die Fähigkeit, das zu verwirklichen, was man will; was man will, ist wiederum abhängig von den anerkannten Werten. Ohne die Existenz anerkannter Werte bleibt nur die reine Macht als Objekt unseres Willens. Hierin besteht die Umkehrung aller Werte: daß die Macht nicht mehr als Mittel zur Verwirklichung dessen, was sinnvoll ist, erscheint, sondern daß als sinnvoll nur das gilt, was der Entfaltung von Macht dient.

Anmerkung

1) Richard Wright: Ecoute, homme blanc. Paris 1959, S. 116.

Leistung und Aufgabe: Zur Kritik des Leistungsbegriffs in der Schule

Klaus Heipcke

Die gegenwärtige Kritik an der Praxis der Leistungskontrolle in der Schule setzt ein mit dem Versuch, die tradierte Form der Bewertung von Leistungen durch die Rekonstruktion eines pädagogischen Leistungsbegriffs mit dem Bildungsbegriff in Übereinstimmung zu bringen. Hervorstechende Merkmale dieses Begriffes sind die Bewährung an objektiven Anforderungen sowie die Aufgaben, welche das zukünftige Leben dem Schüler stellen wird:

„Das pädagogische Problem der Leistung wurde in der geisteswissenschaftlich orientierten pädagogischen Theorie umfassend untersucht und galt bis in die jüngste Zeit als relativ geklärt. Demnach versucht der pädagogische Leistungsbegriff die Spannung zwischen den objektiven Leistungsansprüchen, die Staat, Kirche, Gesellschaft und Wirtschaft durch die Schule an das Kind stellen, und der jeweils individuell gegebenen Bildsamkeit aufzufangen, indem aus der Sicht erzieherischer Verantwortung die Anforderungen umgewandelt werden in die pädagogische Frage, wie zur Leistung sinnvoll befähigt werden kann. Die Aufgabe der Schule wird darin gesehen, die objektiven Leistungsanforderungen zu sinnvollen Aufgaben zu gestalten, an denen der junge Mensch sich erproben kann und an denen er wächst. Der Schüler soll lernen, eine Aufgabe als seine Aufgabe zu verstehen und zu verantworten; Leistung wird verstanden als körperliche, sittliche und geistige Selbstbeanspruchung“ (*Neuhaus*).[1]

Die Hoffnung, durch eine Uminterpretation des Leistungsbegriffs die mit der Leistungskontrolle verbundenen Probleme zu bewältigen, scheiterte, da die Leistungskontrolle in ihrer Wirkungsweise und hinsichtlich ihrer Funktionen dabei kaum zur Diskussion gestellt werden konnte.

Erst die neuere Diskussion, die an den gesellschaftlichen Funktionen der Schule ansetzt, vermag die Begrenztheit und Unwirksamkeit einer pädagogischen Neubestimmung des Leistungsbegriffs sichtbar zu machen und praktisch wirksam zu werden. Ausgangspunkt sind dabei die immer noch nicht eingelösten Forderungen nach ‚Chancengleichheit‘ und ‚Qualifikation‘ der Schüler für das spätere Leben und den Beruf.

Drei Phasen der Diskussion um die Leistungskontrolle in der Schule lassen sich dabei grob unterscheiden.

Die erste Phase ist gekennzeichnet durch die Anwendung testtheoretischer Kriterien auf die Notengebung in der Schule. Anlaß hierzu war offenbar das Unbehagen darüber, daß die Schule nicht das leistet, was sie zu leisten vorgibt, nämlich (i) Chancengleichheit im Sinne gleichartiger Bewertung demonstrierter Fähigkeiten für alle Schüler zu gewährleisten, (ii) gesellschaftlich geforderte und für das zukünftige Leben der Schüler bedeutsame Qualifikationen zu vermitteln und nachzuweisen und (iii) Schüler zum Unterricht zu motivieren und ihnen gezielte Lernhilfen zuteil werden zu lassen. Unter Berücksichtigung testtheoretischer Meßmodelle werden nun folgende Schlußfolgerungen daraus gezogen:

Chancengleichheit ist als „gerechte", d. h. von subjektiven Vorurteilen des Bewerters und situativen Besonderheiten unabhängige Bewertung des von einem Schüler gezeigten Leistungsverhaltens zu verstehen. Dies erfordert Instrumente, welche es ermöglichen, daß mit ihrer Hilfe verschiedene Beurteiler zum selben Ergebnis gelangen und daß Bewertungen in verschiedenen (aber ähnlichen) Situationen, d. h. zu verschiedenen Zeitpunkten, zum selben Ergebnis führen. Damit werden aber die testtheoretischen Kriterien der *Objektivität* und *Zuverlässigkeit* auf die Notengebung angewandt: Es zeigt sich, „daß mit den traditionellen Verfahren bei der Erfassung und Beurteilung des Schülerverhaltens nicht einmal die vergleichenden, analysierenden und prognostischen Zielsetzungen realisiert werden können. Die Zensurengebung genügt weder den Mindestanforderungen an die Objektivität der Auswertung, an die Gültigkeit und Zuverlässigkeit der Erfassung des Schülerverhaltens, noch liefert sie ausreichend differenzierte Informationen oder über den Rahmen einer Klasse hinausreichende Vergleichsmaßstäbe" (*Ingenkamp*).[2]

Die Bewertung des Leistungsverhaltens von Schülern soll die qualifizierten von den unqualifizierten genau zu unterscheiden gestatten bzw. zwischen verschiedenen Graden der Qualifikation. Dies erfordert Instrumente, welche bezüglich der Zwecke der Messung die adäquaten Verhaltensweisen genau zu erfassen gestatten. Gefordert sind also valide und zuverlässige (trennscharfe) Instrumente.

Dementsprechend wird auch die Diagnose von sowie die Beratung bei Lernschwierigkeiten darauf eingeschränkt, dem Schüler oder seinen Eltern bezüglich einer bestimmten Fähigkeit anzugeben, welche Position in der Leistungsrangskala seiner Mitschüler er einnimmt.

Die Leistung der testtheoretischen Kritik an der Notengebung ist die, daß sie die Praxis der Leistungskontrolle zu den Zielen der Institution Schule in Beziehung setzt, als da sind Selektion, Chancengleichheit usw. Ihr Mangel besteht gleichzeitig jedoch darin, daß sie diese Ziele, auf die hin auch die traditionelle Praxis der Leistungskontrolle hin ausgerichtet war, selbst nicht in Frage stellt. Dies gilt insbesondere für eine der zentralen Funktionen, die Selektion. Denn sowohl Chancengleichheit wie auch Qualifikation werden durch die Testtheorie im Sinne dieser Selektion interpretiert.

Erst die Unterrichtstechnologie liefert die konzeptionellen Grundlagen, die Selektionsfunktion tatsächlich in Frage zu stellen. Denn während die Testtheorie den Unterricht noch als etwas Vorgegebenes und Unbeeinflußbares betrachtete, wird der Unterricht in der Unterrichtstechnologie als machbar und planbar und damit selbst als veränderlich angesehen. Unterschiede im Lernerfolg werden nicht auf unterschiedliche Fähigkeiten der Schüler zurückgeführt, sondern auf unterschiedliche Wirksamkeit des Unterrichts für verschiedene Schüler. Damit verliert jedoch die Selektionsfunktion ihre theoretische Berechtigung. Nicht mehr die Unterschiede zwischen einzelnen Schülern (Individuen) sind Gegenstand der Leistungskontrolle, sondern die Unterschiede zwischen mehr und weniger effektiven Formen des Unterrichts. „Im Rahmen der Bewertung von Unterrichtsthemen können Leistungstests für zwei prinzipielle Zwecke benutzt werden. Erstens kann die Leistung geschätzt werden, um Informationen über die Charakteristika des gegenwärtigen Verhaltens eines Individuums zu bekommen. Zweitens kann die Leistung geschätzt werden, um Informationen über die Bedingungen oder Lehrmethoden zu bekommen, die dieses Verhalten hervorrufen. Im ersten Fall wird zwischen Individuen unterschieden. Im zweiten Fall werden Leistungstests zur Unterscheidung zwischen Methoden eingesetzt, d. h. zwischen verschiedenen Lehrverfahren durch eine Analyse der Gruppenunterschiede“ (*Glaser*).[3]

Bezüglich der Leistungskontrolle resultieren daraus die Forderungen nach Lernzielorientierung des Unterrichts und der Leistungsbewertung sowie Kritik an zentralen Konzepten der Testtheorie wie Schwierigkeitsindex, Trennschärfe und Reliabilität sowie Normalverteilung der Scores.

Das Verdienst der Unterrichtstechnologie im Rahmen der Kritik einer Leistungsmessung ist es, Möglichkeiten aufgewiesen zu haben, die Funktionsbestimmung von Unterricht und Schule im Sinne der Selektion selbst aufzuheben und durch andere Funktionsbestimmungen (in diesem Fall der Qualifikation) ersetzt zu haben. Damit wurden lange gültige Denkmuster bezüglich des Verhältnisses von Unterricht, Schüler, Leistungsmessung erschüttert. Die Einschränkung, die jedoch gemacht werden muß, ist die, daß Unterrichtstechnologie den Unterricht ausschließlich unter dem Gesichtspunkt der Zweckrationalität betrachtet. Häufige Merkmale des zweckrationalen Unterrichts, wie

Erfolgsorientierung, Taylorisierung, Fremdbestimmung usw., bringen vermutlich Sozialisationseffekte mit sich, welche dann innerhalb des unterrichtstechnologischen Konzeptes kaum noch behandelt werden können, es sei denn als Nebenwirkungen unter dem Aspekt des Verhältnisses von Persönlichkeitsvariablen und Unterricht. Praktisch wird dadurch der Schule ein neuer gesellschaftlicher Sinn, ein technologischer Sinn unterlegt.

Der gesellschaftstheoretische Ansatz zur Kritik an der Praxis der Leistungskontrolle knüpft an die Ergebnisse der unterrichtstechnologischen Kritik und vor allem der Sozialisationsforschung an. Er versucht die Leistungsmessung als Erscheinungsform schulischer Wirklichkeit aus einem gesellschaftlichen Zusammenhang heraus, d. h. von den gesellschaftlichen Funktionen der Schule her, zu interpretieren. Dabei spielen insbesondere der Zusammenhang zwischen Schule und Arbeitswelt sowie der Begriff der Qualifikation (abstrakt, konkret) eine zentrale Rolle. Hat schon die Sozialisationsforschung den Zusammenhang zwischen Arbeitsplatz des Vaters, familiarer Sozialisation und Schule herausgearbeitet:

„Die Tatsache, daß sie objektiv in jeder Weise unten stehen, manifestiert sich bei den Arbeitern subjektiv in einem spezifischen Gesellschaftsbild, nach welchem die Gesellschaft dichotomisch in zwei Blöcke zerfällt: die Arbeiter, die unten, die anderen, die oben sind. Entscheidend ist nun, daß sich an diesem Gesellschaftsbild — mehr unbewußt als bewußt — auch die Sozialisation des Arbeiterkindes orientiert. Das heißt, Arbeitereltern, welche ihr Kind auf das Leben in der bestehenden Gesellschaft vorbereiten, verhalten sich dabei so, als sei diese von jeher auf quasi natürliche Weise zweigeteilt, als seien sie selbst, die Arbeiter, mit schicksalhafter Notwendigkeit unten angesiedelt und als seien Resignation, fehlendes Leistungsstreben und mangelnde Zukunftsplanung objektiv angemessene, richtige, normale Verhaltensweisen. Entsprechend verhalten sich Mittelschichteltern so, als seien Aufstiegs- und Leistungsstreben, Selbständigkeit, Zukunftsplanung und andere objektiv richtig und normal“ (*Huch*)[4],

so wird dies jetzt dahingehend interpretiert, daß die Schule mit der Leistungskontrolle im wesentlichen die Funktion der Reproduktion sozialer Ungleichheit erfüllt und diesbezüglich für die Vermittlung hierfür relevanter konkreter Qualifikationen (Einstellungen, Arbeitshaltungen, Motivationen usw.) sorgt.

„Der Schüler weiß nicht, warum er die Nebenflüsse des Rheins auswendig lernt und wozu das gut sein soll. Er sieht nicht, was die einzelnen Fächer miteinander zu tun haben, usw. Der autoritäre, pädagogisch bemäntelte Leistungsdruck macht die Schüler, aber auch die Lehrer, zu den Objekten des Lernprozesses, dessen Subjekt sie sein sollten. Beide sind, im Grunde genommen, noch in der Schule dem ökonomischen Prinzip unterworfen, nämlich mit gegebenen Mitteln einen möglichst hohen Betrag zu erwirtschaften — und das auf Kosten von Eigeninteressen, schöpferischer Neugier und Kreativität: es ist eine entfremdete Erziehung, weil sie nicht eine Herausforderung und Förderung aller Fähigkeiten des Schülers ist, sondern eher ein Dienstleistungsbetrieb zur Erfüllung der Bedürfnisse der Herrschenden" (*Moser*).[5]

Dieser Ansatz der Kritik an der Leistungskontrolle macht — gerade weil er theoretisch umfassender ist — die praktischen Schwierigkeiten um so deutlicher. Zum einen zeigt er deutlich, daß es aussichtslos ist, punktuell die Funktion der Leistungskontrolle (etwa im Sinne von Unterrichtsevaluation, Lernberatung usw.) zu ändern bzw. die Leistungskontrolle selbst — wie oft vorgeschlagen — zu unterlaufen. Zum anderen zeigt der Ansatz, wie sehr didaktische Innovationen (neue Inhalte, Ziele, Methoden usw.) durch die Beibehaltung der Leistungskontrolle und ihrer Funktionen gefährdet sind.[6] Eine praktisch befriedigende Lösung, die in einer strukturellen Veränderung der Schule und ihres gesellschaftlichen Kontextes bestehen müßte, ist bisher nicht in Sicht. Vielmehr wäre es schon ein bedeutender Fortschritt, wenn Diagnose und Beratung von Lern- und Verhaltensschwierigkeiten im Unterricht sowie die Evaluation des Unterrichts intensiviert und von der Leistungskontrolle getrennt würden und wenn die Leistungskontrolle für Schüler transparenter durchgeführt und in ihren Funktionen und Auswirkungen durchschaubarer würde.

Anmerkungen

1) Neuhaus, E., Zum pädagogischen Leistungsbegriff, in: Schulleistung und Leistungsschule, Hrsg. Lichtenstein-Rother, I., Bad Heilbrunn 1971, S. 7.
2) Ingenkamp, K.-H. (Hrsg.), Die Fragwürdigkeit der Zensurengebung, Weinheim 1971, S. 24.
3) Glaser, R., Unterrichtstechnologie und die Messung von Lernergebnissen. Einige Fragen, in: Strittmatter, P. (Hrsg.), Lernzielorientierte Leistungsmessung, Weinheim 1973, S. 9—10.
4) Huch, K. J., Einübung in die Klassengesellschaft, Frankfurt a. M. 1973, S. 52.
5) Moser, H., Leistungsprinzip, Ökonomische Kategorie und Soziale Norm, in: Die Deutsche Schule, 4/72, S. 209—210.
6) Heipcke, K., Didaktische Innovation und Leistungsmessung, in: Didaktik offener Curricula, Weinheim 1974.

Literatur

Beckmann, K.-H. (Hrsg.), Das Problem der Leistung in der Schule; Westermann Päd. Beiträge 5 (1974).

Furck, C.-L., Das Pädagogische Problem der Leistung in der Schule, Weinheim 1972.

Ingenkamp, K.-H. (Hrsg.), Die Fragwürdigkeit der Zensurengebung, Weinheim 1971.

Kvale, S., Prüfung und Herrschaft, Weinheim 1972.

Klafki, W., Sinn und Unsinn des Leistungsprinzips in der Schule, in: Sinn und Unsinn des Leistungsprinzips, München 1974.

Lichtenstein-Rother, I. (Hrsg.), Schulleistung und Leistungsschule, Bad Heilbrunn 1971.

Offe, C., Leistungsprinzip und industrielle Arbeit, Frankfurt a. M. 1970.

Leistung als organisierendes Prinzip schulischer Szenen. Das Beispiel der Klassenarbeiten und Prüfungen

Franz Wellendorf

Schule und Leistung sind untrennbar miteinander verbunden. Von Anfang an sind die Schüler in der Schule der Forderung konfrontiert, Leistungen zu vollbringen: sie sollen das im Unterricht Gelehrte lernen. Schule läßt sich als eine Organisation von Unterricht auffassen, die ein Mittel ist, um vom Schulträger gewünschte Unterrichtszwecke zu verwirklichen.[1] *Carl-Ludwig Furck* hat die Entstehung des Leistungsproblems in der Schule des 19. Jahrhunderts ausführlich dargestellt;[2] dabei hat er auch nachgewiesen, daß ein schulisches Ritual wie die Abiturprüfung eine bis zum Ende des 18. Jahrhunderts zurückreichende Tradition hat. Ich unterziehe in diesem Abschnitt das Prinzip schulischer Leistung nicht einer historischen Analyse und diskutiere nicht seine allgemeinen pädagogischen oder didaktischen Implikationen. Es soll vielmehr erörtert werden, inwiefern Leistung ein Grundprinzip symbolisch vermittelter Interaktion in der Schule ist. Ausgangspunkt sind dabei typische Szenen, in denen die öffentliche Darstellung von Leistung eine zentrale Rolle spielt, wie zum Beispiel Prüfungen und Klassenarbeiten.

Die bekannteste Abschlußprüfung ist das Abitur, durch das der bisherige Status des Schülers und seine soziale Identität, gleichsam a posteriori, vom Ende der die soziale Identität definierenden schulischen Interaktionsprozesse aus, relativiert wird; das Abitur ist ein Wendepunkt, von dem aus die soziale Identität neu definiert werden muß und die „alte" Welt der Schule und die in ihr konstituierte soziale Identität in Frage gestellt und — wie gebrochen auch immer — als individuelle Geschichte in die persönliche Identität des einzelnen Individuums aufgenommen werden.[3] Der rituelle Charakter des Abiturs als „Leistungsnachweis" wird leicht durch die vermeintlich sachliche Notwendigkeit und Funktionalität der Aktivitäten verschleiert, aus denen diese Prüfung besteht. Sie scheint allein die Funktion zu haben, den Nachweis der Leistungen zu erbringen, die für den Erwerb der Berechtigung, sich an einer Hochschule zu immatrikulieren oder in bestimmte Berufslaufbahnen einzutreten, notwendige Voraussetzung sind. Das ist jedoch nicht der Fall. Der rituelle Charakter derartiger „instrumenteller“ Handlungsmuster wie Abschlußprüfungen zeigt sich besonders deutlich dort, wo sie keine objektive Funktion für den Erwerb von Berechtigungen haben, d. h. ernste Prüfungssituationen wie das Abitur nur imitieren.[4]

Als Beispiel für imitierte Prüfungen, d. h. für künstlich in den schulischen Interaktionszusammenhang importierte Rituale, soll der Fall einer Hauptschule dienen, in der zum Schluß des 9. Schuljahres eine „Abschlußprüfung“ institutionalisiert wurde, die keinerlei Konsequenzen für die Zensuren und die Zukunft der Schüler hatte. Diese „Prüfung“ wurde von dem zuständigen Schulrat, dem Schulleiter und einigen Lehrern abgenommen und bestand in ihrem Kern aus Prüfungsunterricht, bei dem nicht nur der Nachweis in früheren Unterrichtsprozessen erworbener Kenntnisse und Fertigkeiten den Schülern abverlangt, sondern auch neues Wissen vermittelt wurde. Die „Prüfung“ bestand nicht nur aus einem Abfragen verdinglichter Einzelleistungen, sondern aus einer symbolischen Darstellung jener instrumentellen Aktivitäten, mit deren Hilfe die Schüler und ihre Lehrer die erwarteten schulischen Leistungen erbringen, d. h. aus ritualisiertem Unterricht. In diesem Ritual haben die instrumentellen Unterrichtsaktivitäten nicht nur die Funktion, Wissen und Fertigkeiten zu überprüfen und hervorzubringen; sie demonstrieren zugleich als gemeinsam vor einem internen Publikum und vor dem Schulrat als Vertreter der Welt außerhalb der Schule inszenierte, daß alle Beteiligten die präskriptive Norm des Leistungsprinzips für die Interpretation ihrer sozialen Identität übernommen haben und daß Erfolg und Prestige ein Resultat der Übernahme dieser Norm sind.

Die gemeinsamen Aktivitäten von Schülern und Lehrern in diesem Ritual leisten zweierlei:

1. Sie dienen — auf der Ebene instrumentellen Handelns — dazu, bestimmte konkrete Aufgaben zu lösen.
2. Sie haben als kulturell definierte Verhaltensmuster expressive Funktionen. Dabei erfolgt die Kommunikation zugleich auf mehreren Ebenen:

Zuschreibung generalisierter Leistungsmotivation

Der „Handel um Identität“, der Szenen des Alltags charakterisiert, beinhaltet zugleich einen Handel um Motivation. In jeder Interaktion schreiben sich die Individuen — bewußt und unbewußt — gegenseitig Motivationen zu, mit deren Hilfe sie das eigene wie das fremde Verhalten in bestimmten Szenen zu verstehen versuchen, wenn der

Sinnzusammenhang der Interaktion nicht mehr selbstverständlich ist. Dies betonen *Gerth* und *Mills*:[5]

„Eingeständnisse und Zuschreibungen von Motiven scheinen in interpersonellen Situationen zu entstehen, in denen Absichten ausgesprochen und ausgeführt werden mit engem Bezug zu den Aussagen und Handlungen anderer in Situationen, in denen eigenes Verhalten oder Intentionen von anderen oder von einem selbst in Frage gestellt werden."

Verhalten wird in Frage gestellt, wenn es nicht den Erwartungen und Normen entspricht, die in einer Szene die Interaktionen bestimmen sollten. Wird Verhalten derart in Frage gestellt, so werden von den Interaktionspartnern Motive eingestanden und zugeschrieben, die das den Erwartungen nicht entsprechende Verhalten verständlich werden lassen.

„Von einem befriedigenden oder hinreichenden Motiv spricht man dann, wenn es diejenigen zufriedenstellt, die irgend eine Handlung oder einen Plan in Frage stellen, gleichgültig, ob der Handelnde sein oder das Verhalten anderer Menschen in Zweifel zieht . . . So betrachtet, sind Motive akzeptable Rechtfertigungen für gegenwärtige, zukünftige oder vergangene Verhaltenspläne."[6]

Motive entfalten ihre Wirksamkeit, indem sie Verhaltensweisen, die den Sinnzusammenhang von Szenen zu zerstören drohen, in diesen Zusammenhang mit Hilfe allgemein akzeptabler Gründe integrieren. Die Wirksamkeit von Motiven ist dabei keineswegs bloß manipulativ. Denn die Integration von Verhalten in einem szenischen Sinnzusammenhang betrifft auch das eigene Selbstverständnis: Ich verstehe mich im Kontext von Szenen schließlich erst dann, wenn ich meine Handlungsmotive verstehe. Diese gehören untrennbar zur eigenen Identität. In sozialen Organisationen wie der Schule, die eng mit gesellschaftlichen und Herrschaftsinteressen verknüpft sind, bleibt der „Handel um Motive" nicht dem Individuum überlassen. Denn die Zuschreibung von Motiven ist eng mit Status- und Machtunterschieden verbunden. So schreiben *Lerth* und *Mills*:[7]

„Die Wahl eines Motivs, das einem Verhaltensmuster zugeschrieben wird, reflektiert die institutionelle Position des Handelnden und derer, die ihm Motive zuschreiben. So ist zum Beispiel das Motivationsvokabular, das privilegierte Gruppen auf das Verhalten der Angehörigen von Minoritätsgruppen anwenden, verschieden von dem für Mitglieder von Gruppen hohen Prestiges . . . So werden durch das Zuschreiben verschiedener Motive zu gleichen Handlungen Statusgrenzen aufrechterhalten."

Wenn zum Beispiel ein Schüler eine Frage des Lehrers nicht beantworten kann, so mag dieser ihm öffentlich das Motiv zuschreiben: X weiß die Antwort nicht, weil er zu faul zum Lernen war, während ein Schüler dem Lehrer ein derartiges Motiv nicht öffentlich zuschreiben kann.

Im szenischen Arrangement der Schule werden die wichtigsten Dimensionen, in denen Motive zugeschrieben und öffentlich eingestanden werden können, institutionell festgelegt. Dabei spiegelt sich die unterschiedliche Macht von Schülern und erwachsenen Repräsentanten des Systems bereits in der Tatsache, daß im szenischen Arrangement der Schule (wie in der Pädagogik) fast ausschließlich die Motive der Schüler öffentlich thematisiert werden, nicht aber die der Erwachsenen.

Eine besonders wichtige Dimension für die Zuschreibung von Motiven ist die der Leistungsmotivation. Sie wird deshalb auch in schulischen Ritualen wie Prüfungen und Klassenarbeiten immer wieder öffentlich zum Ausdruck gebracht und festgelegt. Die Schüler stellen durch ihre (erzwungene) Teilnahme an Prüfungsritualen öffentlich dar, daß sie *prinzipiell bereit* sind, sich in der erwarteten Weise zu verhalten (d. h. bestimmte in der Schule als einen gesellschaftlichen Subsystem verlangte Leistungen zu erbringen) und die normativen Orientierungen (Normen, Werte, Interessen, Motive) besitzen, von denen angenommen wird, daß sie den auf Leistung abzielenden instrumentellen Aktivitäten in der Schule und in der Gesellschaft zu Grunde liegen.[8] Sie demonstrieren im Ritual der Prüfung symbolisch, daß sie als Mitglieder der Schule die ihnen zugeschriebene homogene Motivation, sich am Leistungsprinzip zu orientieren, als ihre eigene akzeptieren. Vom Standpunkt des Systems als ganzen aus betrachtet, können dann individuelle Unterschiede in der Motivation im großen und ganzen vernachlässigt werden: „Man kann im System mit einer homogenisierten Mitgliederschaftsmotivation rechnen.“[9] Die öffentliche symbolische Darstellung einer generalisierten Motivation, den im schulischen Interaktionssystem relevanten Leistungsforderungen zu entsprechen, ist um so wichtiger, als in der Schule Leistungen der Schüler nicht mit unmittelbarer motivierenden Befriedigung der Individuen verbunden sind. Es wird von den Schülern erwartet, daß sie auch dann die erwarteten Leistungen zu erbringen bereit sind, wenn sie den Sinn der Lehrinhalte nicht durchschauen und die Leistungen für sie keine Befriedigung ihrer Bedürfnisse mit sich bringen. Die soziale Identität der Interaktionspartner wird weitgehend unabhängig von ihrer persönlichen konstituiert. Damit entsteht aber für die Leistungsmotivation ein besonderes Problem, das *Niklas Luhmann* folgendermaßen beschrieben hat:[10]

„Es müssen Handlungen erwartet werden, für welche in ihrem (d. h. dem Interaktionspartner — F. W.) unmittelbaren Sinnzusammenhang verständliche persönliche Motive fehlen. Die Motivation muß über entferntere Sinnbezüge und abstrakte Symbole geleitet werden."

Die Motivation der Schüler derart symbolisch zu vermitteln, ist unter anderem eine Funktion der Prüfungsrituale. Denn sie haben, wie *Carl-Ludwig Furck* anmerkt, eine doppelte Bedeutung:[11]

„Zunächst erscheint das Examen als sinnvoller Abschluß des schulischen Bildungsweges des einzelnen, als Dokumentation des erreichten Standes der Kenntnisse und Fertigkeiten, der Reife der Person. Gleichzeitig gibt die Prüfung aber auch gewisse Berechtigungen auf Grund eines bestimmten Leistungsnachweises, der etwa von der Universität oder der Industrie als notwendig erachtet wird."

Ist Leistungsmotivation als generelle Dimension des Selbst- und Fremdverständnisses erst einmal zugeschrieben, so wird das Handeln der Schüler weitgehend erst dann verständlich, wenn es, einmal in Frage gestellt, in dieser Dimension als motiviert angesehen werden kann — etwa mit Kategorien wie fleißig/faul, interessiert/desinteressiert, zielstrebig/unentschlossen etc. . . . Lehnt ein Schüler die Zuschreibung von Motivation in dieser Dimension prinzipiell ab — was immer nur im Einzelfall, nicht aber im institutionellen Reglement möglich ist —, so ist sein Verhalten für die Lehrer schwer oder gar nicht mehr verständlich. Das zeigt das Beispiel einer Lehrerin, die über eine Schülerin klagte: „Was ist bloß mit ihr los!", weil diese Schülerin, die bis zur Versetzung in die Oberprima immer gute Noten in Biologie hatte, mit der Versetzung für den Biologieunterricht zu arbeiten aufhörte mit dem Argument: „Ich darf am Ende des Schuljahres ja nur zwei Noten schlechter bekommen, und eine 4 genügt mir!" Derartige individuell-pragmatische Motivationen fallen aus dem Bedeutungszusammenhang des szenischen Arrangements der Schule heraus und haben deshalb — institutionell betrachtet — keinen Sinn. Zugleich bedrohen sie die Autorität des Lehrers, die ihren Sinn aus dem Zusammenhang des schulischen Interaktionssystems bezieht. In ähnlicher Weise gefährdet etwa die Unaufmerksamkeit von Schülern als Fehlen der generell unterstellten Leistungsmotivation die Stellung des Lehrers in der schulischen Hierarchie. Mit den Worten *Philip Jacksons:*[12]

„The possibility of massive inattention, signalling the loss of the teacher's autority, is frequently reported as a dominant fear among beginning teachers."

Damit ist ein weiterer Aspekt schulischer Rituale deutlich geworden, der bislang vernachlässig wurde, obwohl er auch bei Ritualen wie Aufnahme — und Entlassungsfeiern und Sportfesten eine — wenn auch unterschiedlich große — Rolle spielt. Ich hatte bereits darauf hingewiesen, daß schulische Rituale die soziale Struktur des schulischen Interaktionssystems symbolisch darstellen. Dabei ist die Darstellung institutioneller Solidarität mit der von Differenzen in den Funktionen, Einflußmöglichkeiten und in den Chancen, Herrschaft auszuüben, verbunden. Rituale bringen jedoch, wie sich nun zeigt, keineswegs nur *formale* Strukturprinzipien des Systems zum Ausdruck. Sie stellen vielmehr zugleich die wichtigsten *inhaltlichen* Prinzipien (wie vor allem das Leistungsprinzip) und die generelle Bereitschaft der Mitglieder der Schule, ihnen entsprechend zu handeln, dar. Es wird also im schulischen Ritual nicht nur symbolisiert, welche Strukturen die Interaktionen in der Schule haben, sondern auch, durch welche Inhalte diese Interaktionen prinzipiell bestimmt sind. Das gilt, wie gesagt, auch für einige der im vorigen Kapitel analysierten Rituale: Wenn z. B. auf einer Aufnahmefeier Schüler Gedichte aufsagen, so wird die generelle Leistungsmotivation, die zu den Bedingungen der Mitgliedschaft in der Schule gehört, etwa dadurch symbolisch dargestellt, daß das Gedicht *auswendig* aufgesagt wird und das heißt: *gelernt* wurde.

Anhand eines Zitates von Gerth und Mills habe ich bereits auf den Zusammenhang zwischen Herrschaftsstruktur und Zuschreibung von Motivation hingewiesen. Die generalisierte und symbolische Darstellung von Leistungsmotivation, die die Schülerkarriere von der Aufnahme- bis zur Entlassungsfeier begleitet (dabei spielen, wie noch gezeigt wird, Leistungsrituale des schulischen Alltags, wie z. B. Klassenarbeiten eine wichtige Rolle), erfüllt deshalb auch für die Stabilisierung schulischer Autoritäts- und Herrschaftsverhältnisse eine wichtige Funktion. Dadurch, daß die Schüler von Zeit zu Zeit ihre generelle Bereitschaft, sich um die Verwirklichung der von ihnen verlangten Leistungen zu bemühen, vor einem Publikum (sei es nun intern oder extern) öffentlich zum Ausdruck bringen, wird eine „fest begrenzte Unterwerfungszone“ eingerichtet.[13] Die Lehrer können dann generell unterstellen, daß die Schüler ihre Informationen und Entscheidungen akzeptieren, wenn sie nur — und das braucht dabei nicht mehr im einzelnen nachgewiesen zu werden — in einen Zusammenhang mit der generalisierten Notwendigkeit gebracht werden können, daß doch „in der Schule etwas geleistet werden muß“ — etwa unter Berufung auf den Lehrplan und darauf, daß nun ein bestimmtes Thema „dran“ ist. Die regelmäßige Wiederkehr, vor allem von Leistungsritualen, ist dabei wichtig, weil es in den Interaktionsprozessen des schulischen Alltags durchaus möglich ist, daß Schüler sich anders verhalten, als von ihnen auf Grund ihrer zugeschriebenen sozialen Identität erwartet wird, und weil in diesen Prozessen die generelle Leistungsmotivation nicht permanent *thematisiert,* sondern vorausgesetzt wird. Rituale versammeln deshalb die Interaktionspartner und thematisieren das Motivationsproblem. Ähnlich wie im Kasperl-Theater implizieren die verschiedenen schulischen Rituale die Frage an die Schüler: „Seid ihr alle da?“ und mit der Frage wird zugleich die prinzipiell positive Antwort symbolisch dargestellt. Und alle sind bereit mitzumachen.

Darstellung faktischer Motiviertheit

Mit der Generalisierung der institutionell zugeschriebenen Leistungsmotivation als einer Bedingung der Mitgliedschaft im Interaktionssystem der Schule gewinnt, wie *Niklas Luhmann* hervorgehoben hat, „eine sekundäre Fassung des Motivationsproblems selbständige Bedeutung: die Motivierung zur möglichst guten täglichen Leistung.[14] Die Motivierung der Schüler, die konkreten Inhalte zu lernen, die zu lernen die Lehrer von ihnen erwarten, wird zu einem pädagogischen Problem und die Schule zu einem „Ort zur Motivierung für Lernen“.[15] So lautet z. B. für *Heinz Heckhausen* die erste der „mancherlei Forderungen“, die sich an ein Schulsystem stellen lassen:[16]

„Der einzelne Schüler sollte möglichst intrinsisch zum Lernen motiviert werden und die Schule mit einer verstärkten intrinsischen Lernmotivation verlassen.“

Heckhausen stellt den Zusammenhang zwischen dieser Forderung und Interaktionsproblemen des schulischen Alltags ausdrücklich her, wenn er betont:[17]

„Eines der wichtigsten Phänomene der Lernmotivation ist z. B. der Grad der Aufmerksamkeit, mit welchem der Schüler überhaupt dem Unterrichtsgeschehen im Klassenzimmer folgt.“

Während die Generalisierung der Leistungsmotivation als einer formalen Bedingung der Mitgliedschaft das schulische Interaktionssystem als ganzes in seinem Bestand von den individuellen Motiven der Individuen relativ unabhängig macht und die Schule damit eine relative Autonomie gegenüber ihrer Umwelt gewinnt, kehrt das Motivationsproblem und damit die Abhängigkeit der Schule von ihrer gesellschaftlichen Umwelt auf der Ebene faktischen Verhaltens innerhalb des Systems wieder. So wird es z. B. zum Problem, ob denn „in einer Gesellschaft, die die Bedürfnisse der Menschen nach der ‚Logik des Profits‘ in ganz bestimmter Richtung manipuliert und deren vorherrschende Form der Belohnung die konsumtive Belohnung ist, überhaupt ein Lernfeld organisierbar (ist), in dem autonome (d. h.

hier: intrinsisch stimulierte) Lernbedürfnisse das Hauptmovens der Lernaktivität sind."[18]

Schulische Rituale, in denen konkrete Leistungen von Schülern dargestellt werden, wie z. B. Abschlußprüfungen, haben auch im Hinblick auf diese Folgeprobleme einer Generalisierung von Leistungsmotivation als Mitgliedschaftsbedingung eine Funktion: Die Interaktionspartner teilen dem Publikaum (zu dem sie im vorliegenden Fall selbst zählen) mit, daß sie die im schulischen Interaktionssystem von ihnen erwarteten Leistungen *de facto* erbringen bzw. erbringen können. Wenn einzelne — vor allem innerschulische — Leistungsrituale diese Funktion im konkreten Fall nicht erfüllen, so wird ihnen (allerdings ebenfalls nur für den konkreten Fall) ihre symbolische Bedeutung abgesprochen. Deshalb werden z. B. Klassenarbeiten oft nicht auf die Jahresnote angerechnet, in denen die Mehrzahl der Schüler kein ausreichendes Ergebnis erzielt hat.

Denkt man an die doppelte kommunikative Funktion von Ritualen[19], so wird auch verständlich, warum sich Rituale der Leistungsprüfung am Übergang von der Schule zur „Arbeitswelt" befinden. In dem Augenblick der persönlichen Entwicklung der Schüler, in dem sich die gesellschaftliche Relevanz ihrer bisherigen sozialen Identität erweisen muß und damit die Frage aufgeworfen wird, ob sich denn die Opfer an persönlicher Befriedigung und lebensgeschichtlicher Integrität, die für die Konstituierung dieser sozialen Identität gebracht werden mußten, für das Individuum auszahlen, werden die Schüler durch das Ritual noch einmal in dem dargestellten doppelten Sinne an das Grundprinzip der Leistung gebunden. Dieses Grundprinzip, das Schule und „Leistungsgesellschaft" miteinander verbindet, erscheint angesichts der bevorstehenden Entlassung in diese Gesellschaft als Garantie dafür, daß — in der Gesellschaft wie in der Schule — „die arbeitenden Individuen für die individuell verschiedenen, vor oder während der Arbeit aufgebrachten, subjektiven und objektiven Kosten" entschädigt werden und alle Mitglieder der Gesellschaft „gleichen Lohn für gleiche Leistung" erhalten.[20] Indem die Prüfungsrituale am Abschluß der Schulzeit die kollektive und institutionelle Relevanz des Leistungsprinzips und der in ihm implizierten Prinzipien der Entschädigung und der Äquivalenz[21] öffentlich demonstrieren, geben sie den Individuen die Chance, ihre im schulischen Interaktionsprozeß konstituierte soziale Identität als eine insgesamt sinnvolle in ihre Lebensgeschichte zu integrieren. Das gilt auch dann noch, wenn einzelne Schüler unter dem Druck der Anforderungen in szenischen Arrangement der Schule versagt haben oder gar zusammengebrochen sind. Auch diejenigen, die im Ritual der Prüfung versagen, beteiligen sich an der öffentlichen Darstellung der Normen und Prinzipien, an denen gemessen sie scheitern. Das heißt: sie lernen sich als Versager zu interpretieren. Denn das Ritual stellt für *alle* Mitglieder des schulischen Interaktionssystems die formellen Bedingungen der Mitgliedschaft dar. Auch schlechte Schüler können ihre soziale Identität als Schüler nicht unabhängig vom Leistungsprinzip mit seinen verschiedenen Aspekten interpretieren. Ihr Versagen wird in letzter Instanz auf individuelle Ursachen zurückgeführt. Denn glaubt man der impliziten Ideologie des Rituals, so braucht derjenige in der Prüfung nichts zu befürchten, der in der Schule fleißig gelernt hat und die von den Lehrern geforderten Leistungen erbringt. Für niemanden sollen nicht auf Leistung bezogene Aspekte der persönlichen Identität, vor allem auch das Geschlecht und die soziale Herkunft, im Interaktionssystem der Schule eine Rolle spielen, so wie in den Organisationen der Arbeit in unserer Gesellschaft der Ideologie des Leistungsprinzips zufolge Beschäftigung und Lohn allein davon abhängen sollen, ob die Arbeitenden maximale Leistungsbereitschaft zeigen, auf die Erfüllung der Arbeitsaufgabe ein Maximum an Energie verwenden und damit die Produktivität zu maximieren helfen.

Ritualismus und symbolische Darstellung von Leistung

Es hat sich bereits an verschiedenen schulischen Ritualen gezeigt, daß bestimmte Handlungen der Interaktionspartner einen instrumentellen und einen kommunikativen Aspekt haben. Das gilt jedoch keineswegs allein für elaborierte und komplexe Rituale, die in der Schule nur von Zeit zu Zeit inszeniert werden. Es gibt im szenischen Arrangement der Schule alltägliche, vorwiegend instrumentell entworfene Handlungen, deren rituelle Komponente auf der Hand liegt. Dazu gehören z. B. das Ritual der Anfertigung und der Zurückgabe von Klassenarbeiten oder das bestimmter mündlicher Prüfungen, z. B. das Abfragen von Vokabeln oder anderem Gelernten. Ein gutes Beispiel sind vor allem die Klassenarbeiten. An ihnen läßt sich demonstrieren, daß auch ritualistisches Handeln im Sinne von Merton, d. h. das unbeirrte Beharren auf der peinlich genauen Einhaltung formalisierter Verfahrensweisen, unabhängig von ihrer instrumentellen „Sinnlosigkeit“ durch ihre enge Verbindung mit instrumentellen Aktivitäten, die auf das Erbringen von Leistung zielen, einen symbolischen Ausdruckswert bekommen kann. Repititive Verfahren dienen zugleich der Darstellung von Werten und Normen.

Anfertigung und Rückgabe von Klassenarbeiten bestehen meist aus einem strukturierten Muster ritualistischer Handlungen. Dazu gehören etwa: das Austeilen der Arbeitshefte oder -zettel durch den Lehrer oder einzelne Schüler vor Beginn der Arbeit, das Leeren der Arbeitsfläche von „überflüssigen" Gegenständen: gelegentlich das Einnehmen bestimmter Plätze durch bestimmte Schüler; das Schweigen während der Anfertigung der Arbeit; das kontrollierende Umhergehen des Lehrers in der Klasse; das Vermeiden jeder nicht vom Lehrer zugelassenen Kommunikation; das Einsammeln der Hefte und ähnliches mehr. Oft besteht auch die Rückgabe einer Arbeit aus ritualistischen Aktivitäten von Schülern und Lehrern. Der Lehrer verliest die Zensuren; die Hefte werden manchmal in der Reihenfolge der Zensuren ausgeteilt; es gibt ritualistische Formen der „Berichtigung"; usw.

Derartige ritualistische Handlungen bilden zusammen ein strukturiertes Ritual, das Schüler und Lehrer gemeinsam vor sich selbst als Publikum inszenieren. An ihm lassen sich dieselben Funktionen und Aspekte nachweisen, wie an den bereits analysierten elaborierten Ritualen.

a) Einige Aktivitäten haben unmittelbar instrumentellen Charakter und sind die subjektive oder objektive Voraussetzung dafür, daß die gewünschten Leistungen der Schüler zustande kommen. Dazu gehören z. B. das Bereitstellen von Arbeitsmaterial, die Arbeit der Schüler selbst oder die „Berichtigung" der Arbeit.[22] Oder die Aktivitäten erleichtern die Arbeit des Lehrers, da ritualistische Handlungsverläufe die Notwendigkeit verringern, daß der Lehrer seine Aufmerksamkeit jedesmal erneut auf sie lenken muß;[23] sie haben für den Lehrer — wie auch für die Schüler — die Funktion, die Komplexität der konkreten Szene, in der sie interagieren, zu reduzieren.[24] Zu derartigen Aktivitäten gehören z. B. die routinisierten Formen des Austeilens der Arbeitsmaterialien, der Aufsicht oder der Rückgabe der Arbeiten.

b) Da das Ritual gemeinsam von den Schülern und dem Lehrer inszeniert wird, ist es in seiner Form Ausdruck institutioneller Solidarität und Differenz. Die Akteure spielen gemeinsam ihre verschiedenen Rollen. Oder mit den Worten von *Philip Olson* und *Carlton Daley*:[25]

„Ritualization makes it appear to people that they can interact „automatically" in an acceptable fashion without the necessity for long and disturbing explanations, and thus that nothing is seperating them."

Das ist die eine Seite; Lehrer bringen sie oft dadurch zum Ausdruck, daß sie etwa sagen: „*Wir* wollen morgen eine Klassenarbeit schreiben." Auf der anderen Seite wird im Ritual die dominierende Rolle des Lehrers und der Unterschied seiner sozialen Position zu der der Schüler mit dargestellt. Der Lehrer hat meist das Monopol über die Arbeitsmittel, wenn z. B. die Arbeitshefte von ihm verwahrt werden. Er beaufsichtigt die Klasse, damit keiner mogelt, der Leistungsnachweis also nicht gestört wird. Das Ritual stellt damit die Herrschaftsstruktur der Schule für alle Beteiligten sichtbar dar. Sie kommt einerseits in einzelnen rituellen Aktivitäten des Lehrers zum Ausdruck, durch die er sein Entscheidungs- und Aufsichtsmonopol ausübt.

Dabei tritt ein Grundprinzip institutioneller Kontrolle deutlich hervor: das der Reduktion von Interaktion auf Einzelkontakte. Die Schüler dürfen im Hinblick auf das von ihnen erwartete Leistungsverhalten nicht mehr miteinander kommunizieren; andernfalls „mogeln" sie. Ist während der Anfertigung der Arbeit der Kontakt eines Schülers mit dem Lehrer notwendig, so bleibt er auf die isolierte Kontaktaufnahme beschränkt (der Lehrer geht entweder an den Platz des Schülers oder der einzelne Schüler sucht den Lehrer persönlich auf). Meist werden für die Klassenarbeiten eine Reihe von Reglements eingeführt, die dem Lehrer eine Kontrolle der sozialen Kontakte ermöglichen und „mogeln" verhindern sollen. (Bei Abschlußprüfungen wie dem Abitur sind derartige Reglements sehr verschärft und durch Verwaltungsentscheidungen fixiert.)[26]

Damit wird auch bei Klassenarbeiten eine zentrale Funktion von schulischen Leistungsritualen deutlich, auf die ich schon bei Abschlußprüfungen hingewiesen habe:

c) Das Arrangement ritualisierter Klassenarbeiten macht wie das von Abschlußprüfungen allen Interaktionspartnern deutlich, daß es sich bei ihnen um zentrale Aktivitäten in der Schule handelt, auch dann, wenn sie in der offiziellen pädagogischen Ideologie eine untergeordnete Bedeutung haben. Das in pädagogischer Sicht Nebensächliche oder sogar Fragwürdige kann soziologisch gesehen eine wichtige Funktion haben. Die verschiedenen Elemente derartiger Leistungsrituale — wie z. B. das Beseitigen von Hilfsmitteln und die künstliche Isolierung der Schüler voneinander — signalisieren den Beteiligten, „daß es nun ernst wird". Es wird von den Schülern erwartet, daß sie „reine" Leistung erbringen; die Darstellung ihrer sozialen Identität in Situationen, die Bedürfnisse, die Ausdruck ihrer persönlichen Identität sind, im großen und ganzen unberührt bleiben. Die besondere Bedeutung dieser Rituale für die Definition der Situation, in der die Interaktionspartner in der Schule einander begegnen und auf deren Hintergrund sie ihre soziale Identität interpretieren müssen, zeigt sich z. B. auch daran, daß die Anzahl der Klassenarbeiten durch einen Verwaltungsakt vorgeschrieben und deshalb einklagbar ist.

Symbolische Vermittlung von Schule und Gesellschaft

Die Leistungsrituale haben, wie auch das administrative Reglement zeigt, eine zentrale Bedeutung im Interaktionssystem der Schule, weil sie, wie bereits bei den Abschlußprüfungen gezeigt wurde, den Zusammenhang zwischen dem System als ganzen und der Gesellschaft auf der Basis des Leistungsprinzips symbolisch darstellen. Dieser Zusammenhang besteht dabei auf mehreren Ebenen: (a) auf der Ebene einer generalisierten Leistungsbereitschaft[27], (b) auf der Ebene der faktischen Motiviertheit zu konkreten Leistungen; (c) auf der Ebene von Verhaltensweisen, die Korrelate von Leistungsverhalten sind, wie z. B. Ordnung und Gewissenhaftigkeit. Auf allen drei Ebenen haben Leistungsrituale Symbolcharakter. Sie geben einen generellen, durch das Leistungsprinzip definierten Bedeutungsrahmen für die Interpretation der sozialen Identität der Schüler (aber auch der Lehrer). Individuelle Varianten der Interpretation sind prinzipiell nur innerhalb dieses Rahmens möglich.

Insofern die Leistungsrituale Schule und Gesellschaft symbolisch miteinander verbinden, haben sie die gleiche Funktion wie etwa die — allerdings meist selten — kontrollierenden Besuche eines Schulrats in der Schule. Von derartigen Besuchen in „totalen“ Institutionen schreibt *Erving Goffman*:[28]

„. . . they do seam to serve as a reminder to every one in the establishment that the institution is not completely a world of its own but bears some connexion, bureaucratic and subordinate, to structures in the wider world.“

Die Funktion, den Zusammenhang zwischen Schule und Gesellschaft symbolisch darzustellen, hat z. B. auch die Teilnahme von Vertretern der Gemeinde an Abiturfeiern, wie sie in einigen Schulen üblich ist.

Vom „Innenraum“ des Interaktionssystems der Schule aus betrachtet sind damit Klassenarbeiten ein Symbol des Zwangscharakters der in der Schule zugeschriebenen Identitäten — nicht nur der der Schüler, sondern auch der der Lehrer, wie die Klage eines Lehrers zeigt:[29]

„In einer vernünftigen Schule mit pädagogischer Produktivität und Eigenverantwortung müßte der Lehrer legitimiert sein, dann und wann zu sagen:

‚Nun sind wir so weit — nun schreiben wir eine Übungsarbeit, weil es sich aus dem Unterrichtsablauf ergibt‘. Statt dessen laborieren wir keuchend an der Erfüllung eines von außen vorgeschriebenen Plan-Solls. Weil wir den Unterricht als etwas Mechanisches, Vorausberechenbares ansehen, halten wir es nicht für barbarisch, daß die Zahl der Klassenarbeiten vorgeschrieben wird. Das Verwaltungsgericht erhebt dahinter sein dräuendes Haupt und der Erzieher resigniert und verwandelt sich zum Stundenhalter, der ‚seine Pflicht tut‘ und die vorgeschriebenen Arbeiten schreiben läßt . . .“

Insofern andererseits Leistungsrituale spezifische Normen und Strukturen der Schule zum Ausdruck bringen, stellen sie zugleich die Differenz von Schule und Gesellschaft und damit die Schule als ein relativ autonomes gesellschaftliches Subsystem dar. Bei den Leistungsritualen spielt dabei die Differenz zwischen der Vermittlung des Leistungsprinzips in der Schule und seiner Vermittlung in den Organisationen der Arbeit eine wichtige Rolle. In den Arbeitsorganisationen sind die Ressourcen an Gratifikationen, die die Individualisten für ihre Leistungen erhalten, relativ stark begrenzt; sie hängen von dem Wert ab, in dem sich die von mehreren Individuen erbrachte kollektive Arbeitsleistung ausdrückt. Durch die Berufung auf das Leistungsprinzip soll dabei dem Individuum ein „gerechter“, d. h. seiner individuellen Arbeitsleistung entsprechender Anteil an den zur Verfügung stehenden Gratifikationen zukommen.[30] Die Schule vergibt demgegenüber im Rahmen ihrer Leistungsrituale symbolische Gratifikationen (vor allem Zensuren), deren Vorrat sehr groß ist, da er nur durch die Bedingung eingeschränkt ist, daß Gratifikationen diskriminieren müssen. Die Berufung auf das Leistungsprinzip bedeutet in der Schule deshalb nicht, daß dem Individuum ein seinem Beitrag zur kollektiven Arbeitsleistung entsprechender Anteil an den zur Verfügung stehenden begrenzten Gratifikationen zukommen soll. Wird einmal von mehreren Schülern eine Arbeit kollektiv angefertigt (etwa eine Jahresarbeit), so erhalten die Schüler — wenn überhaupt Zensuren vergeben werden — einheitlich eine Zensur. Die Leistungen von Schülern werden an unabhängig von der kollektiven Arbeitsleistung definierten kulturellen Standards gemessen.

Obgleich der Schule tendenziell unerschöpfliche Ressourcen symbolischer Gratifikationen zur Verfügung stehen, die nicht anteilig verteilt zu werden brauchen, und schulische Leistungen deshalb an absoluten, d. h. von Wertzuwachs durch gemeinsame Arbeit unabhängigen Normen gemessen werden, werden zugleich externe Verteilungsmodelle in das schulische Interaktionssystem übernommen. Häufig wird Lehrern empfohlen, sie sollten in jedem Fall die Zensuren entsprechend der Gauss’schen Normalverteilung vergeben.

So heißt es z. B. in einem „Handbuch für Lehrer“:[31]

„Der Lehrer sollte auch auf Selbstkontrolle nicht verzichten. Er sollte seine Notengebung immer wieder kritisch betrachten und sich fragen, wo seine Durchschnittsnoten liegen, wie die Streuung ist und ob im ganzen eine Annäherung an die Gauß'sche Kurve vorhanden ist.“

Gewiß hat ein solches Verfahren zunächst die Funktion, die subjektive Sicherheit der Lehrer bei der Zensierung von Schülerleistungen zu erhöhen und ihnen und den Schülern das Gefühl zu vermitteln, „gerecht“ zu beurteilen bzw. beurteilt zu werden.[32] Eine zweite Funktion ist im Hinblick auf den Zusammenhang von Schule und Gesellschaft von besonderer Bedeutung: Mit Hilfe des Modells der Normalverteilung werden die symbolischen Gratifikationen, die im Interaktionssystem der Schule für Leistung vergeben werden, behandelt, als wären die Ressourcen begrenzt, als käme es daruf an, jedem Schüler einen seinen Leistungen entsprechenden Anteil an einer begrenzten Menge Gratifikationen zukommen zu lassen — wie im Bereich der Arbeitsorganisationen der einzelne gemäß der Ideologie des Leistungsprinzips einen seiner Leistung entsprechenden Anteil am Sozialprodukt erhalten soll. Dabei unterscheidet sich das Verteilungsmodell der Schule von dem der Arbeitsorganisationen zwar der Form nach[33], wichtig ist jedoch die symbolische Darstellung einer zentralen Prämisse für die Verteilung des Sozialproduktes in schulischen Leistungsritualen: daß die Ressourcen für Gratifikationen prinzipiell begrenzt seien. Damit wird in den Ritualen zugleich der selektive Charakter schulischer Interaktionsprozesse, durch den Schule und Gesellschaft miteinander verknüpft sind, mit dargestellt: die schulinternen Verteilungsprozesse für symbolische Gratifikationen legen den Anteil, den der einzelne Schüler später außerhalb der Schule am Sozialprodukt erhält, in einer wenn auch groben Klassifizierung fest. Denn „Schulleistung“ wird — zumindest tendenziell — als ein legitimes Kriterium für die Zuteilung beruflicher, ökonomischer und sozialer Chancen allgemein akzeptiert. Erst auf der Basis der zweiten Funktion des in die Schule übernommenen Verteilungsmodells, d. h. auf der Basis der Fiktion der Knappheit symbolischer Gratifikationen, kann die Gauss'sche Normalverteilung von Zensuren den Individuen in der Schule den Eindruck vermitteln, sie würden „gerecht“ behandelt.

Die Leistungsrituale in der Schule leben wie das von ihnen repräsentierte szenische Arrangement als ganzes von der gleichzeitigen Übereinstimmung und der Differenz zwischen dem Leistungsprinzip in der Schule und dem Leistungsprinzip in der Gesellschaft. Auf Grund dieses Doppelaspektes erst können sie ihre Funktion als institutionalisierte Interpretationsmuster sozialer Identität in der Schule erfüllen: die Übereinstimmung gibt dem Unterrichten und Lernen in der Schule einen Sinn, indem sie die schulischen Aktivitäten auf ein allgemeines Prinzip jenseits der aktuellen Situation bezieht; die Differenz garantiert, daß dieser Sinn die Interpretation der sozialen Identität nicht so weit determiniert, daß für die Lösung interner Probleme im Interaktionssystem der Schule kein Spielraum mehr vorhanden ist. Zum Beispiel geben erst beide Aspekte zusammen dem Lehrer die Möglichkeit, einerseits relativ variabel festzulegen, was die Schüler konkret lernen und wie sie dabei verfahren sollen, und zugleich darauf hinweisen zu können, daß die Arbeit für die Konstituierung ihrer zukünftigen sozialen Identität von Nutzen sein wird.[34] Andererseits jedoch bietet gerade dieser Doppelaspekt, wie sich im nächsten Abschnitt zeigen wird, den Schülern eine objektive Chance, sich von der ihnen durch die schulischen Rituale angetragenen Interpretation ihrer sozialen Identität zu distanzieren. *Robert Thorndike* kann deshalb mit Recht darauf aufmerksam machen, daß die verdinglichten Vehikel dieser symbolischen Vermittlung von Schule und Gesellschaft in den schulischen Interaktionsszenen, die Noten, untrennbar mit den Interaktionen im gesamten szenischen Arrangement verknüpft sind:[35]

„One who would reform the marking system of an educational institution needs first to acquire a profound understanding of the culture of that institution. He must become aware of the manifold ways in which marks affect the life of the institution. He must identify the range of actions that are taken and decisions that are made in which marks have a role play, either by law ar by custom . . . One needs to see the marking system as an element in a larger system, and to see any change in the marking system in terms of its impact upon the equilibrium of the total institutional culture in which it is embedded."

Indem die symbolische Vermittlung von Schule und Gesellschaft im szenischen Arrangement immer wieder mit Hilfe abstrakter und verdinglichter Vehikel wie der Noten (oder neuerdings: der Testpunktwerte), die in den Leistungsritualen distribuiert werden, hergestellt wird, werden für alle Beteiligten Vergangenheit, Gegenwart und Zukunft auf der Basis eines — gemessen an den konkreten Bedürfnissen der Individuen — abstrakten allgemeinen Leistungsprinzips verbunden, dem schon frühere Schülergenerationen und die Erwachsenen außerhalb der Schule ihren Erfolg (oder Mißerfolg) verdankt haben sollen. Rituale besitzen, wie *Hugh D. Duncan* in einem anderen Zusammenhang angemerkt hat, eine zeitliche Dimension: „A fully developed rite has both a past and a future."[36] Die Funktion, die schulische Leistungsrituale im szenischen Arrangement der Schule haben, zeigt aber, daß das Modell von Interaktion, das den Ritualen zugrunde liegt und das sie symbolisch repräsentieren, das der „ewigen Wiederkehr“ ist. Zyklisch wiederkehrende Leistungsrituale und kontinuierliche Akkumulation von Leistung erscheinen als identisch.[37] Diesen Sachverhalt trifft *Ivan Illich* mit der paradoxen Formel von der Schule als einem „Ritual des Fortschritts“.[38] Illich schreibt: „Wenn die Schule nichts weiter vermittelt, so lehrt sie doch den Wert der Eskalation: den Wert des american way, Dinge zu tun“.[39] Der Hinweis auf den „Mythos des sich perpetuierenden Fortschritts“, eines Fortschritts, der „in Schülerstunden gezählt“ wird[40], macht bereits auf einen weiteren Aspekt der typischen, rituellen Szenen und ihres Zusammenhangs im szenischen Arrangement der Schule aufmerksam: auf die zeitliche Organisation zu Karrieremustern. Bevor dieser Aspekt ausführlich erörtert wird, sollen aber die im letzten Abschnitt vorgetragenen Überlegungen in einer weiteren These zusammengefaßt werden:

> Leistungsrituale wie Klassenarbeiten oder Prüfungen heben folgende Merkmale des szenischen Arrangements der Schule, die auch den Verlauf der täglichen Interaktionsprozesse entscheidend bestimmen, hervor: 1. Den Schülern wird eine generalisierte Leistungsmotivation zugeschrieben. Dadurch wird die Dimension von Sinn institutionell definiert, in der die Schüler mit den erwachsenen Interaktionspartnern in der Schule kommunizieren und interagieren müssen, wenn ihr Handeln als sinnvoll akzeptiert werden soll. 2. Das szenische Arrangement erscheint als eines, in dem eine faktische Motivierung zu den in der Schule erwarteten Leistungen auch möglich ist und zum Erfolg führt. Die Frage nach dem Preis, den die Individuen dafür zahlen, wird öffentlich nicht gestellt. 3. Auch ritualistische Handlungen im Sinne Mertons werden in den symbolisch dargestellten Bedeutungszusammenhang integriert und haben deshalb im schulischen Alltag einen öffentlich akzeptablen Sinn. 4. Gesellschaftliches Leistungsprinzip und schulisches Leistungsprinzip werden durch abstrakte symbolische Gratifikationen miteinander verknüpft, so daß die schulischen Aktivitäten eine über die Schule hinausreichende Bedeutung haben. Auf sie können sich die erwachsenen Repräsentanten der Schule stets berufen, wenn sie den Verlauf der Interaktionsprozesse bestimmen.

1) Vgl. den Versuch von W. Schulz (in: Die Deutsche Schule, 61, 1969, S. 61 ff.), eine „didaktische Theorie der Schule" zu entwerfen. Ein anderes Beispiel liefert K.-H. Flechsig, Die technologische Wendung in der Didaktik, Konstanz 1969.
2) C.-L. Furck, Das pädagogische Problem der Leistung in der Schule, Weinheim 1961.
3) Zur Bedeutung von Wendepunkten für die Suche nach Identität vgl. A. Strauss, Spiegel und Masken. Die Suche nach Identität, Frankfurt/M. 1968.
4) Der simulierte Charakter derartiger Rituale impliziert allerdings, daß sie die soziale Identität der beteiligten Schüler weniger stark definieren als Prüfungen, die reale Konsequenzen für die Zukunft haben. Diese werfen ernste Probleme für die Identitätsbalance auf. Künstlich arrangierte Rituale erleichtern den Beteiligten dagegen die Distanzierung vom Ritual selbst.
5) H. Gerth, C. W. Mills, Person und Gesellschaft. Die Psychologie sozialer Institutionen, Frankfurt/M. und Bonn 1970.
6) H. Gerth, C. W. Mills, a.a.O., S. 105.
7) H. Gerth, C. W. Mills, a.a.O., S. 108.
8) Ich verzichte an dieser Stelle darauf, auf die Demonstration institutioneller Solidarität und Differenz hinzuweisen, die in diesem Ritual impliziert ist.
9) N. Luhmann, Funktionen und Folgen formaler Organisation, Berlin 1964, S. 42.
10) N. Luhmann, a.a.O., S. 91.
11) C.-L. Furck, a.a.O., S. 13.
12) Ph. W. Jackson, Life in classrooms, New York u. a. 1968, S. 102.
13) N. Luhmann, a.a.O., S. 96, Anm. 13.
14) N. Luhmann, a.a.O., S. 104.
15) H. Roth, Schule als optimale Organisation von Lernprozessen, in: Die Deutsche Schule, 61, 1969, S. 531.
16) H. Heckhausen, Förderung der Lernmotivierung und der intellektuellen Tüchtigkeiten, in: H. Roth (Hrsg.), Begabung und Lernen, Stuttgart 1968, S. 210.
17) H. Heckhausen, a.a.O., S. 194.
18) F. Nyssen, Lernmöglichkeiten im Neokapitalismus, in: Die Deutsche Schule, 62, 1970, S. 169.
19) Gerade auf diesen kommunikativen Aspekt des Verhaltens zielt der Begriff des Rituals.
20) C. Offe, Leistungsprinzip und industrielle Arbeit, Frankfurt/M. 1970, S. 46.
21) Offe spricht etwas uneinheitlich von „Entschädigungsfunktion" und „Äquivalenzprinzip".
22) Natürlich können diese Aktivitäten unter dem instrumentellen Aspekt methodisch oder didaktisch sinnvoll sein oder nicht. Ob sie das Er-

bringen der geforderten Leistungen tatsächlich fördern oder nicht, ist jedoch für ihre Ausdrucksform zunächst ohne Bedeutung.

23) Vgl. Ph. Olson, C. Daley, The education of the „individual", in: Ph. Olson (Hrsg.), America as a Mass Society, New York 1963, S. 428. — Zu der Gruppe derartiger ritualisierter Handlungen gehören auch Verhaltensweisen, die die Lehrer in anderen Unterrichtssituationen zeigt: etwa die Formel „wir brauchen Kreide" (und läuft ein Schüler, um Kreide zu holen) oder ein stummer Blick (und schon verstummen die Schwätzer).

24) Vgl. zum Problem der Reduktion von Komplexität N. Luhmann, Vertrauen. Ein Mechanismus der Reduktion von Komplexität, Stuttgart 1968. — Vgl. auch die für Gehlens Anthropologie zentrale Kategorie der Entlastung.

25) Ph. Olson, C. Daley, a.a.O., S. 427.

26) So heißt es z. B. in den „Bestimmungen über die Reifeprüfungen an den Gymnasien der Freien und Hansestadt Hamburg" (veröfftl. im Mitteilungsblatt der Schulbehörde der Freien und Hansestadt Hamburg, 14. Jg., Nr. 4, S. 41 ff.):

„5.2. Schriftliche Prüfung

5.21 Die schriftlichen Arbeiten werden geschrieben unter ständiger Aufsicht von Lehrern, die der Schulleiter bestimmt.

5.22 Die Arbeitszeit darf nicht durch eine gemeinsame Pause unterbrochen werden.

5.23 . . . Wer die Arbeit vorzeitig abgibt, muß das Schulgrundstück verlassen.

5.24 Es dürfen nur Hilfen gegeben und Hilfsmittel benutzt werden, die mit dem Vorschlag von dem zuständigen Schulaufsichtsbeamten genehmigt worden sind . . .

5.25 Für die Arbeiten, einschließlich der Entwürfe und Notizen, darf nur von der Schule geliefertes und gestempeltes Papier verwendet werden. — Bei Abgabe der Arbeiten sind alle ausgegebenen Bogen zurückzugeben.

5.26 Zu Beginn der schriftlichen Prüfung sind die Prüflinge auf die Folgen einer Pflichtwidrigkeit hinzuweisen . . ."

27) T. Parsons und N. J. Smelser sprechen von einer „generalized performance capacity" (Economy and Society, New York 1965, S. 119 ff.).

28) E. Goffman, Asylums. Essays on the social situation of mental Patients and other inmates, Harmondsworth 1968, S. 98.

29) H. Rumpf, Die administrative Verstörung der Schule, Essen 1966, S. 32 f.

30) Vgl. C. Offe, a.a.O., passim.

31) W. Horney u. a., Handbuch für Lehrer, Bd. 1, Die Praxis im Lehramt, Gütersloh 1960, S. 163.

32) Ich verzichte an dieser Stelle darauf, die Problematik einer solchen „Objektivierung" der Zensierung von Leistungen zu diskutieren. Vgl. dazu: A. Flitner, Das Schulzeugnis im Lichte neuerer Untersuchungen,

in: Ztschr. f. Päd. 12, 1966, S. 512 ff.; K. Ingenkamp, Möglichkeiten und Grenzen des Lehrerurteils und der Schultests, in: H. Roth, Begabung und Lernen, a.a.O., S. 411.

33) Einkommen werden nicht nach der Gausschen Normalverteilung verteilt.

34) Dieser Doppelaspekt spiegelt sich in den Lehrplänen wider, in denen die Inhalte möglichst instrumentellen Verhaltens in der Schule kodifiziert sind.

35) R. L. Thorndike, Marks and marking systems, in: Encyclopedia of Educational Research, hrsg. von R. L. Ebel, 4. Aufl., London 1969, S. 765 f.

36) H. D. Duncan, Symbols in Society, New York 1968, S. 124.

37) Vgl. H. D. Duncan, a.a.O., S. 189.

38) I. Illich, Schule — Ritual des Fortschritts, in: betrifft: erziehung, 4, 1971, Heft 3/4.

39) I. Illich, a.a.O., S. 22.

40) I. Illich, a.a.O., S. 22.

Krise des Lohnanreizes

Burkhart Lutz

Zu Ausgang des 19. und Beginn des 20. Jahrhunderts erwies sich variable, vom Arbeitsergebnis abhängige Entlohnung als ein Mittel der Leistungspolitik, das in besonderer Weise den Anforderungen gerecht wurde, welche der technisch-organisatorische Entwicklungsstand der Produktionsmittel wie die sozialen Existenzbedingungen und Kräfteverhältnisse an die Betriebsführung stellten. Leistungsentlohnung versprach den Betrieben, die sich ihrer zu bedienen beabsichtigten, eine bislang unbekannte, fast automatische Effizienz in der Beeinflussung des Arbeitsverhaltens und darüber hinaus eine Fülle von ordnenden, weit über den Bereich der menschlichen Arbeit und ihrer Organisation hinausreichenden Nebenwirkungen. Zugleich machten sich ihre Protagonisten anheischig, dem betrieblichen Herrschaftssystem eine neue Legitimationsbasis zu liefern, die besser als das traditionelle Recht des Stärkeren oder die Berufung auf das geheiligte Privateigentum vor der fast übermächtigen Bewegung der zunächst politischen, mehr und mehr aber auch wirtschaftlichen und sozialen Demokratisierung zu bestehen vermochte.

Entsprang die Leistungsentlohnung in ihrer heutigen Form somit einem doppelten Bedürfnis des Industriebetriebes, so sind ihrem Einsatz in der Mitte des 20. Jahrhunderts auch zugleich technisch-organisatorische und gesellschaftliche Grenzen gezogen.

1. Der Zentralbegriff der Leistungsgerechtigkeit und seine technischen Voraussetzungen

Die zeitgenössische Akkordlehre kennt einen Begriff, der sehr genau diese doppelte Abhängigkeit des Lohnanreizes von technischen Bedingungen und gesellschaftlichen Faktoren charakterisiert. Es ist dies der Begriff der „Leistungsgerechtigkeit".

„Leistungsgerechtigkeit" bedeutet einmal, daß bei der Festsetzung von Leistungsnormen und der Ermittlung der menschlichen Leistung bestimmte Prinzipien berücksichtigt und bestimmte qualifizierte Verfahren benutzt werden.

„Leistungsgerechtigkeit" bezweckt weiterhin die Legitimierung des Lohnanreizes gegenüber den als berechtigt anerkannten oder ihrer Intensität wegen nicht zu übersehenden Forderungen und Ansprüchen der Arbeiter.

„Leistungsgerechtigkeit" hat endlich — dies ist ein Kernsatz der augenblicklich herrschenden Theorie der Lohnbildung im Betrieb — in Konsequenz ihrer technischen und ihrer innerbetrieblichen sozialen Qualitäten zur Folge, daß die Leistungsentlohnung auch von den überbetrieblich konstituierten oder wirkenden sozialen und wirtschaftlichen Faktoren unabhängig ist, oder, genauer gesagt, gegen sie abgeschirmt werden kann. Die Leistungsnorm, die für eine bestimmte Arbeit gesetzt wird, und das Ausmaß, in dem der Verdienst des Arbeiters dank einer gegebenen Arbeitsintensität über dem jenseits des einzelnen Betriebes in formalen Absprachen der Tarifparteien fixierten oder aus der Mechanik des Arbeitsmarktes resultierenden Mindestlohnniveau liegt — sie bleiben im Prinzip unverändert, wenn auf Vollbeschäftigung Massenarbeitslosigkeit folgt oder umgekehrt, wenn die Gewerkschaften an Macht und Einfluß gewinnen oder verlieren, wenn das allgemeine Lohnniveau sinkt, stagniert oder steigt.

In der betrieblichen Praxis läßt sich der Grad, in dem den Bedingungen der Leistungsgerechtigkeit genügt wird, an drei Kriterien messen: daran, daß bei gleicher Leistungsintensität des Arbeiters sein Verdienst weder fällt noch steigt (sofern Tariflöhne oder Arbeitsmarktlöhne unverändert bleiben); daran, daß verschiedene Arbeiter oder Arbeitergruppen bei gleicher Leistungsintensität gleiche Verdienste haben oder trotz differierender Leistung nicht das gleiche verdienen (vorausgesetzt, daß der als Ausgangspunkt der Akkordberechnung dienende Grundlohn jeweils der gleiche ist); daran endlich, daß nach einer Veränderung in den technischen oder organisatorischen Arbeits- und Produktionsbedingungen die neue Arbeitsaufgabe bei gleicher Intensität der menschlichen Leistung weder höhere noch niedrigere Verdienste gestattet als die alte, die sie ersetzte.

Den Verfahren, welche die Leistungsgerechtigkeit von Leistungsnormen und Lohnanreizen garantieren sollen und insbesondere in den entwickelten Zeitstudiensystemen kodifiziert sind, liegt jedoch, wie sich bei eingehenderer Betrachtung rasch zeigt, ein Modell der industriellen Arbeit zugrunde, das keineswegs historische Allgemeingültigkeit beanspruchen kann. In einer globalen Perspektive der Entwicklung von Produktionstechnik und Industriearbeit stellen die Situationen, in denen dieses Modell ohne unüberwindliche Schwierigkeiten

anwendbar ist, lediglich ein Zwischen- oder Übergangsstadium dar:
Sie setzen einmal ein Mindestmaß an Arbeitsteilung und Rationalisierung, das heißt Wiederholung genau abgrenzbarer und immer wieder gleicher Arbeitsvorgänge, voraus; insofern entziehen sich fast alle Formen vorindustrieller und die meisten Frühformen industrieller Arbeit den bekannten wie den denkbaren Techniken systematischer Leistungsermittlung und Leistungsnormalisierung (wenngleich sie vielfach zur Entstehung traditioneller Leistungsnormen und Gerechtigkeitsvorstellungen Anlaß gegeben hatten, die zu ihrer Zeit gewisse Möglichkeiten der „Leistungsgerechtigkeit“ nicht ausschlossen, jedoch in dem Augenblick wirkungslos wurden, in dem die betreffenden Berufe von der Dynamik der technischen Entwicklung erfaßt wurden).
Die Hochformen der Mechanisierung drängen auf der anderen Seite den Menschen so sehr auf die Vorbereitung, Überwachung und Kontrolle des Produktionsprozesses zurück und entlasten ihn so sehr von allen gleichförmigen, immer wiederkehrenden Verrichtungen, daß der arbeitswissenschaftliche Begriff der „Leistung“ überhaupt unbrauchbar wird, der ja davon ausgeht, daß nicht nur in ihrem letzten Ergebnis, sondern auch in ihrem Vollzug ohne übermäßigen Aufwand beobachtbare und meßbare Verrichtungen den Kern der Arbeit ausmachen.
Vom Standardfall arbeitsteiliger teilmechanisierter Serienfertigung abweichende Produktionsweisen und Arbeitsformen lassen den Einsatz von Lohnanreizen nicht an sich unmöglich oder sinnlos werden. Sie schließen nur eine ganz bestimmte Form von Leistungsentlohnung aus, deren Kennzeichen wir mit den Begriffen der globalen und spezifischen Leistungsmeßgröße zu definieren suchten: Leistungsmeßgrößen, deren Variationen nur von den Schwankungen der menschlichen Leistung abhängig sind und die Leistungsziele setzen, welche tendenziell die Gesamtheit des menschlichen Beitrags zum Produktionsergebnis umschließen. Alle anderen Formen des Lohnanreizes, die entweder mit globalen, unspezifischen oder zwar spezifischen, aber partiellen Leistungsmeßgrößen und Leistungszielen arbeiten, unterscheiden sich von jenem klassischen Idealfall des Akkordes durch ihre weit größere Empfindlichkeit gegenüber der Gunst oder Ungunst sozialer und wirtschaftlicher Bedingungen, die überwiegend der direkten und wohl auch indirekten Beeinflussung durch Betriebsleitung und Unternehmensführung entzogen sind.
Dies soll keineswegs bedeuten, daß globale, spezifische Lohnanreize, selbst wenn sie den Anspruch der Leistungsgerechtigkeit weitgehend

erfüllen, gänzlich außerhalb der gesellschaftlichen Verhältnisse und Machtbeziehungen und ihrer historischen Entwicklung stünden. Zur Vereinfachung der Darstellung sei jedoch angenommen, daß die Absicht der entwickelten Zeitstudienakkordsysteme — nämlich die Abschirmung des Lohnanreizes gegenüber der Gunst oder Ungunst einer Vielzahl von betrieblichen wie außerbetrieblichen, vielfältigen und in der Optik des Rationalisierungsfachmannes überwiegend unbestimmten, kaum faßbaren Faktoren — bisher gelungen sei. Eine solche Annahme darf nicht als Apologie des entwickelten Zeitstudienwesens verstanden werden, sondern legitimiert sich nur durch das Bemühen, die Problematik des Leistungslohnes und die sie erzeugenden sowohl technischen wie gesellschaftlichen Faktoren im Kontrast zum Idealtypus des „leistungsgerechten" Akkordes besonders deutlich zu machen.
Die gesellschaftlichen Kräfte und Verhältnisse, von denen — machen Produktionsweisen und Arbeitsformen die traditionellen Methoden zur Garantie der Leistungsgerechtigkeit unwirksam — die Einsatzmöglichkeit variabler „leistungs"bezogener Entlohnung abhängt, sind nun ihrerseits zu differenzieren: einmal nach dem sozialen Feld, in dem sie entspringen, zum anderen nach ihren Konsequenzen für die Leistungslohnpolitik der Betriebe.

2. Der Gerechtigkeitsanspruch der Arbeiter und die Chancen seiner Durchsetzung

Die Konzeption „leistungsgerechter" Lohnanreize setzt ausdrücklich voraus, daß in ihrem Sinne richtige Akkorde bei den Arbeitern und ihren Vertretern nicht auf grundlegenden Widerspruch stoßen können; einige Autoren gehen sogar so weit, den proportionalen auf der „Normalleistung" aufbauenden Akkord als sozusagen natürliche Form der gerechten Entlohnung schlechthin zu betrachten, gegen die sich aufzulehnen weder im wohlverstandenen Interesse der Arbeiter liege noch moralisch gerechtfertigt sei.
Die Vorstellung, daß die Arbeiter gegen Lohnanreize zu opponieren weder Anlaß hätten noch berechtigt wären, sofern diese nur den Forderungen der Leistungsgerechtigkeit entsprechen, enthält jedoch eine ganze Reihe unzulässiger Vereinfachungen.
Die Anforderungen, welche die Arbeiter an ein bestimmtes Lohnsystem stellen, die also erfüllt sein müssen, damit dieses das zu seinem Funktionieren erforderliche Minimum an Zustimmung findet, entspringen zwei Quellen, den Interessen der Arbeiter auf der einen, ihren Vorstellungen von dem, was ihnen zusteht, auf der anderen Seite.

Inwieweit das Prinzip variabler, leistungsbezogener Entlohnung den *Interessen der Arbeiter* entspricht oder nicht, hängt von einer Fülle überwiegend außerbetrieblicher, gesamtgesellschaftlicher und gesamtwirtschaftlicher Faktoren ab. Nehmen wir an, daß das Interesse der Arbeiter an Minimisierung ihrer Abeitsmühe in diesem Zusammenhang irrelevant sei, weil der Betrieb in jedem Falle, sei es mit oder ohne Lohnanreiz, die Einhaltung bestimmter Leistungsnormen erzwingen kann und — will er seinen Zweck erfüllen — erzwingen muß. Unter dieser Voraussetzung läßt sich das Interesse der Arbeiter an der jeweiligen Lohnform auf die Alternative zwischen Maximierung eines unsicheren und Stabilisierung eines nicht nur nach unten, sondern eben auch nach oben begrenzten Verdienstes reduzieren. Welche Option den Bedürfnissen der Arbeiter mehr entspricht, ist dann zunächst eine Funktion individueller Gegebenheiten, wie Leistungsfähigkeit, Vorstellung von der eigenen Berufsentwicklung und jeweilige, etwa von den familiären Verhältnissen bedingte Intensität des Einkommensdrucks. Setzt man voraus, daß sich diese individuellen Komponenten in stets ungefähr gleicher Proportion amalgamieren, so variiert das Interesse der Arbeiter an variabler Lohnform oder einer ihrer Alternativen in erster Linie mit den Veränderungen und Entwicklungen in der allgemeinen wirtschaftlichen und gesellschaftlichen Lage der Arbeiterschaft. Unter ganz bestimmten wirtschaftlichen Bedingungen (wie beispielsweise großer Nachholbedarf an langfristigen Konsumgütern) und unter Machtverhältnissen, die andere Wege der Lohnerhöhung versperren, kann leistungsbezogene Entlohnung denjenigen wirtschaftlichen Interessen der Arbeiter, deren Realisierung vernünftigerweise erwartet werden kann, unter allen Lohnformen am besten entsprechen. Auf der anderen Seite können zum Beispiel wenig elastische und/oder langfristige Planung implizierende Konsumgewohnheiten die Verdienstunsicherheit als so gravierend erscheinen lassen, daß eine Stabilisierung des Arbeitseinkommens auch auf einem niedrigeren als dem durch Leistungsentlohnung zu erreichenden Niveau (und bei gleicher Arbeitsmühe) den Interessen der Mehrzahl der Arbeiter am meisten entspricht.

Insoweit dürfte die Entwicklung der vergangenen Jahrzehnte mit ihrer zunehmenden Integration des Arbeiterkonsumenten in eine von bürgerlichen Wirtschaftsgewohnheiten beherrschte Gesellschaft eine langsame, aber unaufhaltsame Verlagerung des Interesses von leistungsbezogenen zu leistungsunabhängigen Lohnformen erzeugt haben.

Nun zeigte sich jedoch bei der Analyse der Arbeiterbefragungen in überraschend klarer Weise, wie sehr Bedürfnisse und Interessen der wirtschaftlichen Lebensgestaltung im Bewußtsein der Arbeiter selbst

— sozusagen bei ihrem Eintritt ins Fabriktor — daraufhin geprüft und gefiltert werden, ob sie sich mit den betrieblichen Gegebenheiten vertragen und ob der Arbeiter *Anspruch auf ihre Erfüllung* erheben darf. Das außerbetrieblich konstituierte Bedürfnis nach Einkommenssicherung und Einkommensstabilität kann sich im Betrieb nur in dem Maße in konkretem Lohnverhalten und in konkreter Lohnpolitik niederschlagen, in dem die Arbeiter selbst der Meinung sind, der vom Lohnanreiz ausgehende Leistungsdruck sei entbehrlich und liege nicht mehr im unbedingten Interesse des Betriebes.

Allerdings muß in diesem Zusammenhang darauf hingewiesen werden, daß der Lohnanreiz am ehesten unter technischen Gegebenheiten als notwendig betrachtet wird, die dem Arbeiter — dank der noch sehr engen, direkten Beziehung zwischen menschlicher Leistung und Produktionsergebnis — auch gewisse Chancen zur Maximierung seines Verdienstes ohne übermäßiges Risiko von größeren Verdienstausfällen bieten. Wenn also die Arbeiter den Lohnanreiz dort akzeptieren, wo sie glauben, der Betrieb könne nicht auf ihn verzichten — und obwohl er ihrem Grundbedürfnis nach Einkommensstabilität widerspricht —, so nicht nur aus übermäßiger Betriebsloyalität, sondern weil auch ihre eigenen Interessen dann noch nicht ganz eindeutig zur Option gegen die unsichere Chance der Verdienstmaximierung drängen.

Diese innere Struktur des Gerechtigkeitsanspruchs der Arbeiter macht nunmehr auch die Heftigkeit deutlich, mit der trotz prinzipieller Akzeptierung des Lohnanreizes (ja vielleicht gerade wegen ihr) gegen die Leistungsungerechtigkeit aller Art gekämpft wurde und wird, die jahrzehntelang in der deutschen Arbeiterbewegung mit dem Sammelbegriff des „Akkordunwesens“ belegt wurde und der das Schlagwort „Akkord ist Mord“ deutlichen Ausdruck gibt (das immer noch nicht ausgestorben ist, trotzdem es manche Leistungslohnfachleute als „alten Hut“ bezeichnen): Akkordpraktiken dieser Art verletzen gleichzeitig die Interessen der Arbeiter, indem sie ihnen die Chance der Verdienstmaximierung durch Leistungsmaximierung nehmen, wie den expliziten oder stillschweigenden Akkordvertrag, nach dem jede Arbeit ihr Geld wert zu sein hat.

Die Geschichte der Leistungsentlohnung und insbesondere die Entstehung der modernen Zeitstudiensysteme läßt sich sehr wohl als Versuch beschreiben, den Widerstand der Arbeiter gegen den Akkord, vor allem aber gegen das Akkordunwesen, zu überwinden, indem man dem Lohnanreiz durch eine differenziertere und in sich kohärentere Konzeption der menschlichen Leistung und der Leistungsadäquatheit von Akkorden und Vorgabezeiten eine breitere und solidere Legitimationsbasis schuf.

Inwieweit dieses Unterfangen gelang, ist hier nicht näher zu untersuchen. Eine Vielzahl von Symptomen, die sich in jüngster Zeit auch dort beobachten lassen, wo an sich die Setzung einigermaßen spezifischer und wohl auch überwiegend noch globaler Leistungsnormen möglich ist, erlauben den Schluß, daß die Wandlungen in den wirtschaftlichen Interessen und Bedürfnissen der Arbeiter, die sich unter der Wirkung gesamtgesellschaftlicher Faktoren vollziehen, auch unter optimalen technischen Bedingungen der Verwendung von Lohnanreizen engere Grenzen ziehen können, als man bislang glaubte. Dies gilt wohl insbesondere dort, wo zwar der spezifische Charakter der Lohnanreize (also die Fähigkeit der benutzten Meßgrößen, die menschliche Leistung ausreichend genau widerzuspiegeln) noch kaum in Zweifel gezogen werden kann, ihr globaler Charakter jedoch fragwürdig wird, und — nicht zuletzt im Zusammenhang hiermit — die Arbeiter sich Rechenschaft darüber abzulegen beginnen, wie sehr ja ein optimales Ergebnis des Betriebes auch von ihrer eigenen, nicht nur durch Lohnanreize zu erzwingenden Loyalität und „Leistungsbereitschaft" abhängt.

In jedem Fall engen Veränderungen im Gerechtigkeitsanspruch der Arbeiter unter allen anderen technischen Bedingungen als denen teilmechanisierter, arbeitsteiliger Serienproduktion im klassischen Sinne den Manövrierspielraum, über den die Leistungs- und Leistungslohnpolitik eines Betriebes verfügt, noch weit stärker ein.

Das Ausmaß, in dem die Politik des Betriebes unter diesen technischen Bedingungen auf den Gerechtigkeitsanspruch der Arbeiter Rücksicht nehmen muß, hängt allerdings nicht nur von dessen Struktur, sondern darüber hinaus von den Durchsetzungschancen ab, mit denen er rechnen kann.

Die *Durchsetzungschancen des Gerechtigkeitsanspruchs* der Arbeiter haben sich in den vergangenen Jahrzehnten tendenziell fast stetig verbessert. Unter den sie bedingenden Tatsachen seien hier vor allem zwei genannt: die in ihren verschiedenen Aspekten vor allem von den angelsächsischen Labour Economics beschriebene, gesamtwirtschaftlich und gesamtgesellschaftlich fundierte „Verhandlungsposition" der Arbeiter und die Rolle des Arbeiters innerhalb des technischen Produktionssystems.

Daß sich die überbetriebliche Verhandlungsstärke der Arbeiter seit dem Beginn der Leistungsentlohnung im heutigen Sinne grundlegend gewandelt hat, sei hier nur angemerkt: Die Erstarkung der Arbeiterbewegung, die Verbesserungen von Sozial- und Arbeitsrecht, endlich die Überschreitung der Vollbeschäftigungsmarge für alle Arbeitnehmer oder wenigstens für bestimmte wichtige Arbeitnehmergruppen und Berufe zwingen heute die Betriebsführung, weit mehr auf die Wünsche und Forderungen der Arbeiter einzugehen, als dies je zuvor in der Geschichte der Industrialisierung der Fall war.

Zugleich hat sich auch die Rolle des Menschen im Produktionsprozeß verändert, und zwar in Konsequenz genau der gleichen technischen Phänomene, die — seit langem in einzelnen Industriezweigen und heute in immer größeren Bereichen der mechanisierten Produktion — den Prinzipien der Leistungsgerechtigkeit und den Verfahren zu ihrer Sicherung den Boden entziehen. Kann die menschliche Arbeitsleistung nicht mehr genau definiert werden, wird es also unmöglich, die Gesamtheit des menschlichen Beitrags zur Produktion auf genau fixierte Leistungsziele zurückzuführen und deren Erreichung oder Überschreitung willkürfrei durch höhere Verdienste zu honorieren (und diese Bedingungen sind ja integrierender Bestandteil der Definition der Leistungsgerechtigkeit), so sind Lohnanreize allein außerstande, dem Betrieb die Erbringung der gewünschten oder notwendigen Leistung zu sichern. Die Betriebsführung muß sich dann zumindest auch anderer Instrumente der Leistungspolitik bedienen, deren Wirksamkeit (abgesehen von den Frühformen straff hierarchischer Aufsicht, deren Schwächung ja einer der Gründe für Einführung und Verbreitung von Leistungsentlohnung war) durchweg ein wechselndes Maß von Betriebsloyalität, gutem Willen, Initiative und Verantwortungsbereitschaft der Arbeiter voraussetzen.

Selbst wenn die Arbeiter nicht an eine bewußte Verweigerung dieser durch Lohnanreize nicht erzwingbaren Leistungsaspekte denken, übt allein die Gefahr ihrer Minderung einen so großen Druck auf die Betriebsleitung aus, daß sie auch ohne formalen Protest der Belegschaft im Interesse eines rationellen Betriebsablaufs alles vermeiden wird, was von den Arbeitern als Verletzung ihres Gerechtigkeitsanspruchs verstanden wird, oder wenigstens — im Endeffekt läuft dies auf das gleiche hinaus — alle Praktiken duldet, mit deren Hilfe die Arbeiter sich die Erfüllung ihrer als legitim betrachteten Bedürfnisse zu sichern suchen.

Weiter oben bestimmten wir den Idealfall leistungsgerechter Lohnanreize durch die Möglichkeit, zugleich spezifische, das heißt die menschliche Leistung genau und global, das heißt sie in ihrer Gesamtheit erfassende Leistungsmeßgrößen zu verwenden. Wird durch neue oder vom Idealfall abweichende technische Bedingungen der spezifische Charakter der Lohnanreize in Frage gestellt, so ist — vieles spricht dafür — der Ansatz des Lohnanreizes überwiegend von dem

Maß abhängig, in dem er mit dem dann sehr viel leichter zu verletzenden Gerechtigkeitsanspruch der Arbeiter in Übereinstimmung gebracht werden muß und kann; wird hingegen der globale Charakter der Lohnanreize hinfällig (und dies geschieht wahrscheinlich im Zuge der zeitgenössischen technischen Entwicklung noch rascher und öfter), so ist der Betrieb auch unter sonst sozialen und wirtschaftlichen Verhältnissen nicht mehr imstande, wie bisher eine eventuelle Opposition gegen den Leistungslohn zu ignorieren.

Die Beziehungen zwischen Veränderungen in den technischen Produktions- und Arbeitsbedingungen auf der einen, im Gerechtigkeitsanspruch der Arbeiter und den Chancen ihrer Durchsetzung auf der anderen Seite sind also recht kompliziert. Zunächst sind beide ja nur Konsequenzen und Momente des allgemeinen Entwicklungsprozesses der industrialisierten Gesellschaften: So setzt ein bestimmter Stand der technischen Entwicklung ein bestimmtes Konsumverhalten der Arbeiter voraus, das seinerseits wiederum bestimmte Interessen an der Lohnform erzeugt. Weiterhin hängt die Intensität des Gerechtigkeitsanspruchs der Arbeiter auch von den technischen Bedingungen ab, indem sich die außerbetrieblich fundierten Interessen an der Lohnform nur insoweit innerbetrieblich manifestieren, als sie nicht in Widerspruch zu den tatsächlichen oder vermeintlichen, vom technisch-organisatorischen System des Betriebes bestimmten leistungspolitischen Notwendigkeiten stehen. Sodann verleihen bestimmte Veränderungen in diesem technisch-organisatorischen Produktionssystem, deren Konsequenzen sich sehr abstrakt als „Ende der globalen Anreize" bezeichnen lassen, dem Gerechtigkeitsanspruch der Arbeiter, auch ohne daß er sich verändert hat, andere und größere Möglichkeiten der Durchsetzung, geben also — oft mit einem Schlag, zumeist aber langsam und fast unmerklich — Kräften, die bisher für die Betriebsführung eine quantité négligeable waren, eine Bedeutung, welcher die Beurteilungskriterien und Taktiken, mit denen die Repräsentanten des Managements bisher ausgekommen und in der Hierarchie aufgestiegen waren, kaum mehr gerecht werden können.

Nun ist der konkrete Zustand der Leistungsentlohnung in einem bestimmten Industriezweig oder Industriebetrieb und in einem bestimmten historischen Augenblick nicht allein mit Hilfe dieses an sich schon komplexen, technische Entwicklung und bestimmte soziale Kräfte und Prozesse kombinierenden Modells zu erklären. Es muß vielmehr um eine dritte Dimension erweitert werden, auf welcher die im eigentlichen Sinne lohnpolitischen Determinanten sich aufzeichnen.

3. Die Produktivitätsbindung „leistungs"-bezogener Lohnbestandteile und ihre lohnpolitische Problematik

Die moderne Zeitstudienlehre postuliert, daß dem Schwankungsbereich der menschlichen Leistung bestimmte, statistisch genau zu ermittelnde, im wesentlichen physiologisch determinierte Grenzen gezogen sind. Steigert sich der Effizienzgrad der menschlichen Arbeit durch eine technische oder organisatorische Verbesserung, so müssen gemäß der Logik des Systems die Leistungnormen so verändert werden, daß die neue Sachleistung — insoweit sie auf menschliche Einwirkung zurückzuführen ist — wiederum nur in dem allgemein akzeptierten Streuband von etwa 75 bis 150 Prozent der Normalleistung liegen kann. Die Richtigkeit der Normalleistungssetzung kann als a posteriori daran kontrolliert werden, daß die tatsächlich erzielten „Leistungsgrade" (das Verhältnis zwischen erreichter Sachleistung und der für die betreffende Arbeit als „normal" angenommenen Leistung) im Rahmen der gesamten theoretisch möglichen Streuung bleiben.

Indem man bei jeder konkreten Sachleistung die Faktoren technisch-organisatorischer Effizienz ausschaltet und nur den Anteil reiner menschlicher Leistung mißt, unterscheidet man — im Idealfalle scharf und ohne jeden Zweifel — bei den Ursachenfaktoren eines bestimmten Produktionsergebnisses zwischen solchen, die der Dynamik der Mechanisierung und Rationalisierung zugänglich sind, und solchen, denen von der Beschränktheit der menschlichen Leistungsfähigkeit natürliche Grenzen gezogen sind.

Die Fähigkeit zu dieser Unterscheidung ist vielleicht das wichtigste Kriterium für die „Leistungsgerechtigkeit" eines bestimmten Zeitstudienverfahrens; sie ist definitionsgemäß mit den technischen Voraussetzungen, denen unsere Überlegungen gelten, unvereinbar. Jede Veränderung der Sachleistung und insbesondere jeder vorübergehende oder langfristige Anstieg kann sowohl Folge größerer Intensität der menschlichen Leistung wie höherer technisch-organisatorischer Produktivität sein. In welchem Ausmaß beide jeweils beteiligt sind, läßt sich höchstens in grober Annäherung, fas niemals aber genau und zweifelsfrei ermitteln.

Da nun jedoch — von Fällen pathologisch schlechter Betriebsführung und ganz bestimmten Situationen wirtschaftlicher Stagnation oder Regression abgesehen — steigende technisch-organisatorische Produktivität zu den Existenzvoraussetzungen eines Industriebetriebs gehört, ist bei der praktischen Handhabung von Lohnanreizsystemen, die auf keiner spezifischen Leistungsmeßgröße basieren, immer wieder zwischen zwei Maximen zu entscheiden:

1. Die den Lohnanreiz enthaltenden Verdienstbestandteile werden trotz steigender Produktivität im wesentlichen auf die Variationsmarge begrenzt, innerhalb derer die reine menschliche Leistung streuen kann;
2. Die variablen Verdienstbestandteile steigen tendenziell mit wachsender technisch-organistorischer Produktivität an.
Eine Betriebsführung, welche versucht, trotz steigender Produktivität das Wachsen der leistungsgebundenen Verdienstbestandteile zu verhindern, ohne das Prinzip des Lohnanreizes aufzugeben, gerät in einen unausweichlichen Konflikt mit dem Gerechtigkeitsanspruch der Arbeiter. Gewiß, wenn der bisherige Produktionsablauf grundlegend reorganisiert wurde, wenn man die vorhandenen technischen Aggregate durch neuere, sehr viel leistungsfähigere Anlagen ersetzte oder in eindrucksvoller Weise mechanisierte, wird man die Arbeiter davon überzeugen können, daß unter den neuen Bedingungen nicht wesentlich mehr verdient werden kann als unter den alten. Produktivitätssteigerungen treten jedoch nicht nur — und vielleicht nicht einmal überwiegend — in Konsequenz solcher eindeutig abgrenzbarer Maßnahmen der Modernisierung und Rationalisierung auf. Sie sind in einem von Industrie zu Industrie, von Betrieb zu Betrieb, ja von Fall zu Fall wechselndem Maße stets auch alltägliche Erscheinungen ohne besonderen Grund; oder sie entstehen aus größeren Maßnahmen, die schon eine beträchtliche Zeit zurückliegen und erst jetzt — weil sich das System eingespielt hat, weil die technischen Kinderkrankheiten der Anlage überwunden wurden, weil es eine Zeitlang dauerte, bis man den besten Rohstoff erprobte, die Zulieferung reibungslos läuft oder der Markt so beeinflußt wurde, daß nunmehr die optimalen Stückzahlen erzeugt werden können — ihre volle Wirkung zeitigen. Für alle diese in der Praxis mit dem sehr eindrucksvollen Begriff der „schleichenden" Gegebenheitsänderungen belegten Formen von Erhöhung der technisch-organisatorischen Effizienz menschlicher Arbeit ist nicht nur die Kontinuität charakteristisch, mit der sie auftreten, sondern ihre untrennbare Vermischung mit der Steigerung der menschlichen Arbeitsleistung insgesamt oder einzelner ihrer Aspekte: Betriebliche Maßnahmen schaffen sozusagen eine Form, die erst von der konkreten Arbeit im Betrieb gefüllt werden muß.
Vollzieht sich ein derartiges Wachstum der Sachleistung unter der Geltung eines Lohnanreizsystems, so hat es unausweichlich einen Anstieg der Leistungsverdienste zur Folge, der nur abgefangen werden kann, wenn in regelmäßigen Abständen die Grundlagen des Systems revidiert und die Leistungsnormen gekappt werden, und zwar so, daß der Leistungsverdienst dann wenigstens zunächst unter dem zuletzt er-

reichten Niveau liegt. Im Zeitablauf würden die Löhne einer sägeförmigen Linie folgen, die mit einer grundsätzlich waagerechten Tendenz durch mehr oder weniger regelmäßige Abfolgen von langsamem Anstieg und abruptem Absinken charakterisiert ist.

Es versteht sich von selbst, daß eine solche Verdienstentwicklung, in der immer erst a posteriori den Arbeitern das Ergebnis der inzwischen gestiegenen Produktivität wieder genommen wird, auf akuten Widerstand stieße. So ist uns auch in neuerer Zeit kein Beispiel derartiger Leistungslohnpraxis bekannt, die früher, in einer Periode weit schlechterer Chancen der Arbeiter zur Durchsetzung ihres Gerechtigkeitsanspruchs, offenbar sehr häufig war und nur einen der wichtigsten Aspekte des „Akkordunwesens" illustriert.

Das tendenzielle Wachstum der leistungsabhängigen Lohnbestandteile unter der Wirkung sich kumulierender Produktivitätserhöhungen durch immer wiederholte Beschneidungen der Akkord- oder Prämiensätze zu verhindern, liegt nicht einmal im Interesse der Betriebsleitungen selbst. Die Notwendigkeit hierzu wäre ja besonders groß dort, wo die technischen Verhältnisse zum Verzicht auf nicht nur spezifische, sondern auch globale Anzeige gezwungen haben und infolgedessen die Arbeiter eine besonders große Chance zur Durchsetzung ihres Gerechtigkeitsanspruchs besitzen; sie tritt weiterhin im Regelfalle nur auf bei einer raschen Expansion der Produktion, welche die Betriebsleitung vernünftigerweise nicht gefährden kann, indem sie eine akute Unzufriedenheit der Arbeiter erzeugt; sie ist endlich zumeist verbunden mit einer tendenziellen Verminderung der Lohnkosten, die es auch betriebswirtschaftlich überflüssig zu machen scheinen, den Lohnanstieg um den Preis einer Gefährdung der Expansion aufzuhalten.

Angesichts des Gerechtigkeitsanspruches, den wir bei der Mehrzahl der Industriearbeiter voraussetzen dürfen, und der Chancen, welche sie zu seiner Durchsetzung besitzen, ist also die Verwendung von Lohnanreizen zur Beeinflussung der menschlichen Leistung dort, wo die technischen Voraussetzungen zur Verwirklichung der „Leistungsgerechtigkeit" nicht gegeben sind, nur in dem Maße möglich, in dem der Industriebetrieb eine gewisse Steigerung der leistungsabhängigen Verdienstbestandteile im Gefolge technisch-organisatorisch verursachten Produktivitätswachstums akzeptiert.

Dies kann der Betrieb jedoch nur unter bestimmten wirtschaftlichen und lohnpolitischen Bedingungen: Zum Beispiel in einer Periode raschen Anstiegs der Effektivlöhne oder geringer lohnpolitischer Aktivität der Gewerkschaften, wenn also sowieso die Schere zwischen Tariflöhnen und Effektivverdiensten sich ständig weiter öffnet; oder in einer Industrie, die sich einen besonders raschen Lohnanstieg leisten kann, weil ihre Löhne bisher hinter dem Durchschnitt zurückgeblieben sind oder weil sie ihrer Standortbedingungen wegen auf die allgemeine Lohnentwicklung keine besondere Rücksicht zu nehmen braucht. Auch scheint die Empfindlichkeit des gesamten Lohnniveaus für die steigernde Wirkung von Produktivitätserhöhungen je nach deren Art und Zustandekommen verschieden zu sein: Steigt die Effizienz der Arbeit in allen Teilen eines Betriebes ungefähr gleichmäßig, so ist der hierdurch hervorgerufene Lohnzuwachs sehr viel unbedenklicher, als wenn die Produktivität (und damit die Leistungsverdienste) in einzelnen Betriebsteilen sehr rasch und in anderen kaum zunimmt; dann muß nämlich fast unausweichlich das Lohnniveau dort, wo die Produktivität sich kaum verändert, immer wieder angehoben und den inzwischen weit vorausgeeilten Abteilungen mit starkem Produktivitäts- und Lohnzuwachs angepaßt werden.

In jedem Falle ist in einem hochentwickelten Industriestaat, dessen Arbeiterbewegung nicht pathologisch schwach ist, der Anstieg der Löhne parallel zur Produktivitätsentwicklung in einzelnen Industriebetrieben nur in bestimmten, mehr oder weniger extremen Situationen, niemals aber auf die Dauer möglich. Die Maxime: „Anstieg der Löhne gleich dem Produktivitätszuwachs", ist höchstens als gesamtwirtschaftliche Richtgröße sinnvoll. Doch ist ja der jährliche Produktivitätsanstieg in einer Volkswirtschaft das Produkt einer Fülle von divergierenden einzelbetrieblichen Zuwachs- und Regressionsraten; werden diese jeweils von der Lohnentwicklung nachgebildet, so ergeben sich innerhalb kürzester Zeit Verwerfungen im gesamtwirtschaftlichen Lohngefüge, die gänzlich untragbar sind, da sie sich nur in sehr begrenztem Maße — wenn überhaupt — durch den Mechanismus des Waren- und Arbeitsmarktes wieder ausgleichen können. Die Notwendigkeit zum Nachziehen der Löhne in den Sektoren mit geringstem Produktivitätsfortschritt macht sich sehr rasch auch in der Wirtschaftsrechnung des einzelnen Betriebes bemerkbar, der die Notwendigkeit hierzu selbst erzeugte: Die Preissteigerung bestimmter Dienstleistungen kann seine eigene Ertragslage mehr belasten als die Erhöhung der direkten Lohnkosten in den Betriebsteilen mit stärkstem Produktivitätswachstum oder im Durchschnitt aller Produktionsstätten.

Die Problematik der Bindung größerer Lohnteile an den Produktivitätsfortschritt der einzelnen Betriebsabteilungen oder des einzelnen Industriebetriebes, die sich bei Fortfall bestimmter arbeits- und produktionstechnischer Bedingungen, bei einer bestimmten Struktur des Gerechtigkeitsanspruches der Arbeiter und bei einer ausreichenden

Chance zu seiner Durchsetzung stellt (ja, die von diesen sozialen Kräften auch dort hervorgerufen werden kann, wo die technischen Bedingungen eigentlich noch lohnneutrale Anreize gestatten würden), kann den Industriebetrieb dazu zwingen, effektiv, wenn nicht sogar formell, weitgehend oder gänzlich auf Lohnanreize als Mittel der Leistungspolitik zu verzichten.

4. Die Situation in der Stahlindustrie zu Beginn der sechziger Jahre

Es gibt wohl kaum einen großen Industriezweig in Deutschland, in dem dieser Mechanismus der Krise des Leistungslohnes so deutlich zu beobachten ist wie in der Stahlindustrie oder, genauer gesagt, in ihren hüttentechnischen Abteilungen.
Die Kernbetriebe eines gemischten Hüttenwerkes lassen sich kaum in das oben charakterisierte Entwicklungsschema der industriellen Arbeit einordnen. In den wichtigsten ihrer Betriebsabteilungen (von den Hochöfen bis zu den Warmwalzwerken) vermischten sich über einen langen Zeitraum hinweg Frühformen der industriellen Arbeit (in denen „Leistungsgerechtigkeit" im Sinne der modernen Arbeitsstudienlehre der fehlenden Standardisierung der Arbeitsaufgaben wegen nicht zu verwirklichen war) mit typischen Erscheinungen der Hochmechanisierung (bei denen menschliche „Leistung" nur mehr gelegentlich und immer anders in den Produktionsprozeß eingeht) in sich sprunghaft oder langsam verändernden Proportionen, ohne daß das Zwischenstadium der teilmechanisierten, arbeitsteiligen und durchrationalisierten Produktion überhaupt oder anders als nur ephemer in Erscheinung getreten wäre.
Daß Lohnanreize nur möglich sind, wenn man entweder die Löhne auch mit wachsender Produktion steigen läßt oder in mehr oder minder kurzen Abständen die Leistungslohnsätze reduziert, daß auch perfektionierteste Verfahren der Leistungsermittlung keinen Ausweg aus diesem Dilemma bieten können, weiß man in der Stahlindustrie eigentlich seit vielen Jahrzehnten: Schon vor dem Ersten Weltkrieg hatten einzelne Stahlwerkstechniker auf die Notwendigkeit hingewiesen, die Intensität des Lohnanreizes um so schwächer zu halten, je mehr in der betreffenden Abteilung die Produktivität ohne spektakuläre technische Verbesserungen gesteigert werden kann. So folgten denn auch in der Stahlindustrie mehrmals auf Zeiten intensiver, kräftiger Lohnanreize mit jeweils beträchtlichem Lohnanstieg Perioden der gewollten oder erzwungenen Lohnstagnation, in denen praktisch gänzlich auf Leistungsentlohnung verzichtet werden mußte.

Der Übergang von einer Periode zur anderen erklärt sich jeweils durch Veränderungen in den sozialen und wirtschaftlichen, den „lohnpolitischen“ Bedingungen. Diese Bedingungen sind für die Leistungsentlohnung zunächst um so günstiger, je mehr Spielraum die Werke für den Anstieg der leistungsbezogenen — in neuerer Zeit zumeist übertariflichen — Verdienstbestandteile besitzen, weiterhin je weniger der Grechtigkeitsanspruch der Arbeiter mit den konkreten Formen und vor allem Konsequenzen der Leistungsentlohnung kollidiert und je weniger — im Falle einer größeren Kollision — die Betriebsführung gezwungen ist, auf ihn Rücksicht zu nehmen.

In den ersten Jahren nach der Währungsreform waren die wirtschaftlichen und sozialen Bedingungen für den Einsatz intensiver, stark schwankungsempfindlicher Lohnanreize besonders günstig: Die Arbeiter hatten großes Interesse daran, ihren Verdienst so rasch wie möglich und so stark wie möglich zu steigern. Angesichts der erheblichen Kapazitätsreserven, welche durch meist kleinere Instandsetzungen und Modernisierungen sowie durch eine Intensivierung der menschlichen Leistung ausgeschöpft werden konnten, boten die in den ersten Monaten nach der Währungsreform wieder in Kraft gesetzten oder neu eingeführten Leistungslohnsysteme erhebliche Chancen der Verdienststeigerung, denen gegenüber gelegentliche Rückschläge kaum ins Gewicht fielen. Die Tarifpolitik der Gewerkschaften stand noch weitgehend unter dem Eindruck der Stillhaltevereinbarung, die sie in Erwartung größerer Preissenkungen nach der Aufhebung des gesetzlichen Lohnstopps mit Regierung und Arbeitgebern geschlossen hatten; die Tariflöhne stagnierten zunächst auf einem immer noch ziemlich niedrigen, gegenüber der Vorkriegs- und Kriegszeit nur etwas angehobenen Stand und stiegen auch später zunächst nur sehr viel langsamer als die Effektivlöhne. Der Anstieg der Effektivverdienste — in erster Linie als Folge der steigenden übertariflichen Verdienstbestandteile, das heißt der Prämien- und Akkordüberverdienste — vollzog sich zunächst „im Windschatten“ der spürbar höheren und gleich nach dem Krieg mehrmals kräftig angehobenen Bergarbeiterlöhne.

Im Laufe der fünfziger Jahre verschwanden nacheinander alle Voraussetzungen, welche zu Ausgang der vierziger und Anfang der fünfziger Jahre den Einsatz kräftiger Lohnanreize gestattet hatten: Die zunehmende tarifpolitische Aktivität der Gewerkschaften auf der einen, das Vorrücken der Stahlarbeiter in die Spitzenstellung der Lohnskala auf der anderen Seite begrenzten den Spielraum, innerhalb dessen die Werke die übertariflichen Verdienste steigen lassen konnten. Die veränderte Struktur des Produktivitätszuwachses — nun nicht mehr Ergebnis der besseren Ausnutzung offener oder stiller Kapazitätsreserven, die in fast allen Betriebsabteilungen vorhanden waren, sondern mehr und mehr von großen Modernisierungs- und Mechanisierungsvorhaben in einzelnen ganz bestimmten Betriebsteilen verursacht — erzeugte immer offensichtlichere Verwerfungen und Verzerrungen im Lohngefüge, führte zum „Ausreißen“ einzelner Abteilungen, dessen Abfangen wenigstens zum Teil das Nachziehen der benachbarten Betriebe erforderte. Weiterhin widersetzte sich der Gerechtigkeitsanspruch — unter der Wirkung sowohl innerbetrieblicher wie außerbetrieblicher Faktoren — zunehmend mit „Risikoabwälzung“, die unter den gegebenen technischen Bedingungen mit jeder Form der Leistungsentlohnung verbunden ist, welche nicht nur einen Anstieg der Löhne erzeugt. Endlich haben die Stahlarbeiter in der Nachkriegszeit mehr Möglichkeiten denn je, auf Berücksichtigung dieses ihres Gerechtigkeitsanspruches durch die Lohnpolitik der Werke zu drängen.

Spätestens in der Mitte der fünfziger Jahre standen die meisten Werke vor der Alternative, die Anreizkraft ihrer Lohnsysteme abzuschwächen oder einen Lohnanstieg, genauer gesagt, eine über das Wachstum der Tariflöhne hinausgehende Erhöhung der Leistungsverdienste in Kauf zu nehmen, der in vieler Hinsicht nicht mehr tragbar erschien.

In dieser Zeit ist in der Mehrzahl der eigentlich metallurgischen Betriebsabteilungen ein charakteristischer Wandel der Leistungslohnpolitik und der Formen des Lohnanreizes zu beobachten. An die Stelle der oft recht grobschlächtigen, immer aber sehr anreizkräftigen Systeme der ersten Nachkriegszeit treten nunmehr vielfach recht komplizierte Prämienformeln, von denen in fast allen Fällen ein spürbar geringerer Leistungsanreiz ausgeht. Diese Umstellung erscheint zunächst angesichts der besonderen technischen Bedingungen der Hüttenindustrie und der ihnen entsprechenden leistungspolitischen Notwendigkeiten vernünftig und legitim. Er enthob jedoch die meisten Hüttenwerke nicht der Notwendigkeit zu einem weiteren, teilweise formellen, vor allem aber faktischen Abbau des Lohnanreizes. Gegen Ende der fünfziger und Beginn der sechziger Jahre ist die Krise der Leistungsentlohnung in der Mehrzahl der deutschen Hüttenwerke — und hier vor allem wieder in den eigentlich hüttentechnischen Betriebsabteilungen vom Hochofen bis zu den Warmwalzanlagen — ein nicht mehr abzustreitendes, allgemeines Phänomen.

Diese Entwicklung traf das Management der meisten Unternehmungen recht unvorbereitet — so sehr, daß man vielerorts sogar die Existenz der Krise zu leugnen versucht, während man sie anderswo, ohne den allzu harten, zu ihrer Bezeichnung verwendeten Begriff sehr zu schätzen, als unausweichlich betrachtet und mehr oder weniger resigniert versucht, für eine kürzere oder längere Übergangsperiode vom Lohnanreiz noch soviel wie möglich zu retten — und wenn es auch nur der äußere Anschein ist. Endlich finden sich unter den für die Leistungslohnpolitik verantwortlichen Männern einige, die zwar ihren derzeitigen Zustand nicht abstreiten, ihn jedoch als Ergebnis unglücklicher, mehr oder minder zufälliger oder äußerer Umstände betrachten, dem sehr wohl durch zweckentsprechende Maßnahmen gesteuert werden könne.

Wir möchten meinen, daß keine dieser drei Haltungen der wirklichen Situation, ihren Möglichkeiten und ihren Erfordernissen ganz gerecht wird.

Es versteht sich von selbst, daß das einfache Leugnen der Krise wenig Sinn hat, es sei denn, man befürchtet eine Schwächung der eigenen Position (sei es innerhalb der Hierarchie der Werksleitung, sei es in der Verhandlungstaktik mit den Arbeitern und ihren Vertretern), wenn sie offenkundig wird.

Ebenso unfruchtbar ist es, nach einem Sündenbock für die jüngste Entwicklung zu suchen und damit die Grundproblematik der Leistungsentlohnung unter den wirtschaftlichen und sozialen Bedingungen unserer Epoche und den technischen Bedingungen der Stahlindustrie zu verniedlichen. Die Inkompetenz der Leistungslohnfachleute oder die unzureichende „Härte" der Exponenten der Mitbestimmung — sie sind höchstens zu einem kleinen Teil für die Schnelligkeit verantwortlich, mit der die Krise, einmal in Gang gesetzt, ihren Weg genommen hat. Gewiß haben die Stahlarbeiter heute weit mehr Möglichkeiten denn je zuvor, auf die Entscheidungen der Werksleitungen Einfluß zu nehmen. Auch ist unbestreitbar, daß die Beteiligung der Belegschaftsvertretung an den Grundentscheidungen der Leistungslohnpolitik und an ihrer praktischen Durchführung bestimmten Krisenmechanismen besonderes Gewicht gegeben hat. Dennoch wäre die jüngste Entwicklung in der Stahlindustrie ohne das Mitbestimmungsgesetz von 1952 wohl kaum sehr viel anders verlaufen. Der hohe Grad gewerkschaftlicher Organisiertheit der Stahlarbeiter, der Zustand des Arbeitsmarktes im Ruhrgebiet und endlich die Wandlung in den typischen Arbeitsbedingungen und Arbeitsanforderungen der Stahlarbeiter hätten die Werksleitungen in jedem Falle zu einem früher unbekannten Maße an Rücksichtnahme auf die Wünsche und Forderungen ihrer Belegschaft gezwungen. Vielleicht hätte die Krise der Leistungsentlohnung bei geringerer Institutionalisierung der Konflikte und des Interessenausgleichs zwischen Werksleitung und Belegschaftsvertretung einen etwas anderen Verlauf genommen, der sich noch stärker, als es schon heute der Fall ist, durch Widersprüche zwischen den deklarierten Prinzipien und der alltäglichen Realität der Leistungslohnpolitik charakterisieren würde. Die Stahlindustrie hätte hiervon vieles zu befürchten und wenig zu erhoffen gehabt.

Allerdings hätte eine „härtere", weniger rasch den Wünschen und Forderungen der Arbeiter entgegenkommende Lohnanreizpolitik das Ausbrechen der Krise wahrscheinlich verzögert. Der Grund hierfür liegt in dem Wechselspiel zwischen Lohnverhalten und Lohnpolitik der Arbeiter auf der einen und den lohnpolitischen Maßnahmen der Werksleitung auf der anderen Seite. Eine Fülle von Indizien spricht dafür, daß jeder Schritt, mit dem eine Werksleitung den Wünschen ihrer Arbeiter nach Minderung des mit fast jedem Lohnanreizsystem verbundenen Verdienstrisikos entgegenkommt, wiederum dem zunächst nur vagen Anspruch der Arbeiter auf Sicherung ihres Verdienstes oder auf Beteiligung an der steigenden Produktivität Nachdruck und Struktur verleiht: Jeder Abbau der Schwankungsempfindlichkeit und Anreizkraft eines Systems, den eine Werksleitung vornimmt, um unliebsamen Auseinandersetzungen aus dem Wege zu gehen, läßt den Arbeitern das Ziel eines völlig festen, von den Zufälligkeiten glatten Produktionsablaufs, ausreichender Rohstoffversorgung, ja wechselnder Produktionsplanung des Unternehmens gänzlich unabhängigen, mit dem Monatsgehalt der Angestellten vergleichbaren Lohnes konkreter und realisierbarer erscheinen. Jede Maßnahme, mit der die Arbeiter effektiv an der steigenden Produktivität ihres Betriebes beteiligt werden — damit man nicht den Lohnanreiz verringern muß —, bestärkt sie in der Überzeugung, daß sie einen Anspruch auf Teilnahme an den steigenden Erträgen des Werkes haben.

Ist der Prozeß, der in der Alternative: Festlohn oder formalisierte Beteiligung an der steigenden Prodruktivität mündet, einmal in Gang gesetzt, so läßt er sich kaum mehr aufhalten. Die Frage ist dann allenfalls, ob es gelingt, ihn einzudämmen und so zu steuern, daß in dem Maße, in dem der Lohnanreiz in den Hintergrund tritt, neue Formen der Leistungslohnpolitik und ihnen entsprechende Leistungsmotive sich bilden können, oder ob er sich in einem kurzen Zeitraum, unter akuten, dem Funktionieren des Betriebes recht abträglichen Spannungen und mit der Möglichkeit eruptiver Entladungen vollzieht.

Quellenangaben

Wolfram Fischer, „Gewinn- und Leistungsorientierung in sozialhistorischer Perspektive", aus: Ideologie und Motivation, Hrsg.: R. Kurzrock, Berlin, Colloquium Verlag, 1973.

Adam Smith, „Das Prinzip, das der Arbeitsteilung zugrunde liegt" und „Was die produktiven Kräfte der Arbeit verbessert", aus: Der Wohlstand der Nationen, neu aus dem Englischen übersetzt von H. C. Recktenwald, Beck'sche Verlagsbuchhandlung, München 1974.

David McClelland, „Das Leistungsmotiv", aus „Die Leistungsgesellschaft", Kohlhammer Verlag, Stuttgart 1966.

Gustav Grauer, „Die Entwicklung des Leistungsstrebens", aus: Familienerziehung, Sozialschicht, Schulerfolg, 4. Aufl., Weinheim und Basel, Beltz Verlag, 1974.

Claus Offe, „Zum Modell der Leistungsgesellschaft" und „Formen und Konsequenzen der Kritik des Leistungsprinzips", aus: Leistungsprinzip und industrielle Arbeit, Europäische Verlagsanstalt, Köln und Frankfurt 1970.

Günther Steinkamp, „Über einige Funktionen und Folgen des Leistungsprinzips in industriellen Gesellschaften", aus: Hamburger Jahrbuch für Wirtschafts- und Gesellschaftspolitik, Tübingen 1971.

Helmut Klages, „Die Leistungsorientierten", aus: Die unruhige Gesellschaft, C. H. Beck'sche Verlagsbuchhandlung, München 1975.

Heinz Kluth, „Amtsgedanke und Pflichtethos in der Industriegesellschaft", aus: Hamburger Jahrbuch für Wirtschafts- und Gesellschaftspolitik, Tübingen 1965.

Helmut Schoeck, „Ist Leistung unanständig", Verlag A. Fromm, Osnabrück, 1974.

Christian Graf v. Krockow, „Die überflüssige Leistung", aus: Sport. Eine Soziologie und Philosophie des Leistungsprinzips, Verlag Hoffmann & Campe, Hamburg 1974.

Horst Eberhard Richter, „Das Ende der Expansion fordert neue Leitbilder", aus: Lernziel Solidarität, Rowohlt Verlag GmbH, Reinbek b. Hamburg, 1974.

Bertrand de Jouvenel, „Der Leistungsimperativ als Feind der Sitten", aus: Jenseits der Leistungsgesellschaft, Sammlung Rombach, Freiburg 1971.

Klaus Heipcke, „Leistung und Aufgabe: Zur Kritik des Leistungsbegriffs in der Schule", aus: Schulpädagogik, Hrsg. Willy Potthoff, Herman Herder Verlag, Freiburg 1975.

Franz Wellendorf, „Leistung als organisierendes Prinzip schulischer Szenen. Das Beispiel der Klassenarbeiten und Prüfungen", aus: Schulische Sozialisation und Identität, Beltz Verlag, Weinheim und Basel, 1974.

Burkhart Lutz, „Krise des Lohnanreizes. Ein empirisch-historischer Beitrag zum Wandel der Formen betrieblicher Herrschaft am Beispiel der deutschen Stahlindustrie", Hrsg.: Institut für Sozialwissenschaftliche Forschung, München, Europäische Verlagsanstalt, Köln-Frankfurt, 1974.